Droit civil

Introduction
Les personnes
Les biens

AES
administration économique et sociale

Droit civil

Introduction
Les personnes
Les biens

François AMELI
Maître de conférences
à l'Université de Paris I
(Panthéon-Sorbonne)

DEUG
méthodes
cours
exercices
corrigés
lexique

3e ÉDITION

Montchrestien

Je remercie sincèrement Valérie Poupineau pour son aide appréciable dans l'aboutissement de cet ouvrage.

Je remercie également Mustapha et Soraya Mekki pour leur aide dans la mise au point de l'ouvrage.

DANGER
LE PHOTOCOPILLAGE TUE LE LIVRE

31, rue Falguière, 75741 PARIS Cedex 15
I.S.B.N. : 2-7076-1185-9

« La clef de voûte de la vie en ce monde
*est le respect du droit d'autrui. »**

* *Ostad Elahi, 100 maximes de guidance,* Maxime n° 7, éd. Robert Laffont (1995). Magistrat et penseur, Ostad Elahi (1895-1974) exerça des fonctions très sensibles dans l'Iran des années 30, 40 et 50. Il eut ainsi à éprouver son éthique en la confrontant aux contraintes de la société, et cela au sein d'une profession dont il disait lui-même qu'elle est l'une des plus nobles et plus périlleuses qui soit. Cette maxime est à rapprocher d'une de ses citations relatives à la profession de magistrat : « Il faut prendre en compte les deux parties. Il m'est souvent arrivé d'entendre les lamentations de la femme et des enfants de l'accusé, et pourtant de prononcer ma sentence. Car, au moment même où je compatissais au sort du coupable et de sa famille, je pensais à la victime tuée sans pitié, à sa femme, à ses enfants, laissés sans ressources, et j'avais aussi pitié d'eux. Ainsi, la pitié fonctionnait dans les deux sens, et le jugement rendu ne pouvait être qu'impartial ».

PRINCIPALES ABRÉVIATIONS

Arch. :	Archives de philosophie du Droit
Bull. civ. :	Bulletin des arrêts de la Cour de cassation, Chambres civiles
Bull. crim. :	Bulletin des arrêts de la Cour de cassation, Chambre criminelle
C civ. :	Code civil
CP :	Code pénal
D. :	Recueil Dalloz (cité également D.P., D.S., D.H.)
GP :	La Gazette du Palais
JCP :	Revue « La Semaine Juridique » (JCP (G) : édition générale, JCP (C.I.) : édition commerce et industrie)
NCPC :	Nouveau code de procédure civile
op. cit. :	ouvrage déjà cité
RTDC :	Revue Trimestrielle de Droit civil
RTDCom :	Revue trimestrielle de droit commercial
S. :	Recueil Sirey
Th. :	Thèse

L'étude du droit civil en première année d'Administration économique et sociale est d'une importance capitale, non seulement parce qu'il fournit à l'étudiant les outils de base dont il aura besoin pendant toute la durée de ses études ultérieures, mais également parce que l'une des fonctions de l'étude du droit en première année est de familiariser l'étudiant avec l'environnement juridique français, de faire connaître sa place au sein de l'environnement juridique mondial et le rôle que peut jouer le droit dans la vie quotidienne.

En vérité, le cours de droit civil convient à l'étudiant d'A.E.S. en tant que moyen et non comme une fin en soi. Il constitue une nécessité qu'il est impossible de contourner. L'étudiant y sera confronté tôt ou tard soit au cours de ses études ultérieures, soit au cours de sa vie professionnelle.

Mais, il n'est pas rare non plus que, après deux années d'A.E.S., les étudiants prennent goût à la matière et décident de prendre une orientation plutôt juridique pour s'intéresser au droit en tant que tel.

Dans un tel cas, le Droit civil constitue le fondement de toutes les études, matière nécessaire qui porte tout l'édifice juridique français.

Cet ouvrage se veut avant tout didactique et synthétique. Il adopte un plan délibérément simple, afin que la concentration de l'étudiant se porte sur le fond. Il constitue un manuel adapté à tout étudiant d'A.E.S.

BIBLIOGRAPHIE

AUBERT (Jean-Luc), *Introduction au droit et thèmes fondamentaux du droit civil,* Armand Colin, 7e éd. (1998).

BACH (L.), *Droit civil,* Tome 1, *Introduction à l'étude du droit, les personnes, la famille, les biens, les obligations et les sûretés,* 13e éd., Sirey, 1999.

BERGEL (J.L.), BRUSCHI (M.) et CIMAMONTI (S.), Traité de droit civil, *Les biens,* sous la direction de J. Ghestin, LGDJ, 2000.

BUFFELAN-LANORE (Y.), *Droit civil,* première année, 11e éd., Armand Colin, 1989.

CARBONNIER (J.), *Droit civil, Introduction,* 26e éd. refondue, Thémis, PUF, 1999 ; *1/ Les personnes,* 20e éd. (les personnes) et 16e éd. (les incapacités), Thémis, PUF, 1996.

CORNU (G.), *Droit civil,* Tome 1 : *Introduction, les personnes, les biens,* Montchrestien, 9e éd., 1999.

GHESTIN (J.), GOUBEAUX (G.) avec le concours de FABRE-MAGNAN (M.), *Traité de droit civil, Introduction générale,* 4e éd., LGDJ, 1994.

GHESTIN (J.) et GOUBEAUX (G.), *Traité de droit civil, Les personnes,* LGDJ, 1999.

MALAURIE (Ph.), LARRONMET (Ch.), Droit civil, *Introduction à l'étude du droit privé,* Economica, 3e éd. (1998).

MARTY (G.), RAYNAUD (P.) et JESTAZ (Ph.), *Droit civil,* Tome1, 3e éd., 1987.

MAZEAUD (H., L. et J.), 11e éd., par F. Chabas, *Leçons de droit civil,* Tome 1, 1er vol., 1996 ; Tome I, 2e vol., 1997.

TERRÉ (F.), *Introduction générale au droit,* Précis Dalloz, 4e éd., 1998.

TERRÉ (F.) et FENOUILLET (D.), *Droit civil, les personnes, la famille, les incapacités,* 6e éd., Précis Dalloz, 1996.

Note : Les manuels de droit civil sont cités avec le seul nom du ou des auteurs.

PREMIÈRE PARTIE

INTRODUCTION GÉNÉRALE

TITRE PREMIER

Quelques concepts fondamentaux

CHAPITRE 1

Qu'est-ce que le droit ?

SECTION 1 INTRODUCTION

Ubi societas, ibi jus[1]. - Pas de société sans droit. Cette maxime dont la force est en proportion inverse du nombre de mots qui la composent est une réalité que l'on peut expérimenter quotidiennement.

Une société n'est jamais vide de droit. « Le droit est l'institution, l'instrument et l'expression de la civilisation ».

La nature elle-même n'est-elle pas ordonnée ? Comment alors les rapports humains peuvent-ils prétendre ne pas être régis par des règles ?

Cela explique que le droit soit aujourd'hui présent à tous les stades de la vie en société et ait pour rôle de veiller au bon fonctionnement des rouages de celle-ci. A tel point que l'on pourrait même se demander s'il n'y a pas de limite à cette « invasion ».

L'homme est, en effet, doué de ce qu'il est convenu d'appeler la raison transcendante, ce qui devrait dans beaucoup de situations lui permettre de choisir, de décider.

Et puis, il y a la morale. N'est-ce pas là une composante essentielle de l'être humain ?

S'il est vrai que le droit a pour objet de veiller au bon fonctionnement des rouages de la société, la morale constitue un élément correcteur du comportement humain, une conscience intérieure ou collective qui dicte l'agissement. Bien éduquée, cette

1. Maxime célèbre qui exprime l'idée de la nécessité du droit dans chaque forme de vie en société. Littéralement : là où il y a société, il y a droit.

conscience peut se mettre au service de l'être humain et faire le bien autour de lui.

Sur le plan individuel, la conscience est le guide de l'homme dans son choix, dans ses décisions. Elle lui permet de distinguer entre le bien et le mal.

Une question se pose alors : dans une société où tout un chacun se comporte dans le pur respect des règles morales, a-t-on encore besoin du droit ?[2]

Plus profondément : la morale, n'est-elle pas l'aboutissement idéal du droit ?

Toutes ces questions ne peuvent recevoir une réponse satisfaisante que dans la mesure où la notion même de droit est définie et qu'elle est distinguée d'autres notions voisines.

Nous procédons à cette démarche.

§1
LA DÉFINITION DU DROIT[3]

Le mot droit est susceptible d'acceptions diverses et c'est de là que vient la difficulté de définition.

– Dans une première acception, le droit, phénomène social[4], constitue un outil permettant d'organiser la vie de l'être humain en société. L'homme étant un être social, son existence même nécessite l'entretien de relations avec autrui. Ces relations doivent être régies par des règles, par des normes.

Ces normes contribuent ainsi à l'instauration de l'ordre social : on parle alors de *l'ordonnancement juridique.*

Toute société comprend ainsi un corps de règles dont le respect est rendu obligatoire pour ses membres et qui définissent, en quelque sorte, « les règles du jeu » devant être observées par toute personne qui veut vivre dans cette société[5].

– Dans une seconde acception, le mot droit se réfère à une science. Il s'agit alors de la discipline scientifique qui a pour objet l'étude du phénomène social que constitue le droit, tel que nous venons de le définir ci-dessus.

---

2. Sur les frontières entre le droit et la morale, v. Ph. Jestaz, *RTDC.*1990.635 et s.
3. Bibliographie : Michel Villey, Une définition du droit, *Arch.* 59, 47 ; L. François, *Le problème de la définition du droit,* Liège, 1978 ; Jestaz, *RTDC.*1979.480.
4. Le juriste allemand Von Jhering écrivait : « le droit doit être ... tel qu'il est ».
5. F. Ost, *Le milieu, un objet hybride qui déjoue la distinction droit public-droit privé,* PUF, 1995, p. 97.

Le procédé d'extension de la définition ainsi observé est assez courant dans les disciplines scientifiques. La discipline du droit suit le même schéma.

– Dans une troisième et dernière acception, le droit représente aussi un idéal, un absolu : « Thème de *philosophie* (le droit pour lequel, dans les révolutions et les guerres, si facilement on meurt) »[6].

Une fois défini dans ces différentes significations, le droit doit encore être distingué des notions avec lesquelles il entretient des rapports privilégiés mais auxquelles il ne s'identifie pas.

§2

LE DROIT, LA JUSTICE ET L'ÉQUITÉ

La justice constitue un idéal absolu que le droit tente d'atteindre. La justice elle-même, tout en étant absolue, peut revêtir plusieurs aspects. On parle de la justice *distributive* lorsque l'on prend en compte la société dans son ensemble et que l'on exige que chaque membre de cette société puisse obtenir la part qu'il mérite, précisément *ce à quoi il a droit, en fonction de sa place dans la société*[7].

La justice *commutative,* pour sa part, s'intéresse beaucoup plus aux rapports bilatéraux ou multilatéraux entre les individus de la société et exige que l'équilibre soit établi dans ces relations. L'un vend quelque chose à l'autre et perçoit le prix de la chose vendue : la justice exige que le prix payé soit en rapport avec l'objet acheté ; un autre donne à bail un local et perçoit un loyer : la justice exige que le loyer perçu soit en proportion avec la surface du local loué, etc.

Bref, la justice se définit comme l'état où chaque chose trouve la place qu'elle mérite. C'est le but du droit, mais l'homme étant faillible, ce but ne peut pas toujours être atteint par les moyens humains. Le droit peut ainsi se satisfaire d'une « semi-justice » ou d'une « pseudo-justice ». Ici, comme ailleurs, règne la loi du moindre mal, car le rôle du droit est avant tout de maintenir l'ordre social.

Le terme d'équité est beaucoup plus difficile à définir[8]. Il s'agit d'un terme très vague correspondant plus à un sentiment intérieur qu'à un fait objectif.

---

6. J. Carbonnier, *Introduction,* n° 3.
7. Aristote, *Éthique à Nicomaque,* Librairie J. Vrin.
8. Agostini, *L'équité, D.*1978.chr.7 ; Sanz de Alba, *Sur quelques aspects de l'équité,* Th. Aix (1980) ; Zaki, *Arch.*1990.87 ; Sériaux, *RTDC.*1993.797.

Il s'agit « d'un droit affranchi de règles, un droit qui cherche une solution particulière pour chaque espèce, mieux une solution individuelle pour chaque être humain »[9]. Son rôle est justement d'apporter un correctif aux conséquences de la règle de droit, qui de par sa nature générale et abstraite, ne peut prévoir tous les cas particuliers. Le droit trouve une certaine souplesse grâce à l'équité car s'il devient trop rigide, il peut avoir des effets insupportables.

§3

LE DROIT ET LA MORALE

Le droit et la morale se distinguent d'abord par leur but : nous venons de le voir, le droit vise à maintenir l'ordre dans une société, alors que le but ultime de la morale est d'atteindre le perfectionnement de la nature profonde de l'homme, de son esprit.

Au regard de ses moyens d'action, le droit s'en tient, en principe aux attitudes extérieures, quantifiables ou tout au moins aux intentions qui se manifestent par un acte. Ce n'est pas là la démarche de la morale qui sonde les cœurs et considère qu'au-delà de l'acte, c'est l'intention profonde de chaque personne qui imprime à celui-ci sa nature véritable et sa portée réelle.

C'est cela même qui explique la différence des sanctions du droit et de la morale.

Emmanuel Kant explique cette différence en considérant que le droit est hétéronome (nul ne peut être à la fois juge et partie), alors que la morale est autonome (car chacun est son propre juge et c'est la voix de conscience qui joue le rôle de censeur)

Facile à comprendre de façon théorique, la barrière entre le droit et la morale n'est pas toujours très étanche en pratique. La première raison en est que le droit est à l'origine issu des règles de la morale et qu'il ne s'en est distingué qu'au cours du temps[10].

Même aujourd'hui les zones d'interpénétration entre le droit et la morale restent nombreuses. Nous ne ferons que les évoquer très brièvement.

C'est ainsi que certains articles du Code civil font directement référence à la notion de bonnes mœurs[11]. Il leur arrive également de prendre en considération de grands principes d'ordre moral et d'en

9. J. Carbonnier, *Introduction,* n° 9, p. 31 et n° 14, p. 38.
10. V. pour la compréhension historique de ce phénomène, *infra,* p. 17 et s.
11. C'est le cas notamment des articles 6 et 1133.

faire des règles de droit[12]. Il arrive enfin, et c'est la morale individuelle qui est alors prônée, que la loi attache des effets juridiques obligatoires à certains agissements dictés par la bonne moralité. Elle interdit tout retour en arrière, une fois que l'acte purement moral a été volontairement exécuté[13].

Le droit ne peut ainsi être totalement dissocié de la morale et une dose de moralité est nécessaire pour que les rouages de la société puissent vraiment fonctionner. Certains auteurs pensent même que le droit ne peut qu'être soumis à la morale, mais qu'il convient de ne pas accorder une place trop importante à cette dernière, car « un excès de vertu peut aboutir à un système totalitaire »[14].

§4

LA RÈGLE DE DROIT ET LES COMMANDEMENTS DE LA RELIGION

La différence vient, là encore, de la sanction, qui change dans son origine et dans son but.

Dans sa source d'abord, la sanction d'un commandement religieux ne peut être que d'origine divine, alors que pour une règle de droit, si sanction il y a, elle provient d'une source étatique. Il est symbolique de voir que, même dans un régime de droit divin, la règle religieuse est mise en parallèle avec une sanction étatique exécutée par les autorités de l'État, quel que soit par ailleurs leur rang spirituel.

Quant au but de la sanction, celle-ci vise, dans le cas d'un commandement religieux, à faire entrer le fidèle (ou l'infidèle) dans le droit chemin. Ce n'est pas là l'objectif d'une sanction de la règle de droit qui vise à rétablir l'ordre social.

Le principe de la laïcité proclamé haut et fort par l'État français ne constitue ainsi que le corollaire de la nature différente des sanctions consacrées par chaque catégorie de règle.

---

12. Principe de réciprocité, article 1134 ; la bonne foi, l'abus de droit et l'équité, article 1135 ; principe de proportionnalité, article 1152 al. 2.
13. C'est notamment le mécanisme de l'obligation naturelle (article 1235, al. 2 du Code civ) lorsque l'exécution d'une obligation sans aucun caractère obligatoire crée, dans certaines conditions, une obligation à la charge du débiteur. C'est le même mécanisme qu'emprunte l'aveu judiciaire (article 1356 al. 4 du Code civil) qui rend irrévocable l'aveu d'un plaideur, alors même que rien ne l'obligeait *a priori* à dire la vérité ; sur l'ensemble de la question, v. J. Carbonnier, *op. cit.*, n° 16.
14. G. Ripert, *La règle morale dans les obligations civiles,* 4e éd. (1949) ; v. également C. Jamin, *Cours d'introduction au droit et au droit civil* (1992-93), Cours pour la première année d'A.E.S., Université de Paris-I, p. 21.

§5

LA DISTINCTION ENTRE LE DROIT OBJECTIF ET LES DROITS SUBJECTIFS[15]

Au point de vue sémantique, le vocable « droit » est susceptible de plusieurs sens. La terminologie juridique a ceci de particulier que chaque mot peut prendre des sens différents selon le contexte dans lequel il est utilisé. Cela peut paraître étonnant pour une science qui se veut rigoureuse, mais ces différences de sens relèvent de la nature même du langage juridique.

Une autre ambiguïté du vocable « droit » provient de son double sens. Il faut dès l'abord dissiper cette ambiguïté dans la mesure où toute notre étude au cours de cette introduction est fondée sur cette ambivalence du droit.

Comme nous venons de le dire, le droit est avant tout un phénomène social : chaque société établit des *règles* destinées à régir son fonctionnement et, par voie de conséquence, à organiser les rapports entre les personnes qui la composent.

Cette définition permet de comprendre que, pour les juristes, le mot « droit » présente deux faces opposées, mais complémentaires.

La première facette de cette notion est celle du droit objectif. Il s'agit là de comprendre le droit comme un ensemble de règles destinées à organiser la vie en société et ayant pour vocation d'être appliquées, dans l'abstrait, à toutes les personnes qui forment le corps social[16].

Lorsque l'on prend en compte le droit dans son aspect objectif, on privilégie l'ordonnancement juridique en tant que tel, la règle de droit et non son application. Autrement dit, on fait abstraction des personnes auxquelles ces règles pourraient être appliquées : l'étude porte sur les caractéristiques et les spécificités de la règle de droit.

Mais cette étude de la règle de droit en soi est inséparable de sa mise en œuvre dans les rapports entre les membres de la société.

Dans le système juridique, chaque individu jouit - ou est susceptible de jouir – de pouvoirs juridiques, de facultés qui lui sont reconnues par l'ordonnancement juridique. Il peut ainsi satisfaire ses intérêts, acquérir et exercer des *prérogatives individuelles,* dans le respect des règles de droit. Ces prérogatives qui appartiennent à des individus, appelés *sujets* de droit, prennent le nom de droits subjectifs.

---

15. P. Roubier, *Droits subjectifs et situations juridiques,* Dalloz, 1963 ; Ghestin, Goubeaux et Fabre-Magnan, n° 172 et s.
16. Ceci est d'ailleurs la manifestation de ce qu'il est convenu d'appeler le caractère général et impersonnel de la règle de droit, v. *infra,* p. 62 et s.

Droit objectif et droits subjectifs ne sont ainsi que les deux revers de la même médaille.

Un exemple permettra de mieux comprendre cette dualité : c'est parce que l'article 144 du Code civil (règle de droit objectif) reconnaît à tout individu ayant atteint l'âge de dix-huit ans le droit (subjectif) de se marier, que tout jeune homme peut, à l'âge de majorité, exercer ce droit, cette prérogative individuelle.

SECTION 2
APERÇU HISTORIQUE DU CONCEPT DE DROIT

Les rapports entre le droit et le temps sont des rapports privilégiés.

L'histoire construit les fondations de notre droit. Et lorsque, aujourd'hui, nous pensons innover en « créant » une nouvelle institution juridique, généralement nous nous rendons rapidement compte que cette même institution a existé sous des formes différentes et pour répondre à des besoins différents en des temps plus ou moins anciens. Le droit innove peu mais évolue beaucoup dans la continuité.

Par définition, le droit ne peut être qu'évolutif. Les mœurs, les habitudes, les rites, la façon de vivre en société, les usages et coutumes des affaires, tout cela change avec le temps et évolue selon les époques. Il serait tout à fait illusoire de penser que le droit pourrait atteindre la règle idéale qui resterait figée pour toujours[17].

§1
DE L'ANTIQUITÉ AUX TEMPS MODERNES

A. La conception grecque avant Platon

Sommairement, deux époques marquent la pensée juridique grecque avant Platon.

L'époque archaïque[18] est marquée par l'absence d'une

17. Von Jhering disait : « Le sentiment du droit n'est pas inné, mais acquis en fonction du milieu historique ».

18. Qui se situe entre le VIIe et le VIIIe siècle avant Jésus-Christ et dont les plus grands représentants sont Homère (l'*Iliade* et l'*Odyssée*) et Hésiode (*Théogonie,* livre de généalogie des Dieux). Il est très souvent question de justice dans les poèmes homériques : l'homme juste, selon lui, est celui qui rend des sentences justes. Dans l'*Odyssée*, la justice est même conçue comme le critère de distinction entre sauvagerie et civilisation.

conception abstraite du droit. Il est d'origine divine[19], mais n'apparaît que sous la forme de l'idéal de Justice. Dans cette conception, l'univers entier - et pas seulement le monde humain - est gouverné par la justice

Il faut attendre le VIe siècle avant Jésus-Christ pour que, pour la première fois, apparaisse avec Héraclite l'idée qu'il existe un lien nécessaire entre la justice et la loi[20].

C'est d'ailleurs au début de ce siècle que débute un mouvement de rédaction des coutumes sous l'instigation de Solon et de Dracon[21].

1. La pensée de Platon[22]

Platon, en s'appuyant sur l'allégorie de la caverne, construit la cité juste où chaque composante est investie d'une fonction particulière. Dans la cité, il faut qu'il existe une harmonie des activités sociales de façon à ce qu'aucun heurt n'intervienne. Des catégories sociales investies de missions prédéfinies doivent opérer au sein de la cité.

Une seule interférence ou permutation des catégories sociales suffit à rendre la cité injuste.

Il ne faut pas confondre, chez Platon, la notion de catégorie sociale et celle de *hiérarchie* sociale. Aucune catégorie sociale ne peut être considérée comme ayant plus d'importance qu'une autre puisque

---

19. Le roi ne peut ordonner des décrets ou prononcer un jugement que s'il n'est muni du sceptre qui lui donne le pouvoir divin.
20. Héraclite attache une importance sans précédent aux lois des cités qui doivent être, selon lui, le reflet exact mais réduit à petite échelle des lois régissant l'univers : c'est donc la loi qui peut faire régner la justice dans la cité.
21. A peine consacrée, la loi a donné lieu à une crise politique et qui a fait réfléchir sur l'importante question des codifications. Lequel, du droit écrit ou non-écrit, doit l'emporter en cas de conflit : c'est toute la problématique d'*Antigone* dont la scène se déroule en 440 avant Jésus-Christ.
C'est à la suite de cette crise qu'a vu le jour la pensée sophistique à la fin du Ve siècle avec notamment Protagoras et Thrasymaque de Calcédoine. Leur critique de la connaissance humaine a eu pour conséquence de montrer que les lois ne font pas nécessairement régner la justice dans la cité. Les gouvernants persuadent les gouvernés que les lois qui les régissent sont justes. En réalité, ces lois servent les intérêts du pouvoir établi.
Calliclès pousse le raisonnement à son extrême : pour lui, l'instauration des lois n'est faite que pour les faibles et les médiocres. La notion de justice devient alors une notion répugnante. Platon s'appuiera les thèses de Calliclès pour démontrer la fausseté de la pensée des sophistes.
22. Platon expose ses pensées relativement au droit dans *La République, Le Politique, Les Lois* et *Le Protagoras.*

leur présence et leur bon fonctionnement sont tout autant indispensables pour que la justice puisse continuer à régner dans la cité[23].

La justice est ainsi une sorte de fonctionnement harmonieux des trois composantes de la cité. Cette justice parfaite, concernant aussi bien chaque individu que la cité dans sa totalité, se manifeste par l'union qui règne au sein de celle-ci. Le but du droit est d'éduquer l'homme afin qu'il puisse atteindre cette justice parfaite. Pour y arriver, chaque individu devra occuper, dans la cité, la place qui lui revient en fonction de ses aptitudes naturelles.

Nous voyons ainsi, et cela pourrait servir de conclusion à cette brève présentation de la pensée de Platon, que celui-ci considère le juste comme transcendant à l'homme, une valeur absolue qu'il faut rechercher grâce au droit qui ne peut alors être que d'origine divine.

2. La pensée d'Aristote[24]

Aristote est le père de la méthode scientifique, méthode qui se déroule en deux phases : une phase d'observation et une phase dialectique.

Dans cette conception, la justice et la légalité vont de pair, elles sont même inséparables. Il y a une identité entre les deux notions, de sorte que le juste est ce qui est conforme aux commandements de la loi.

Chez Aristote, la recherche de la justice passe par la notion du juste milieu moral qui se définit comme le point d'équilibre de chaque vertu qui existe en l'homme.

Il fait ainsi la différence entre deux notions fondamentales qui, aujourd'hui encore, constituent le fondement de notre société : la justice distributive et la justice commutative.

La première incombe à l'État et consiste à donner ou à reconnaître à chacun ce à quoi il a exactement droit. La seconde vise à équilibrer les pertes d'un patrimoine par le gain d'un autre, de façon à ce que nul ne soit lésé dans le commerce juridique.

---

23. Ces catégories que Platon dénomme bronze, argent et or, peuvent grossièrement correspondre aux :
– personnes nécessaires à la survie économique et matérielle de la cité (agriculteurs, commerçants, industriels),
– guerriers,
– gouvernants.
Platon instaure une correspondance très étroite entre ces trois catégories et l'état de l'âme des individus qui doivent les composer : la raison (or), la passion généreuse et l'esprit chevaleresque (argent), l'appétit de la matérialité (bronze).

24. La conception aristotélicienne du droit est essentiellement exposée dans *L'Ethique à Nicomaque* où l'auteur étudie les vertus.

Dans la pensée aristotélicienne, ce qui est capital c'est bien la première forme de la justice. Il n'est donc pas surprenant si le droit est considéré comme un art et non comme une science.

C'est également Aristote qui fait la différence entre l'homme et son acte : un homme, tout en étant injuste, peut accomplir un ou plusieurs actes justes, et vice versa.

C'est ce qui lui permet de délimiter l'objet d'investigation du droit : l'acte objectivement juste.

Le processus de pensée d'Aristote l'invite ainsi à déduire les règles de droit de l'observation du réel, et c'est le fondement même de ce qu'il est convenu d'appeler le droit naturel, sur lequel nous reviendrons[25]. Aristote part de la constatation selon laquelle les individus ont des traits communs qui constituent les caractéristiques essentielles de l'homme, son essence.

Or, l'homme, de par sa nature, vit en société. D'un autre côté, la nature recèle un ordre qui la conduit vers une finalité. Partant de ces constatations, Aristote conclut que l'ordre social doit être calqué sur l'ordre naturel : c'est l'avènement du *droit naturel,* droit évolutif dont les règles découlent logiquement de l'observation des groupes sociaux qui fonctionnent selon un certain nombre de directives.

Pour Aristote, à la différence de Platon, le Bien de la cité est ainsi plus immanent que transcendant.

B. La conception biblique du droit

Deux époques sont particulièrement importantes dans cette conception et correspondent d'une part à la pensée juridique juive et d'autre part à celle du Nouveau Testament.

Il est beaucoup question, dans l'Ancien Testament, de loi, de droit et de justice. Toute l'organisation sociale est ainsi soumise au gouvernement de la Divinité. La Torah rassemble d'ailleurs des préceptes religieux mais souvent aussi juridiques, concernant la vie de tous les jours et par lesquels Dieu dirige la vie du peuple élu.

La finalité du droit juif, comme de tout droit d'origine religieuse, est d'atteindre la justice. C'est ainsi que la Torah annonce que le respect de la loi de Dieu engendre la justice.

L'essentiel des principes juridiques de la pensée juive est contenu dans le Deutéronome, l'un des livres de la Torah, et dans le

25. V. *infra,* p. 24 et s.

Décalogue, véritable guide de bonne conduite à l'usage de celui qui veut approcher Dieu.

Le Nouveau Testament, quant à lui, ne s'est pas autant intéressé au droit. En effet, on assiste pour la première fois dans l'histoire, à une adoption de règles de droit par référence aux règles instaurées par un ancien prophète.

Les historiens n'insistent que très peu sur cet aspect des choses qui a pourtant son importance.

Les Évangiles se consacrent au Royaume de Dieu, prenant en considération les aspects spirituels de la religion, et ne s'intéressant que très partiellement au monde des « apparences » qui, lui, est éphémère.

Force est d'admettre que Jésus-Christ a fondé sa religion sur les règles de droit déjà existantes révélées par Moïse sans les « abroger ».

Il est donc inexact d'affirmer que les Évangiles se désintéressent des richesses et valeurs terrestres. Jésus a répandu sur la terre un message de pure spiritualité, adoptant - faisant siens - par là, les préceptes contenus dans le message de Moïse concernant les aspects rituels, juridiques et sociaux de la religion.

Cela est tellement vrai que, par la suite, Saint Ambroise et Saint Basile discuteront longuement des subtilités du droit de propriété. De même, Saint Paul s'est beaucoup préoccupé du sort des êtres humains ici-bas et a écrit, notamment à propos de l'esclavage, ce que l'on peut considérer comme les prémisses des droits de l'homme.

En tout état de cause, ce qu'il faut retenir de la conception biblique du droit, c'est qu'elle est entièrement orientée vers la notion de justice divine qui transcende la connaissance humaine, parce que l'homme a, constitutionnellement, une vue limitée et ne perçoit que de façon parcellaire les chaînes de causalité[26].

C. La philosophie chrétienne : Saint Thomas

La conception du droit selon les philosophes de la chrétienté commence surtout à prendre de l'importance avec la compilation du droit canonique au milieu du XIIe siècle.

Le droit est alors considéré comme immuable, les autorités ecclésiastiques n'ayant que le pouvoir d'interprétation de ces textes sans qu'aucune adaptation ne soit possible.

26. V. sur le thème du jugement divin dans la conception biblique, Carbonnier ; T. 1, n° 13, p. 36 et s.

La pensée de Saint Thomas d'Aquin, vivant au XIIIe siècle, mérite d'être examinée ici.

Ce penseur a été chargé par le pape de faire la synthèse entre la sagesse païenne et la foi chrétienne[27].

Du point de vue purement philosophique, Saint Thomas suit Aristote. Pour lui, l'homme est censé suivre ses inclinations naturelles tout en écoutant la voix de sa raison de façon à rejeter les mauvaises inclinations et à suivre les bonnes.

Ainsi, il instaure une hiérarchie entre les lois : au sommet, la loi divine, loi éternelle et cause de l'ordre du monde, fait partie de la *sur nature.*

Vient ensuite la loi naturelle, inscrite dans le cœur de tous les hommes, qui permet à ceux-ci de distinguer entre le bien et le mal : c'est la conscience morale. Enfin viennent les lois humaines ou *droit positif*[28] qui est fait de la main de l'homme.

L'œuvre de Saint Thomas réhabilite sans aucun doute la pensée d'Aristote en rendant à la raison ses lettres de noblesse alors même qu'elle était quelque peu malmenée par des penseurs comme Saint Augustin. La raison est désormais apte à saisir et comprendre le fonctionnement du monde naturel.

Saint Thomas a incontestablement marqué son époque par une relecture d'Aristote. Après lui, il distingue le droit de la morale, analyse leurs fonctions respectives et insiste sur le caractère évolutif du droit naturel.

C'est d'ailleurs ce caractère évolutif qui lui permet de reprendre les concepts de base du droit romain en les adaptant.

De nos jours, l'influence de cette pensée reste très présente dans le droit français et son étude peut être d'une grande utilité pour la compréhension de certains changements de notre législation.

---

27. Ce qui a donné naissance à des œuvres d'une importance considérable : *Commentaire de l'éthique à Nicomaque,* la *Somme théologique,* le *Traité de la loi* et le *Traité de la Justice.*
28. Le sens actuel de ce mot a changé. Il ne désigne plus que l'ensemble des dispositions législatives et réglementaires (auxquelles il faut peut-être ajouter les décisions jurisprudentielles) en vigueur à un moment donné sur le territoire d'un État et qui régissent ainsi la vie sociale ; v. *infra* p. 28.

§2

L'ÉPOQUE MODERNE

A. Thomas HOBBES[29]

Thomas Hobbes est certainement l'auteur qui, au point de vue du droit, a le plus marqué ce début de l'âge moderne.

La pensée de Hobbes est gouvernée par le principe de la causalité. L'homme étant un mécanisme en mouvement, il ne peut, selon lui, exister de justice absolue ni de notion universelle de bien ou de mal.

Le passage de l'état de nature à l'état social se fait en deux étapes : la découverte des *lois naturelles* d'abord et la passation d'un *contrat social* ensuite.

Les lois naturelles ne sont autres que celles que l'on retrouve dans les écritures saintes : il s'agit, dans la pensée de Hobbes, de 19 lois immuables de source divine et dont le but est de préserver la paix entre les hommes qui vivent désormais en société. Ces lois, ces préceptes de nature morale n'obligent l'homme que dans son for intérieur, parce qu'il y va de son intérêt, mais il est fort possible que l'homme aille à l'encontre de son intérêt et l'histoire nous le montre presque quotidiennement.

Pour y pallier, Hobbes propose le contrat social dont le but sera de mettre en place l'État : c'est le dessaisissement par l'homme d'un certain nombre de ses prérogatives au profit d'un organe ou d'un homme, qui n'est là et qui n'a le pouvoir de gouverner que parce que ces hommes le veulent bien. Le rôle de cette autorité au profit de laquelle les hommes abandonnent leurs droits, est de conserver la paix. C'est pourquoi, une fois le pacte passé, il n'est plus question de désobéir au pouvoir et à l'ordre de cette autorité. Il s'agit là d'une conception volontariste du droit public.

L'idée de Hobbes est de retirer toute prérogative à l'individu dans la vie de la cité. L'autorité - qu'il surnomme le *Léviathan* - est là pour sauvegarder la paix, et les citoyens ne peuvent se rebeller contre lui. De plus, le contrat est irrévocable et ne peut être rompu que si le *Léviathan* ne remplit pas correctement son rôle.

29. Thomas Hobbes (1588-1679) vivait en Angleterre à une époque très trouble. C'est ce qui explique peut-être que les notions de sécurité, de tranquillité et de paix constituent les fondements mêmes de sa pensée.
Il avait des connaissances très approfondies en Droit et en sciences. Il est l'auteur de plusieurs œuvres scientifiques et juridico-politiques, notamment : *Éléments de droit*, le *Traité du citoyen*, le *Léviathan*.

Le *Léviathan* se substitue ainsi complètement aux citoyens, il exerce leur volonté en les représentant et toute décision qu'il prend est réputée être prise par les citoyens.

De cette pensée ne pouvait ainsi dériver qu'un légalisme outrancier.

L'idée du contrat social est reprise plus tard par Jean-Jacques Rousseau de façon plus élaborée. Selon Rousseau, l'abandon des pouvoirs par les individus au profit de l'État n'est pas total. Ils conservent, en effet, une partie des prérogatives inhérentes à la nature humaine sous forme de droits et libertés divers. L'État ne peut ainsi agir qu'en fonction des droits et pouvoirs que lui délèguent les individus qui composent la société.

L'école du droit naturel récusa toutefois les théories de Hobbes.

B. L'école du droit naturel moderne

Il s'agit là essentiellement de la conception de l'école dite du *droit de la nature et des gens*. Le fondateur de cette école, dont les principes directeurs remontent au Droit romain, est un hollandais du nom de Hugo Van Groot (1583-1645) dit Grotius, et dont la pensée se répandit en Allemagne. Cette conception moderne du droit naturel fut reprise plus tard par Leibniz et Kant[30].

Le rôle capital est ici donné à la raison humaine. Selon Grotius, lorsque tous les pouvoirs se concentrent entre les mains de l'État, il y a toujours risque d'arbitraire.

Les tenants de cette thèse préconisent alors l'observation de la nature, en prenant ce terme non pas dans son sens aristotélicien-thomiste, mais en observant l'homme et la nature humaine. Les maximes et règles juridiques sont ainsi directement tirées de la nature de l'homme. Or, celui-ci est un être sociable et doué de raison. Sa raison lui dicte une morale, des principes qui se transforment immédiatement en droit naturel et guident ses pas dans sa vie en société : le but du droit et de la morale est ainsi le même[31].

Sous l'influence des sciences et notamment des mathématiques, les disciples de Grotius ou ceux qui se sont inspirés de ses pensées ont

30. Ph. Jestaz, *L'avenir du droit naturel ou le droit de seconde nature, RTDC.*1983.233.

31. C'est de cette pensée que naissent la plupart des règles de droit que nous connaissons aujourd'hui encore : « il ne faut pas voler », « il faut réparer les dommages que l'on cause par sa faute », « il faut tenir ses promesses » etc.
Les règles de droit sont immédiatement tirées de ces mêmes principes moraux : le principe qui reconnaît à chaque individu le droit de ne pas être volé, consacre par là même le droit de propriété qui devient partie intégrante du droit naturel.

donné une forme beaucoup plus axiomatique à leurs propositions[32]. On appelle cette pensée le rationalisme juridique[33].

§3
LA PENSÉE JURIDIQUE APRÈS LE XVIIe SIÈCLE

A. La pensée juridique au cours du XVIIe et du XVIIIe siècle

1. La pensée de Kant

Il ne faut pas surestimer les réussites de l'école du droit naturel. Un penseur et philosophe, Emmanuel Kant[34], marque tout particulièrement cette époque. C'est avec Kant et grâce à sa philosophie que le rationalisme juridique gagne sa bataille décisive.

Kant a, en effet, défini avec précision les bornes de la science du droit. La contrainte, la sanction étatique, devient avec lui le critère distinctif de la règle de droit ; Kant prescrit au juriste de faire abstraction de l'équité, de s'astreindre au respect des textes, des lois, qui seules peuvent dicter les solutions.

Kant aura ainsi préparé le terrain pour que s'ouvre dès 1804 en France et plus tardivement en Allemagne, l'ère du positivisme légaliste. Pour les tenants de cette thèse, seule compte la lettre des règles positives (les lois en vigueur à une époque sur le territoire d'un État).

Pour Kant, en tout cas, le droit est l'instrument de la coexistence des libertés individuelles : il en déduit les concepts généraux de la liberté de la personne humaine et de la prééminence de l'acte juridique, comme expression de la volonté de l'homme.

L'on voit ainsi que l'importance de la pensée de Kant réside plus dans son rationalisme que dans son positivisme. Il a, en effet, directement influencé la pensée française de cette période. Kelsen se réclamait également de la pensée de Kant.

---

32. C'est notamment le cas de Pufendorf, de Wolff et de Leibniz.
33. Cf. Ch. Perelman, *Le droit et la raison* (1977).
34. Emmanuel Kant (1724-1804) a passé toute sa vie en Allemagne dans sa ville natale de Kœnigsberg où il enseignait la métaphysique et la logique. Quatre de ses livres nous intéressent tout particulièrement : *Critique de la raison pure, Critique de la raison pratique, Critique du jugement, Métaphysique des mœurs,* première partie : *doctrine du droit.* Pour une présentation très originale de la pensée de Kant, v. dans ce dernier ouvrage, préface de Michel Villey, Paris, Librairie philosophique J. Vrin (1979), p. 7 et suivantes.

2. La révolution française et son influence sur la pensée juridique du siècle

Le rationalisme n'est pas l'apanage de l'Allemagne. Cette pensée caractérise également toute la philosophie des lumières.

Il est difficile de déterminer avec précision quelle part il convient d'accorder à l'influence de ce courant de pensée sur les textes qui virent le jour au lendemain de la révolution française, et notamment la déclaration des droits de l'homme et du citoyen, qui marqua le point de départ de toute la construction autour de la nouveauté que furent *les droits de l'homme.*

De même, le Code civil français, qui a vu le jour en 1804, fut essentiellement l'œuvre de positivistes légalistes.

L'école française de l'exégèse qui avait trouvé là un terrain fertile pour son travail considérait ainsi que la doctrine ne pouvait que jouer un rôle extrêmement limité dans la construction du droit[35].

C'est ainsi que Bugnet faisait un *cours du Code civil* en interprétant les uns après les autres les articles du Code civil français, et que Laurent enseignait que le droit est écrit dans des textes authentiques ; en voulant faire le droit, les juges et les doctrinaires usurpent un pouvoir qui est constitutionnellement reconnu à l'organe législatif.

Enfin, Demolombe résumait sa pensée sous forme d'une seule phrase qui avait le mérite de la clarté : « Ma devise : le texte avant tout »[36].

B. La pensée juridique au cours du XIXe siècle

Le début du XIXe siècle est marqué par la pensée d'un grand philosophe : il s'agit de Hegel[37].

Hegel a soutenu la doctrine de l'idéalisme absolu. Il prétend mettre fin à l'opposition entre la raison et l'esprit puisque le réel n'est pas séparé de l'esprit.

---

35. Cf. Chr. Jamin et Ph. Jestaz, *L'entité doctrinale française, D.*1997.doct. 167 ; *contra,* L. Aynès, P.Y. Gauthier et Fr. Terré, *Antithèse de « l'entité », D.*1997.doct. 229.

36. Cette exigence a évolué tout au long du XIXe siècle pour devenir très peu stricte de nos jours. Dès la fin du XIXe siècle, le positivisme scientifique enseignait, en effet, que la loi n'est pas la seule source du droit positif. C'est également cette idée qui fut attaquée par les sociologistes représentés notamment par Duguit.

37. Hegel (1770-1831) était professeur de Philosophie aux universités de Iéna, de Heidelberg et de Berlin, et c'est à ce titre qu'il analysa les rapports entre le droit et la philosophie. Ses œuvres les plus importantes sont : *Phénoménologie de l'esprit, La science de la logique* et *Principes de la philosophie du droit.*

C'est pourquoi la logique (la science de la raison et de la pensée) est identique à la métaphysique (la science de l'être).

Les lois qui régissent notre existence sont ainsi celles qui régissent la raison de l'homme. Le processus de la manifestation de la pensée dans les faits passe par la méthode dialectique : thèse, antithèse, synthèse.

Dans le prolongement de cette démarche, Hegel présente alors sa philosophie du droit qui passe également par trois étapes : le droit abstrait de la personne juridique, la moralité subjective et la moralité sociale.

Chaque étape correspond à une branche particulière du droit : le droit de propriété et le droit subjectif au sens général du terme pour la première étape ; la moralité subjective concerne, elle, les devoirs de l'être humain en tant que tel, la conscience et la volonté libre ; la famille, la société civile et finalement l'État constituent les maillons de la chaîne qui compose la moralité sociale.

L'Allemagne, à l'époque de Hegel, est en pleine effervescence, et, sous l'influence de Savigny (1779-1860) se crée, au début du XIXe siècle, l'École historique qui enseigne que le droit est créé selon un processus lent et progressif, parallèlement au langage et aux mœurs de la société, ce qui a pour conséquence que le droit de chaque pays a des particularités qui le distinguent des autres. Et il ne peut en être autrement, puisque le droit est un fait naturel qui évolue au sein même de la société qu'il aurait pour objet de régir.

A la même époque, un autre grand juriste allemand, Ihering (1818-1892) critiquait vivement les pensées professées par l'école historique dont il avait auparavant été l'un des adeptes.

Par ailleurs, face à la grande place faite à *l'esprit des peuples,* Auguste Comte (1798-1857) soutint que le droit est le reflet de l'observation d'une réalité sociale. C'est le positivisme sociologique selon lequel le fondement de la règle de droit se retrouve dans la conscience des masses.

D'autres auteurs de même affinité, Spencer et Durkheim, et des juristes comme Duguit corrigent ainsi le rôle trop important reconnu à la volonté des individus, qu'ils remplacent par l'évolution des mœurs et des coutumes.

C. La pensée juridique au cours du XXe siècle

Le XXe siècle peut être considéré comme un siècle de rééquilibrage entre les deux écoles principales du positivisme et de l'idéalisme.

En effet, avec l'abandon de plus en plus marqué du droit naturel et l'avènement du positivisme juridique, l'on pouvait se demander si la toute-puissance du droit positif était souhaitable. D'ailleurs, dès 1899, Gény[38] montrait les limites de la loi et de son interprétation[39].

D'autres auteurs ont soutenu l'idée d'un droit naturel à géométrie variable, dont le contenu serait influencé par le temps[40].

Dans le même temps, le positivisme juridique continuait son chemin. L'un des plus grands représentants de cette école, Hans Kelsen (1881-1973), soutenait que le droit est un « système de normes hiérarchisées ». Dans ce système, la validité et la force obligatoire de chaque norme dépendent de sa conformité à la norme qui lui est supérieure. C'est ce qu'il est convenu d'appeler la pyramide de Kelsen[41].

---

38. *Méthode d'interprétation et sources en droit privé positif,* 1899. Gény défendait la conception traditionnelle du droit naturel tout en réduisant son champ d'application à quelques préceptes généraux reconnus depuis longtemps par les hommes.
Planiol, Colin et Capitant le rejoignirent dans cette conception.

39. Certes la loi, ou tout au moins le texte, occupe tout de même une place centrale dans le droit français aujourd'hui. C'est cette place centrale que tentait de combattre l'École du droit libre, qui voulait libérer le juge non seulement de la loi mais également de la jurisprudence en suggérant le recours aux jugements intuitifs. Cette théorie a connu des développements en Allemagne et aux États-Unis mais non en France.

40. En France, c'est Saleilles qui se réclama de cette conception venue d'Allemagne.

41. Kelsen, *Théorie pure du droit* (2e éd.), traduit par Ch. Eisenmann, Dalloz 1962, p. 266 et s. ; v. *Infra,* p. 88 et s. Kelsen est plus un normativiste. Toutefois, sa vision du droit est insuffisante lorsque l'on considère le droit comme une science sociale.

CONCLUSION

De l'ensemble de ces réflexions, il ressort que l'adoption d'une théorie commande directement la place reconnue aux personnages qui entrent sur la scène juridique et judiciaire. Plus on privilégie l'intervention du droit naturel, plus on admet la possibilité pour le juge de recourir aux principes ou préceptes reconnus comme étant immuables, à une certaine idée de justice, à l'équité. Plus on admet le positivisme, sinon le rigorisme légal, plus on limite le pouvoir du juge à la simple interprétation et application de la règle de droit. Toujours est-il que dans cette « interprétation de la loi », le juge trouve la ressource d'assouplir les effets trop inéquitables de la règle de droit tout en ne l'écartant pas nommément.

Ainsi s'achève notre tour d'horizon extrêmement rapide de la pensée juridique depuis les temps anciens jusqu'à nos jours.

Après l'étude de la notion de droit et de son historique, intéressons-nous au droit civil pour nous demander quel en est l'objet et l'évolution historique en France.

CHAPITRE 2

Qu'est-ce que le droit civil ?

SECTION 1
ÉLÉMENTS CARACTÉRISTIQUES DU DROIT CIVIL

Après l'étude de la notion de droit et de son historique, intéressons-nous à ses éléments caractéristiques qui sont au nombre de trois.

Le droit civil est défini comme un droit privé, national et commun. Il s'agit d'un droit qui régit les rapports entre les particuliers, que l'on appelle également les personnes privées, sur un plan pécuniaire ou familial.

Son caractère national tient au fait que, en principe, il régit les rapports entre particuliers lorsque ces rapports se déroulent sur le territoire français ou bien lorsqu'ils sont relatifs à des français, même s'ils vivent à l'étranger.

Enfin, notion plus difficile à définir, il s'agit d'un droit commun. Autrement dit, les règles de droit civil s'appliquent en l'absence de règles spécifiques applicables à certaines personnes en raison de leur profession ou de leur situation particulière.

Ainsi, lorsqu'un litige naît entre deux commerçants, le droit qui donne la solution de ce litige est le droit commercial. Ce droit particulier est donc régi par des règles dérogatoires au droit civil.

En revanche, si un litige intervient entre un commerçant et un non-commerçant, les règles particulières que nous venons de mentionner ne sont pas toujours applicables.

Faute de règles spécifiques, l'on revient aux règles du droit civil, règles de *droit commun,* afin de trouver une issue au litige[1].

---

1. Les caractéristiques du droit civil telles que nous venons de les définir brièvement seront développées ci-après, lors de l'étude des diverses branches du droit ; v. *Infra,* p. 76.

SECTION 2
ÉVOLUTION HISTORIQUE DU DROIT CIVIL EN FRANCE

Trois temps marquent l'évolution du droit civil français. Ce découpage est d'ailleurs plus fondé sur une idée de commodité que de logique interne. L'événement important qui donne la cadence de ces trois temps est bien entendu l'adoption en France du Code civil de 1804. Ainsi, nous étudierons le droit civil français avant le Code civil, puis le Code civil et ses innovations, avant d'examiner l'évolution ultérieure du droit civil.

Le souci de concision nécessite un passage en revue très rapide de cette évolution[2].

§1
L'ÉVOLUTION AVANT LE CODE CIVIL

L'évolution du droit civil avant le Code civil s'est effectuée en deux étapes. L'Ancien droit, c'est l'époque qui s'étend jusqu'à la Révolution. Le droit intermédiaire est celui issu de la Révolution. On les étudiera successivement.

A. L'Ancien droit

L'Ancien droit est marqué par une évolution lente et continue des sources du droit, de la diversité vers l'unification.

Le Haut Moyen Âge a connu un morcellement à l'extrême du droit français. En effet, d'une province à l'autre, d'une ville à l'autre, le droit civil changeait. Cela tenait à la personnalisation du droit de cette époque. Rattaché à la personne du seigneur qui régnait en maître absolu sur ses terres, il dépendait de la bonne volonté de celui-ci.

Dans le même temps, une distinction est faite entre les droits écrit et coutumier. Dès la seconde moitié du XIIIe siècle, la France est divisée en deux systèmes juridiques dont les méthodes d'interprétation sont complètement différentes. Les régions situées au sud de la Loire sont appelées pays de droit écrit. Au nord de cette ligne de démarcation, dans les pays de coutumes[3], le droit écrit n'a aucun rôle

2. Pour une étude plus approfondie, cf. Ghestin, Goubeaux et Fabre-Magnan, n° 117 et s.
3. La ligne de démarcation des pays de coutumes allait approximativement de la Rochelle à Genève.

à jouer. Ce sont les coutumes (ou usages) qui régissent les rapports juridiques.

Ainsi, au sein de chaque région, coexistaient des multitudes de coutumes, et de règles écrites engendrant des conflits qui pouvaient seulement être réglés grâce à des techniques complexes donnant lieu au système des statuts[4].

A partir de la fin du Moyen Âge, des idées nouvelles, essentiellement inspirées par des considérations d'ordre économique, ont orienté le droit vers son unification[5].

Les principales caractéristiques de l'Ancien droit sont le reflet de la société qu'il régit. C'est d'abord, et avant tout, un droit fondé sur le droit canonique. C'est ensuite un droit fondé sur les inégalités et les privilèges catégoriels. L'individu y est rarement considéré comme sujet du droit. Il est généralement pris en sa qualité de membre du clan ou de la communauté à laquelle il appartient. Enfin, la terre est le bien central dans la conception juridique de cette époque : *res mobilis, res vilis,* dit-on. Autrement dit, seul les biens immobiliers, au premier rang desquels vient la terre, sont dignes d'intérêt, le bien mobilier étant de peu de valeur. Il ne s'agit là que de la manifestation du caractère féodal de l'Ancien droit.

B. Le droit intermédiaire

Avec le droit intermédiaire, le rôle prééminent de la loi, texte « voté » par le législateur, fut consacré. De fait, avec le droit révolutionnaire, une série de lois civiles vit le jour, réformant totalement les solutions en vigueur dans l'Ancien droit, dans des domaines aussi divers que l'organisation de l'état civil, le droit de la famille[6], le droit successoral, etc.

---

4. A l'origine de la théorie des statuts, deux systèmes étaient appliqués pendant le Moyen Âge, ce qui n'était pas sans donner lieu à des hétérogénéités souvent inconciliables ; il s'agit des deux systèmes de la personnalité ou de la territorialité des lois. Bartole consacra la théorie selon laquelle le statut personnel (la naissance, le mariage, l'état et la capacité des personnes) relève du domaine de la personnalité, le territoire régissant les biens de la personne. Ce système a été consacré par le Code civil dans son article 3, ce qui constitue aujourd'hui le fondement du droit international privé français.
5. Cette œuvre d'unification trouva son aboutissement aux XVIe et XVIIe siècles, notamment dans les œuvres de Domat *(Les lois civiles dans leur ordre naturel),* de Pothier (les *Traités*) et de Daguesseau. Ces œuvres ont préparé le travail de codification intervenu par la suite avec la mise au point du Code civil.
6. Avec, en première ligne, l'apparition du divorce, mais aussi de l'institution de l'adoption et déjà de l'attribution de droits égaux aux enfants légitimes et naturels.

Toutefois, une bonne partie de l'Ancien droit resta en vigueur jusqu'à l'adoption du Code civil dont la première conséquence fut l'abrogation de l'Ancien droit[7].

§2
LE CODE CIVIL

Le projet du Code civil fut rédigé en quatre mois sous l'œil vigilant de Bonaparte[8]. C'est Portalis qui domina la commission tout au long, de sorte qu'on lui attribue, pour une grande part, le Code civil.

Ce projet fut alors soumis à l'examen du Tribunal de cassation[9] et des tribunaux d'appel ainsi qu'à celui du Conseil d'État. La procédure politique de vote du Code civil mit quatre ans avant d'aboutir. L'ombre de Napoléon Bonaparte plana tout au long de cette procédure, soit qu'il orientât les discussions, soit qu'il intervînt pour forcer la main à tel ou tel organe législatif ou consultatif qui prenait son temps. C'est pourquoi le Code civil est souvent appelé, le Code Napoléon.

Le Code civil est résolument empreint de laïcité et d'individualisme. La place qu'il consacre à la volonté humaine est sans précédent[10]. Son article 1134 élève même les conséquences de l'accord des volontés au rang de la loi.

De fait, le rôle de la volonté n'est que la conséquence de la traduction, dans le domaine du droit civil, des principes d'égalité et de liberté consacrés par la Déclaration des Droits de l'homme et du citoyen de 1789. « Otez Bonaparte et son Code, dit J. Carbonnier, il ne serait sans doute rien resté de la Révolution dans notre droit civil »[11].

Le Code civil fut d'ailleurs la première œuvre d'une série de codes qui virent le jour dans les années qui suivirent[12].

---

7. L'article 7 de la loi du 30 Ventôse an XII disposait que, « à compter du jour où ces lois seront exécutoires, les lois romaines, les ordonnances, les coutumes générales ou locales, les statuts, les règlements cessent d'avoir force de loi générale ou particulière dans les matières qui sont l'objet desdites lois composant le présent Code. » V. Malaurie et Aynès, *Droit civil, Introduction générale* par Philippe Malaurie, éd. 1994-95, n° 431.
8. La commission de rédaction du Code civil était composée de quatre membres : Tronchet, Bigot de Préameneu, Portalis et Maleville. Ce projet fut appelé le Projet de l'An VIII.
9. C'est l'ancêtre de la Cour de cassation actuelle, v. *Infra,* p. 46, l'organisation judiciaire de la France.
10. Tout le monde ne partage pas ce point de vue. V. par ex. X. Martin, *La nature humaine et la Révolution française,* 1994, p. 252 et s.
11. Jean Carbonnier, *Droit civil,* T. 1, *Introduction,* n° 73, p. 130.
12. Le Code de procédure civile en 1806, le Code du Commerce en 1807 ; le Code d'instruction criminelle en 1808 et le Code pénal en 1810.

§3

LES ÉVOLUTIONS MARQUANTES DU DROIT FRANÇAIS APRÈS LE CODE CIVIL

Le Code civil connut un immense succès dans toute l'Europe et l'on peut dire qu'il fut même à l'origine de l'ensemble des œuvres de codification.

Les changements politiques subséquents influencèrent peu le Code civil jusque dans les années 1880.

Avec l'avènement de la IIIe République, des réformes plus profondes furent entreprises, dont les effets se poursuivirent tout au long de la IVe République, et eurent pour conséquence l'introduction de dispositions totalement nouvelles dans le Code civil.

Dans le domaine du droit de la famille, la réintroduction du divorce n'a été que la conséquence du vent de libéralisme qui soufflait sur la France. Les femmes recouvrèrent d'ailleurs des droits plus substantiels dans les années trente et quarante avec l'abolition de la puissance maritale[13] et de l'incapacité de la femme mariée[14].

De leur côté, les enfants naturels bénéficièrent de droits plus vastes à la succession[15].

Dans le domaine du droit patrimonial, les effets conjugués des guerres, de la crise économique et des idées politiques montantes eurent pour effet l'introduction d'un certain dirigisme qui atteignit son paroxysme à partir de la Première Guerre mondiale.

De multiples restrictions apportées à la propriété privée et l'introduction d'une réglementation outrancière en matière contractuelle s'ensuivirent[16].

La Ve République apportera son lot de stabilité. Des réformes suivant de plus près l'évolution des mœurs de notre société furent entreprises[17].

Parallèlement à ces réformes, des textes internationaux sont également venus compléter les dispositions du droit civil français[18].

---

13. Loi du 18 février 1938.
14. Loi du 22 septembre 1942.
15. Loi du 16 novembre 1912.
16. P. ex. loi du 6 juillet 1989 sur le bail.
17. Cela fut très sensible dans le domaine du droit des personnes où l'égalité de la femme et du mari dans le domaine patrimonial fut consacrée par une loi de 1965 sur les régimes matrimoniaux. Il en fut de même dans le domaine de l'exercice de l'autorité parentale (1970). L'égalité des enfants légitimes et naturels fut consacrée par une loi du 3 juillet 1972.
18. Pour le caractère supérieur de ces textes, *infra*, p. 82 et s.

Il convient maintenant de procéder à un examen des organes judiciaires qui, en France, contribuent à la formation de ce qu'il est convenu d'appeler la jurisprudence[19].

19. Nous verrons que la jurisprudence est l'ensemble de décisions judiciaires intervenant dans un domaine particulier pour consacrer une solution concrète ; v. *Infra,* p. 40 et s.

CHAPITRE 3

Les institutions judiciaires de la France

L'organisation judiciaire française actuelle remonte à la Révolution[1].

En réorganisant les institutions judiciaires françaises, les révolutionnaires ont eu pour objectif de contrecarrer les abus de l'Ancien Régime qui, en multipliant les voies de recours, en créant des privilèges de juridiction et en répandant le système de vénalité des charges pour les magistrats, avait abouti à des résultats trop iniques.

C'est ainsi que, dès 1790, la loi des 16-24 août affirma la complète séparation des pouvoirs législatif, judiciaire et exécutif, limitant ainsi le domaine d'intervention du juge.

Nous allons examiner les institutions judiciaires françaises en analysant d'abord les différents types de juridiction françaises avant d'examiner la composition et le rôle du personnel judiciaire.

SECTION 1
LES JURIDICTIONS EN FRANCE

Pour des raisons essentiellement historiques, il existe en France deux ordres de juridiction. En effet, sous l'Ancien Régime, la justice était rendue par un organe qui s'appelait le Parlement. Au cours des années, les différents Parlements, en particulier le Parlement de Paris, ont réussi à se doter de pouvoirs très importants, de sorte qu'ils se sont même élevés, à plusieurs reprises, contre les rois de France[2].

---

1. F. Terré, n° 95 et s. ; Ghestin, Goubeaux et Fabre-Magnan, n° 427 et s.
2. Les parlements disposaient de deux pouvoirs essentiels : la faculté de rendre des arrêts de règlement et le droit d'enregistrement. A l'occasion des arrêts de règlement, les parlements pouvaient rendre, à partir d'un litige particulier, des décisions présentant un caractère général et une valeur permanente pour l'avenir. Les parlements s'étaient ainsi arrogés un véritable pouvoir législatif empiétant sur le domaine du Roi, seul détenteur du pouvoir législatif. *(Suite note page suivante)*

Au lendemain de la Révolution, le principe de la séparation des pouvoirs, prôné par Montesquieu, est introduit dans les fondements du droit révolutionnaire afin de contrecarrer les vives oppositions rencontrées sous l'Ancien Régime. Les trois pouvoirs législatif, exécutif et judiciaire ne doivent pas empiéter les uns sur les autres. Dans le domaine du droit judiciaire français, le principe de séparation des pouvoirs s'est traduit par la dualité des juridictions judiciaires et administratives[3]. Il a donc été interdit aux juridictions judiciaires de juger l'action de l'administration : c'est pourquoi les juridictions de l'ordre judiciaire ne tranchent, en principe, que les litiges intervenant entre particuliers.

Il a été progressivement institué des juridictions dites de l'ordre administratif, lesquelles ont mission de trancher les litiges survenant entre l'État ou les personnes de droit public d'une part, et les particuliers d'autre part[4].

En outre, le respect du principe de séparation est assuré par une juridiction spéciale appelée Tribunal des conflits, qui s'assure de la bonne répartition des affaires entre l'ordre judiciaire et administratif lorsque une question de frontière des deux compétences se pose.

§1

JURIDICTIONS DE L'ORDRE JUDICIAIRE

Les juridictions judiciaires se subdivisent en deux catégories : les juridictions du fond et la Cour de cassation. Nous les analyserons successivement.

L'enregistrement consistait pour les parlements à enregistrer concrètement, matériellement les lettres patentes ou ordonnances émanant du Roi, leur permettant ainsi d'entrer en vigueur. A l'occasion de cet acte d'enregistrement, les parlements s'étaient arrogé le droit d'émettre des *remontrances*. Or, ces remontrances constituaient autant de barrières pour le Roi qui ne pouvait voir ses lettres patentes devenir applicables avant leur enregistrement par le Parlement.

3. L'article 13 du titre II de la loi des 16-24 août 1790 disposa ainsi : « Les fonctions judiciaires sont distinctes et demeureront toujours séparées des fonctions administratives ; les juges ne pourront, à peine de forfaiture, troubler en quelque manière que ce soit les opérations des corps administratifs, ni citer devant eux les administrations pour raison de leurs fonctions ».

4. Ce découpage correspond grossièrement à la différence faite entre le droit privé et le droit public que nous aborderons plus loin.

A. Les juridictions du fond

L'organisation judiciaire de la France connaît une distinction importante entre les juridictions du fond et la Cour de cassation.

Les juridictions du fond examinent les procès dans leur totalité. Autrement dit, elles prennent en considération les éléments de faits constatés, c'est-à-dire les circonstances dans lesquelles l'affaire présentée au juge s'est déroulée. Une fois les faits établis, elles appliquent les règles de droit qui conviennent afin de trancher le litige. L'application de la règle de droit mène à la solution de l'affaire.

Son application nécessite que les magistrats suivent un raisonnement en deux temps : une première phase de qualification des éléments de fait, suivie, dans un deuxième temps, d'une phase de sélection et d'application de la règle de droit.

Les juridictions du fond se subdivisent elles-mêmes en deux catégories : les juridictions civiles et les juridictions répressives. Nous les analyserons successivement, en nous intéressant davantage aux juridictions civiles.

1. Les juridictions civiles

Le principe du double degré de juridiction commande que chaque litige puisse être jugé deux fois afin que les garanties fondamentales soient assurées aux justiciables. En effet, en raison du caractère complexe des litiges aujourd'hui, une erreur judiciaire peut arriver. Afin de parer à cette éventualité, le droit français pose le principe selon lequel chaque litige peut, à la demande de la partie perdante, être jugé une deuxième fois par une instance judiciaire indépendante et hiérarchiquement supérieure de la première.

C'est ainsi que les juridictions civiles, mais aussi les juridictions pénales et administratives, se subdivisent en deux catégories : *les juridictions de première instance* ou de premier degré, les juridictions du second degré, *les cours d'appel.*

a. Les juridictions de première instance

Il en existe plusieurs types. La subdivision la plus commode consiste à examiner d'abord la juridiction civile de droit commun, le tribunal de grande instance, avant de passer en revue les juridictions d'exception.

• *Les tribunaux de grande instance*

Juridictions de première instance de droit commun, les tribunaux de grande instance sont les remplaçants des anciens *tribunaux civils* qui ont été supprimés par la réforme de 1958.

Ils sont compétents pour connaître de tout litige de droit civil qui n'a pas été attribué à une autre juridiction par un texte spécial. C'est en cela qu'on les appelle les juridictions de droit commun. Tout procès civil doit commencer devant cette juridiction sauf si un texte de loi dispose le contraire.

Les tribunaux de grande instance sont des organes collégiaux composés d'un président et de deux juges assesseurs au moins.

Ce principe de collégialité connaît des dérogations, dans la mesure où le président du tribunal, ou un magistrat délégué par lui, peut connaître seul de certains litiges déterminés par la loi.

En outre, tout différend relatif à l'exécution forcée des décisions judiciaires est tranché par le tribunal de grande instance statuant à juge unique. Ce juge, désigné par le Président, s'appelle le juge de l'exécution, et prend, dans les matières qui relèvent du droit de la famille, le nom de juge aux affaires familiales[5].

Chaque tribunal de grande instance est doté d'un représentant du ministère public[6], le procureur de la république. Il existe également auprès de chaque tribunal de grande instance, un secrétariat-greffe qui s'occupe de l'enregistrement de l'ensemble des actes de procédure effectués devant le tribunal et prépare les audiences du tribunal.

Les tribunaux de grande instance qui ont une certaine envergure comportent plusieurs chambres. Celles-ci peuvent être spécialisées par type d'affaire ou par domaine juridique[7].

Des textes spéciaux en confèrent la compétence soit en raison du montant du litige soit en raison de sa nature à d'autres juridictions qui prennent ainsi le nom de juridictions d'exception. Ce sont ces juridictions que nous allons maintenant analyser.

• *Les tribunaux d'exception*

– Les tribunaux d'exception les plus nombreux en France sont les **tribunaux d'instance.** Les tribunaux d'instance ont succédé en 1959 aux *justices de paix.* Ils sont, en principe, situés au chef-lieu de chaque arrondissement[8].

---

5. C'est le juge aux affaires matrimoniales qui a été institué par la loi du 11 juillet 1975. La loi du 8 janvier 1993 a largement étendu les compétences de ce magistrat qui s'appelle depuis le juge aux affaires familiales.
6. Pour la définition et la composition du ministère public, v. *Infra,* p. 54.
7. Il existe actuellement en France 181 tribunaux de grande instance qui rendent approximativement 500 000 jugements civils par an.
8. Les tribunaux d'instance sont en France au nombre de 473 dont vingt à Paris.

Étant une juridiction d'exception, le tribunal d'instance ne peut connaître d'un litige que dans la mesure où un texte spécial lui en donne compétence. Néanmoins, les cas de compétence des tribunaux d'instance sont très nombreux, de sorte que l'on peut se demander si certains tribunaux ne sont pas devenus les tribunaux de droit commun pour les petits litiges[9].

Le cas de compétence le plus important des tribunaux d'instance concerne toutes les actions personnelles ou mobilières inférieures à 50 000 Francs[10].

Une dérogation est d'ailleurs introduite ici au principe de double degré de juridiction. En effet, pour tous les litiges inférieurs à 25 000 Francs, il ne peut être interjeté appel, le montant du litige étant jugé trop faible en regard des frais que le plaideur doit engager. Le souci de désengorger les cours d'appel est à la base de cette limitation. On dit alors que le tribunal d'instance est compétent en premier et dernier ressort et la somme de 25 000 Francs est appelée le taux de compétence en dernier ressort (art. R. 321-1, C. org. jud. et L. 311-2 même code).

Les tribunaux d'instance siègent à juge unique. Les décisions du tribunal d'instance sont également appelées des jugements.

– Les **tribunaux de commerce,** aujourd'hui au nombre de 229, sont les juges des affaires professionnelles entre commerçants. Le tribunal de commerce est une juridiction collégiale qui statue avec au moins un président et deux juges.

Sa principale originalité réside dans sa composition. En effet, ces tribunaux ne sont pas constitués de juges professionnels mais de commerçants élus par leurs pairs. Ils exercent leurs fonctions gratuitement. En raison de l'origine des magistrats, ces tribunaux sont considérés comme des juridictions corporatives.

La raison essentielle du recours aux commerçants pour exercer le métier de juge consulaire tient à la complexité des usages de commerce qui sont bien mieux connus des commerçants eux-mêmes que des juges professionnels qui ne sont pas nécessairement au fait des pratiques commerciales.

Néanmoins, on peut concevoir que le juge consulaire ait parfois des lacunes en matière juridique. Ainsi, il n'est pas rare de voir des

9. Les articles R. 321-1 à R. 321-23 du code de l'organisation judiciaire prévoient des cas de compétence très nombreux du tribunal d'instance ; J. Barrère, *Essor et repliement du tribunal d'instance,* Mél. Boyer, 1996, p. 39 et s.

10. Cette somme, ainsi que le taux de compétence en premier et dernier ressort sont révisés périodiquement par décret pour tenir compte de l'érosion monétaire.

jugements mal rédigés notamment dans les petits tribunaux de commerce. C'est là le principal reproche qui est fait aux tribunaux de commerce.

Le ressort territorial du tribunal de commerce est, en principe, l'arrondissement. A l'instar des tribunaux d'instance, ils jugent en premier et dernier ressort pour tout litige dont le montant est inférieur à 25 000 Francs (art. 639 C. com., D. 4 mars 1988).

– Les **conseils de prud'hommes** tranchent les litiges individuels de travail, autrement dit tout litige intervenu à l'occasion d'un contrat de travail liant un employeur à un salarié.

Il existe aujourd'hui en France plus de 280 conseils de prud'hommes. Ces juridictions présentent certaines originalités.

En premier lieu, tout comme les tribunaux de commerce, ce sont des organes composés, non pas de magistrats professionnels, mais de juges élus. Contrairement aux autres juridictions d'exception, les conseils de prud'hommes sont des juridictions paritaires : les juges sont choisis en nombre égal parmi les employeurs et les salariés.

Le conseil de prud'hommes est ainsi composé de deux employeurs et deux salariés. La présidence est assurée tour à tour par un employeur et un salarié.

En cas de partage des voix entre les uns et les autres, le litige est tranché par un juge départiteur, qui est un juge au tribunal d'instance.

Le problème que nous avons rencontré pour les tribunaux de commerce se retrouve également pour les conseils de prud'hommes. On reproche souvent aux conseillers prud'homaux de ne pas rendre des jugements conformes aux règles de droit. Les motivations sont, dit-on, souvent aberrantes sur un plan juridique, ce qui incite les plaideurs à utiliser massivement les voies de recours (appel et cassation). Ainsi, la Cour de cassation rend presque autant de décisions en matière sociale que dans toute autre matière confondue.

En deuxième lieu, l'originalité des conseils de prud'hommes tient à leur procédure particulière. Le plaideur passe d'abord par une première phase de conciliation devant le bureau du même nom. Si aucun accord ne s'établit entre les parties, une deuxième phase contentieuse est poursuivie devant le bureau de jugement.

Les conseils de prud'hommes, qui sont divisés en sections[11] correspondant à des secteurs d'activité, statuent en premier et dernier

11. Les sections se répartissent de la manière suivante : industrie, commerce, agriculture, activités diverses et encadrement.

ressort lorsque le montant de la demande ne dépasse pas un chiffre qui est fixé par décret[12]. Ils rendent des « jugements ». Lorsque la demande du salarié ne porte que sur la remise de documents que l'employeur est tenu de remettre, le « jugement » rendu par le conseil de prud'hommes est également en dernier ressort.

– Les **tribunaux paritaires des baux ruraux** sont des juridictions ayant compétence pour trancher les litiges entre les bailleurs et les preneurs qui constituent les deux parties de ce type très réglementé de contrat.

Comme son nom l'indique, ce tribunal est formé en nombre égal de représentants de bailleurs et de preneurs. Toutefois, à la différence des conseils de prud'hommes, l'échevinage[13] est pratiqué. Le juge d'instance est le président du tribunal.

Comme en toute autre matière, le tribunal paritaire des baux ruraux statue en premier et dernier ressort lorsque le montant du litige est inférieur à 25 000 Francs.

– Les **tribunaux des affaires de Sécurité sociale** remplacent depuis une loi du 3 janvier 1985 les commissions de première instance de la Sécurité sociale.

Leur tâche consiste à trancher l'ensemble des litiges survenant entre les organismes de sécurité sociale et leurs usagers. Il s'agit là du contentieux purement juridique et non médical qui, lui, est examiné par des commissions techniques.

Ces tribunaux sont également des juridictions collégiales et paritaires. Le président est un juge du tribunal de grande instance et les assesseurs sont nommés pour trois ans par le premier président de la Cour d'appel.

Le taux de compétence en dernier ressort est de 25 000 francs (art. R. 142-25 de de la Sécurité sociale).

– Le **juge de l'expropriation** a pour mission de fixer les indemnités d'expropriation dans le cadre de l'article L. 13-1 du Code de l'expropriation publique. Les décisions sont prises par un juge unique appartenant au tribunal de grande instance de chaque département.

---

12. Ce montant est actuellement de 22 500 Francs (D. 27 déc. 1995, art. D 517-1 C. trav.).
13. L'échevinage consiste à mélanger au sein d'une même juridiction des juges professionnels et des juges élus par leurs pairs, de sorte qu'au sein du tribunal paritaire des baux ruraux, siègent en même temps un juge du tribunal d'instance et des représentants des bailleurs et preneurs qui ne sont pas juges professionnels.

b. Les Cours d'appel

La Cour d'appel est la juridiction de droit commun de second degré. Il en existe actuellement 34 en France.

La Cour d'appel est la manifestation de l'existence d'un double degré de juridiction dans l'organisation judiciaire française.

L'appel, en effet, est « une voie de recours qui permet de déférer la décision rendue à une juridiction supérieure, qui juge à nouveau la cause, en fait et en droit, puis confirme ou infirme en la réformant la sentence primitive »[14].

En raison de leur nombre, les Cours d'appel ont un ressort territorial qui s'étend sur plusieurs départements[15]. Elles reçoivent les appels portés contre les décisions de toutes les juridictions de leur ressort, qu'ils proviennent des juridictions de droit commun ou des juridictions d'exception.

La Cour d'appel est une juridiction collégiale. Elle est composée d'un premier président, de présidents de chambre, de conseillers, ainsi que de représentants du ministère public[16] et d'un greffier en chef. Au sein de la Cour d'appel, les chambres sont spécialisées dans les divers domaines juridiques que la Cour a à connaître. Il s'agit essentiellement des chambres commerciales, familiales, immobilières, sociales, etc. Il existe également une chambre spécialisée dans les affaires des mineurs et une chambre des expropriations.

La Cour d'appel statue en règle générale en audience ordinaire, à savoir avec un président et deux conseillers au moins. Elle peut également se réunir en audience solennelle, auquel cas elle comprend, au minimum, un président et quatre conseillers. Cette audience est réunie chaque fois qu'une question d'importance majeure est posée à la cour. Enfin, la Cour peut se réunir en chambre du conseil, lorsque les débats nécessitent la discrétion ou concernent des mesures d'administration interne[17].

---

14. François Terré, n° 105.
15. Sauf pour ce qui concerne la Cour d'appel de Metz qui est compétente pour le seul département de la Moselle et les trois cours d'appel des départements d'outre-mer.
16. Le représentant du ministère public auprès de la Cour d'appel s'appelle le procureur général. Il est épaulé par plusieurs avocats généraux et par plusieurs substituts.
17. Les Cours d'appel rendent environ 170 000 arrêts par an en matière civile, ce qui montre l'engorgement auquel elles sont confrontées en raison du nombre considérable de décisions rendues par les juridictions de première instance.

2. *Les juridictions répressives*

Ces juridictions jugent les infractions au droit pénal. Cependant, il convient d'en parler ici car l'organisation judiciaire française est fondée sur le principe de l'unité des juridictions civiles et répressives. C'est-à-dire que les juridictions répressives ne constituent que des formations particulières des juridictions civiles. Les mêmes juges statuent tour à tour en tant que juges civils ou juges pénaux.

Toutefois, la spécificité de la procédure pénale, qui tient à la nécessité de la découverte des infractions et de leurs auteurs, crée une originalité dans les organes. C'est ainsi que les juridictions répressives se subdivisent en juridictions d'instruction et juridictions de jugement.

a. Les juridictions d'instruction

Ces juridictions sont chargées de préparer et de mettre en état le dossier afin que la juridiction de jugement puisse statuer en toute connaissance de cause. Cette juridiction peut également décider de ne pas poursuivre. Dans ce cas, elle prononce une ordonnance de non-lieu.

Les juridictions d'instruction sont au nombre de deux : la juridiction de première instance s'appelle le *juge d'instruction*[18]. Les décisions du juge d'instruction sont susceptibles d'appel devant la *chambre d'accusation,* qui est une section particulière de la Cour d'appel.

b. Les juridictions de jugement

Il s'agit cette fois-ci de juger l'affaire en bonne et due forme.

Les juridictions civiles que nous venons d'examiner ont ainsi leur équivalent dans le domaine pénal avec les mêmes compositions.

Les *tribunaux de simple police* prononcent des peines contraventionnelles.

Il s'agit de la forme pénale du tribunal d'instance.

Les *tribunaux correctionnels* constituent la forme pénale des tribunaux de grande instance. Ils s'occupent de la répression des délits correctionnels qui sont des infractions plus sérieuses que les contraventions.

---

18. Une réforme récente introduite par le ministre de la Justice décide d'introduire la collégialité dans cette institution notamment lorsque le juge d'instruction décide de mettre une personne en détention préventive.
L'Assemblée nationale vient par ailleurs d'adopter le 25 mai 2000 en première lecture un projet de loi introduisant des garanties supplémentaires pour l'encadrement de la procédure pénale. Ce projet de loi, tel qu'adopté par l'Assemblée nationale, préconise notamment l'enregistrement vidéo au cours de la garde à vue des mineurs et l'intervention de l'avocat dès la première heure de garde à vue (v. Le Monde du 24 et 25 mai 2000).

L'appel des décisions des tribunaux correctionnels s'effectue devant la cour d'appel, et plus particulièrement, devant la chambre des appels correctionnels[19].

La *Cour d'assises* est compétente pour connaître des crimes. Il s'agit d'une juridiction quelque peu atypique : elle est composée d'un président, de deux assesseurs et de neuf jurés tirés au sort sur les listes électorales. Les décisions prises par la Cour d'assises ne sont pas susceptibles d'appel. *Vox populi, vox dei,* lorsque les jurés se sont prononcés, la justice est rendue[20].

La Cour d'assises statue en matière criminelle.

A part les trois tribunaux de droit commun, l'organisation des juridictions répressives françaises connaît également des juridictions d'exception : la cour d'assises des mineurs, le tribunal pour enfants et le juge des enfants.

B. La Cour de cassation[21]

La Cour de cassation n'est pas un troisième degré de juridiction. Cela résume négativement le rôle que joue cette juridiction que l'on appelle encore la Haute juridiction ou Cour régulatrice.

La Cour de cassation est là pour vérifier que les règles du droit français reçoivent une application homogène et juste sur l'ensemble du territoire français. Elle assure ainsi l'application unifiée de la règle de droit. Le risque d'avoir une contradiction de décisions entre les tribunaux des différentes régions en est, par conséquent, minimisé.

Or, le défaut d'unité de décisions dans une matière est source d'insécurité pour le justiciable. Si un habitant de Lille obtient un jugement plus clément que celui de Marseille, seulement parce que l'interprétation de la loi diffère entre le tribunal lillois et le tribunal marseillais, une telle inégalité devant la justice serait insupportable au regard des principes de base de la justice.

---

19. Le caractère collégial des décisions prises au sein des tribunaux correctionnels a été mise en cause. En effet, pour certains délits correctionnels, le tribunal peut statuer à juge unique. Cette mesure est essentiellement motivée par la lenteur de l'appareil judiciaire totalement débordé par le nombre croissant des infractions. La répression en a perdu de son efficacité.

20. Toutefois, la loi a été contrainte de mettre en conformité le droit français avec la convention européenne de sauvegarde des droits de l'homme qui fait du principe de double degré de juridiction un principe fondamental garantissant les droits de la victime. Un projet de loi introduit ainsi l'appel en matière criminelle. En effet, le projet de loi cité supra, page précédente, note 18, prévoit la création d'un Tribunal d'assises avec la participation de 9 jurés, la Cour d'assises comprenant désormais 12 jurés.

21. J. Boré, *La Cour de cassation de l'An 2000, JCP*.1995.chr. 133.

Nous envisagerons le fonctionnement du mécanisme procédural devant la Cour de cassation, avant d'en examiner l'organisation actuelle.

1. Le fonctionnement de la Cour de cassation

La distinction que nous avons faite ci-dessus entre les éléments de fait et les questions de droit se retrouve ici. La Cour de cassation ne statue que sur les questions de droit. Son rôle n'est ainsi pas de rejuger l'affaire. Elle juge les décisions judiciaires. Quant aux circonstances sur lesquelles se fonde l'affaire, la Cour de cassation tient pour acquises les énonciations des juridictions du fond.

Elle statue sur un *pourvoi en cassation* formé sur la décision de la juridiction du fond (cour d'appel ou juridiction de première instance ayant statué en premier et dernier ressort). Si elle considère que la décision rendue par la juridiction du fond a interprété justement la règle de droit dont elle a fait application, elle prononce un arrêt de rejet. La décision de la juridiction du fond est maintenue. Plus aucune voie de recours ne pourra être exercée à l'encontre d'une telle décision. Dans l'hypothèse où la Haute juridiction estime que la décision de la juridiction du fond a été mal rendue, elle la casse, et prononce un arrêt de cassation. La conséquence d'un arrêt de cassation est le renvoi de l'affaire devant une juridiction de fond autre que celle qui avait dans un premier temps statué[22]. La juridiction a tout le loisir de rejuger l'affaire en fait et en droit. Rien ne lui interdit d'ailleurs de ne pas se conformer à la décision de la Cour de cassation.

Tout se passe comme si la décision attaquée n'avait jamais existé. La juridiction de renvoi statue ainsi en toute liberté.

Si la Cour de renvoi devait rendre un arrêt contraire à l'interprétation de la Cour de cassation, allant ainsi dans le sens de la première juridiction du fond, la partie qui y a intérêt a la possibilité de former un nouveau pourvoi en cassation. La Cour de cassation se réunit alors beaucoup plus solennellement en *assemblée plénière* (anciennement *toutes chambres réunies*), puisque l'affaire est manifestement digne d'un intérêt particulier et pose un problème particulièrement ardu qu'il convient de régler en prenant toutes les précautions nécessaires[23].

22. Cette juridiction est de même degré que celle dont la décision a fait l'objet du pourvoi en cassation.

23. L'Assemblée plénière peut également se réunir sur un premier pourvoi lorsque la question de droit posée soulève des difficultés particulières qui divisent les juridictions du fond (art. L. 131-2, al. 2 C. Org. jud.)

Si l'assemblée plénière de la Cour de cassation décide de casser l'arrêt de la juridiction de renvoi, l'affaire est renvoyée devant une troisième juridiction, laquelle, ne peut, cette fois-ci, se prononcer qu'en fait, l'application du droit étant définitivement fixée par la décision de l'assemblée plénière. Cependant, depuis 1967, il existe peu de cas dans lesquels l'assemblée plénière renvoie devant une troisième juridiction de fond. La nouvelle organisation, introduite cette année là, permet à la Cour de statuer cette fois en droit et en fait.

A côté de sa fonction de Cour régulatrice, assurant l'unité d'interprétation de la règle de droit, la Cour de cassation exerce également d'autres fonctions et non des moindres.

Une fonction de contrôle de motivation d'abord. La juridiction de fond ayant statué sur l'affaire doit motiver sa décision pour permettre à la Cour de cassation d'exercer sa première fonction. C'est ainsi que la Cour de cassation peut casser un arrêt pour *défaut de base légale* (les éléments apportés par la juridiction sont insuffisants pour permettre à la Cour de cassation de savoir si la loi a été bien ou mal interprétée), pour *défaut de réponse à conclusions, pour contradiction de motifs,* ou *existence de motifs hypothétiques,* etc.

Depuis une loi du 15 mai 1991, l'article L. 151-1 du Code de l'organisation judiciaire permet un mode de saisine différent de la Cour de cassation : la saisine pour avis qui doit intervenir sur « une question de droit nouvelle, présentant une difficulté sérieuse et se posant dans de nombreux litiges ». Sans former un pourvoi, l'un des plaideurs peut demander un avis à la Cour de cassation, sans pour autant que cet avis lie la juridiction du fond ou même les plaideurs. Cette procédure permet au plaideur de poser une question pour connaître par avance les chances de succès d'un pourvoi en cassation. Le but d'une telle mesure est, bien entendu, de désengorger autant que faire se peut la Cour de cassation. Malheureusement, l'application actuelle des avis de la Cour de cassation n'a pas, pour l'instant, abouti à la diminution effective du nombre de pourvois. Cependant, il faut y voir une mesure de longue durée[24].

24. V. G. Rouhette, *Une fonction consultative pour la Cour de cassation,* Mél. A. Breton et F. Derrida, 1991, p. 343 et s. ; F. Zénati, *La saisine pour avis de la Cour de casstion, JCP.*1992.I.3576 ; pour un exemple de refus d'émettre un avis en raison d'absence de question nouvelle, Avis C. Cass. 24 nov. 1994, *GP.*1994.I. 155, note P. Waquet ; Cass. avis 12 avril 1999, Sté Finor, Jurisdata n° 001687. Par ailleurs, la Cour de cassation ne rendra un avis que si elle n'avait pas déjà été saisie de la question (Cass. avis 11 mars 1994, Bull. civ., n° 7) à laquelle elle n'a pas déjà répondu (Cass. avis 27 juin 1994, Bull. civ. n° 15) ; pour plus de détail, v. J. Cl. Procédures, fasc. 760, n° 27 et s.

2. *L'organisation de la Cour de cassation*

Depuis la loi du 3 juillet 1967, la Cour de cassation est composée de six chambres : cinq chambres civiles et une chambre criminelle.

Les chambres de la Cour de cassation se répartissent de la manière suivante :

– 3 chambres civiles, ayant des compétences correspondant aux domaines différents du droit civil

– une chambre commerciale et financière

– une chambre sociale

– une chambre criminelle

Chacune des chambres de la Cour de cassation comprend un président de chambre, des conseillers, des conseillers référendaires, un ou plusieurs avocats généraux et un greffier de chambre.

Le président de chambre a une fonction d'une importance capitale. C'est le président qui dirige les débats et répartit les affaires entre les conseillers.

Les conseillers participent au délibéré et au jugement des affaires. Dans chaque affaire, un conseiller est nommé en qualité de rapporteur et établit un rapport circonstancié sur l'affaire, proposant une solution à la chambre en rédigeant préalablement l'arrêt. Ils sont au nombre de 84 aujourd'hui.

Les conseillers référendaires sont les aides prévues par la loi pour décharger les conseillers. Ils sont aujourd'hui au nombre de 37. Plus jeunes et donc moins expérimentés, ils siègent avec voix simplement consultative au sein des chambres dans lesquelles ils sont affectés.

Les plus jeunes parmi les magistrats sont les auditeurs. Ils n'effectuent que des tâches administratives et procèdent éventuellement à des recherches juridiques.

La Cour de cassation est présidée par un premier président, qui est le premier magistrat de l'ordre judiciaire. Il est investi de charges administratives variées.

A côté des différents magistrats du siège, la Cour de cassation est également dotée d'un parquet : le procureur général près la Cour de cassation est secondé par des avocats généraux. Ensemble, ils remplissent les fonctions de ministère public[25] devant la Cour de cassation.

25. Pour l'étude développée des rôles du ministère public, se reporter *infra*, p. 54 et s.

Pour qu'un arrêt soit valablement rendu, il faut que les conseillers aient été au moins au nombre de cinq. Toutefois, par souci d'efficacité, lorsque la solution du pourvoi paraît s'imposer, le premier président ou le président de la chambre concernée peut faire juger l'affaire en formation restreinte de trois magistrats.

La Cour de cassation peut également se réunir en formation mixte, présidée par le premier président, lorsque la question posée relève des attributions de plusieurs chambres.

L'Assemblée plénière de la Cour de cassation se réunit sur un renvoi après cassation lorsque la cour de renvoi refuse de se soumettre au premier arrêt de la Cour de cassation.

§2

JURIDICTIONS DE L'ORDRE ADMINISTRATIF[26]

Le fait que l'action de l'administration ne puisse pas être bloquée, ainsi que le veut le principe de la séparation des pouvoirs, n'implique pas que cette action ne soit soumise à aucun contrôle. Le rôle des juridictions de l'ordre administratif est, justement, l'exercice de ce contrôle.

Le principe du double degré de juridiction existe ici aussi et une Cour régulatrice remplit des fonctions similaires à celles de la Cour de cassation. Nous analyserons ainsi les tribunaux administratifs, les Cours d'appel administratives et le Conseil d'État.

A. Les tribunaux administratifs

A l'origine, le contrôle exercé sur l'administration n'était pas assuré par un juge.

Lorsque l'administré s'estimait lésé par l'action de l'administration ou lorsqu'un droit auquel il estimait avoir accès lui était refusé, il disposait d'un recours devant le supérieur hiérarchique de l'autorité dont émanait la décision : c'est la théorie du ministre-juge. Les recours pouvaient remonter, en effet, jusqu'au ministre qui tranchait en dernier lieu.

Après la Révolution, dans chaque département furent institués, aux côtés des préfets, des conseils de préfecture qui avaient pour rôle de conseiller le préfet dans sa décision lorsqu'un recours était porté

26. D. Cohen, *La Cour de cassation et la séparation des autorités administratives et judiciaires,* Th. Paris-II, 1987.

devant lui. Progressivement, ces conseils prirent leur distance par rapport aux préfets, qui leur accordèrent une délégation de pouvoir. Bénéficiant ainsi de la *justice déléguée,* les conseils de préfecture purent statuer directement sur les litiges opposant les particuliers à l'administration. Le conseil du préfet s'est ainsi progressivement transformé en une véritable juridiction et c'est presque tout à fait naturellement qu'un décret du 30 septembre 1953 a remplacé les conseils de préfecture par les tribunaux administratifs qui constituent, depuis, les juridictions administratives de droit commun de premier degré[27].

Aujourd'hui tout litige opposant un particulier à l'administration est tranché par les tribunaux administratifs, à moins qu'un texte spécial ne l'ait attribué à une juridiction particulière[28].

Les tribunaux administratifs sont dotés d'une institution particulière : le *commissaire du gouvernement.* Son rôle est d'analyser l'affaire et de proposer une solution au juge qui décide seul. Les conclusions du commissaire du gouvernement sont souvent des avis très indépendants. Il n'est pas rare, en effet, de voir certains commissaires du gouvernement conclure dans un sens défavorable à l'administration.

Les jugements émanant des tribunaux administratifs sont susceptibles d'appel, soit devant les Cours administratives d'appel, soit devant le Conseil d'État.

B. Les cours administratives d'appel

Ces juridictions ont été créées par une loi du 31 décembre 1987[29]. L'objectif poursuivi par cette loi est de permettre le désengorgement du Conseil d'État qui, contrairement à ce que nous avons vu concernant la Cour de cassation, agit soit en tant que juridiction de second degré, soit en tant que juge du droit.

Les cours administratives d'appel constituent les juridictions de droit commun du second degré qui connaissent donc en appel des litiges qui n'ont pas été spécialement attribués à une autre juridiction.

---

27. C.E. 13 déc. 1889, *Cadot, S.*1892.3.17, note Hauriou.
28. C'est ainsi que certains litiges sont directement soumis au Conseil d'État qui statue alors en premier et dernier ressort, de plus, l'ordre administratif connaît également des juridictions d'exception, notamment la Cour des comptes, les chambres régionales des comptes, la Cour de discipline budgétaire, etc. Nous n'entrerons pas dans le détail des fonctions de chacune de ces juridictions spécialisées qui relèvent davantage de l'étude du droit administratif et des finances publiques.
29. R. Drago, « Les Cours administratives d'appel », *RFDA.*1988.165 ; R. Debbasch, « Les nouvelles compétences des Cours administratives d'appel », *JCP.*1992.I.3594.

La composition des cours administratives d'appel ressemble beaucoup à celle de leurs homologues de l'ordre judiciaire. Elles sont, en effet, divisées en chambres spécialisées qui peuvent éventuellement se réunir en cas de difficulté particulière liée à une affaire.

Un commissaire du gouvernement existe également au sein de chaque chambre des cours administratives d'appel.

C. Le Conseil d'État

Au sommet de l'ordre administratif, le Conseil d'État a des attributions multiples. Son organisation est régie par une ordonnance du 31 juillet 1945 et par deux décrets du 30 juillet 1963. La loi du 31 décembre 1987 a, de son côté, quelque peu modifié l'organisation des voies de recours devant le Conseil d'État en introduisant les Cours administratives d'appel.

Le Conseil d'État exerce deux sortes de fonctions : une fonction administrative et une fonction contentieuse.

En matière administrative, le Conseil d'État est consulté et peut émettre des avis. C'est ainsi que, pour tous les projets de lois, le Conseil d'État doit être invité à donner son avis. Pour pouvoir être adoptés, certains textes réglementaires doivent également faire l'objet d'une consultation préalable du Conseil d'État.

En matière contentieuse, les rôles du Conseil d'État sont variés :

– Il est avant tout juge de cassation. C'est un rôle comparable à celui de la Cour de cassation. Il consiste à vérifier l'homogénéité et la justesse de l'application du droit sur l'ensemble du territoire.

– Mais le rôle joué par le Conseil d'État va au-delà de cet aspect primordial. Il peut, en effet, opérer soit en premier et dernier ressort, soit en qualité de juge d'appel, sachant que ces deux fonctions revêtent, néanmoins, un caractère exceptionnel[30].

La composition du Conseil d'État est assez originale : elle porte la marque de la survivance de l'ancienne théorie du ministre-juge. En effet, le président du Conseil d'État est le Premier ministre et, en son absence, le ministre de la Justice. En pratique, il s'agit là d'un titre plutôt honorifique, car le Premier ministre et le ministre de la Justice ne président que les séances solennelles du Conseil d'État. Le

30. Le Conseil d'État se prononce en premier et dernier ressort lorsque le litige porte sur un acte de portée nationale : recours en annulation contre les actes réglementaires (décrets, ordonnances, actes réglementaires émanant des ministres ou pris après avis du Conseil d'État). Il agit en tant que juridiction d'appel, formé à l'encontre des jugements des tribunaux administratifs, lorsque ce rôle lui est spécialement dévolu par la loi, par exemple en matière d'élections municipales ou cantonales, ou, encore, de recours pour excès de pouvoir.

personnage-clé de cette institution est ainsi son vice-président qui y exerce les fonctions les plus importantes.

Le Conseil d'État est composé de sections et non de chambres. Il en existe six actuellement, chacune ayant à sa tête un président. Les conseillers d'État sont des juges qui siègent et qui décident dans le cadre des litiges. Les maîtres des requêtes, qui se situent à l'échelon inférieur, préparent le travail des conseillers d'État ou exercent les fonctions de commissaire du gouvernement au sein du Conseil. Pour leurs recherches, ils s'appuient sur des auditeurs qui se trouvent en bas de l'échelon.

Les membres du Conseil d'État ne sont pas considérés comme des magistrats mais comme des fonctionnaires. Ils sont d'ailleurs issus, en très grande partie, de l'École Nationale d'Administration, dont ils constituent généralement les premiers de chaque promotion. Ainsi, ils ne bénéficient pas du statut d'inamovibilité des magistrats. En théorie, le gouvernement pourrait donc décider de les déplacer, de les affecter à un autre poste sans leur consentement.

Toutefois, depuis plus d'un siècle, les gouvernements successifs ne se sont pas livrés à un jeu de chaises musicales s'agissant des conseillers d'État. Autrement dit, l'inamovibilité de fait à laquelle ont accédé les conseillers d'État grâce à leurs qualités personnelles et leur impartialité leur assure une protection équivalente à celle de la magistrature assise[31].

SECTION 2
LA COMPOSITION ET LE RÔLE DU PERSONNEL JUDICIAIRE

Lorsque l'on parle de personnel judiciaire, ce sont d'abord les magistrats qui viennent à l'esprit. Mais pour que justice puisse être rendue, la contribution de plusieurs autres professionnels est nécessaire soit pour accomplir des actes préparatoires ou précontentieux, soit pour assister les plaideurs, soit enfin pour aider les magistrats dans leurs tâches.

Nous examinerons dans un premier temps les magistrats avant de s'intéresser aux autres membres du corps judiciaire.

31. Sur la réforme constitutionnelle du 27 juillet 1993, v. *D.*1994. chr.129.

§1

LES MAGISTRATS

Les magistrats, encore appelés juges, sont des autorités chargées de par leur fonction de *dire le droit.* C'est de là que vient le mot *juridiction.* Le magistrat est, par définition, l'organe chargé, au sein de l'appareil judiciaire, de maintenir l'ordre public soit en tranchant un litige déjà né, soit en poursuivant les infractions commises qui troublent l'ordre public. Ces deux fonctions des magistrats ont pour corollaire l'existence de deux catégories différentes dans le corps de la magistrature[32].

Il s'agit de la magistrature assise ou *magistrats de siège,* et la magistrature debout, ou *ministère public.*

A. Les magistrats du siège

Ce sont les juges et conseillers des différentes juridictions que nous venons d'évoquer, et dont le rôle est de rendre la justice en tranchant les litiges qui leur sont soumis.

Les magistrats du siège se caractérisent par leur inamovibilité. Selon un principe bien établi, ils ne peuvent être déplacés ni affectés à une fonction nouvelle, même pour avancement, si ce n'est avec leur consentement. C'est une protection importante contre l'Exécutif, et contre le gouvernement en particulier, qui ne peut ainsi modifier l'affectation d'un magistrat du siège pour faire pression sur lui. Elle concerne également les magistrats des tribunaux administratifs et des cours administratives d'appel, mais non les membres du Conseil d'État, qui bénéficient plutôt d'une protection de fait.

Les magistrats sont également protégés dans leurs rapports avec les justiciables. En cas de dysfonctionnement de l'appareil judiciaire engendrant des préjudices pour les justiciables, l'État se substitue aux magistrats pour réparer[33] les préjudices causés.

32. Le statut de la magistrature est fixé par une ordonnance du 22 décembre 1958, plusieurs fois modifiée. La dernière modification de ce statut date de la loi du 28 février 1992 et du décret du 9 mars 1994. Des textes spéciaux sont également venus réglementer certains domaines particuliers concernant le recrutement et la garantie de l'indépendance des juges : Loi organique du 19 janvier 1995 sur le recrutement en service extraordinaire (*JCP.*1995.I.3850) ; Loi organique du 5 février 1994 sur le Conseil supérieur de la Magistrature.

33. Sauf les hypothèses de faute lourde et de déni de justice, qui constituent des cas de responsabilité personnelle du magistrat (article L. 781-1 C. Org. Judic.).

B. Le ministère public

Le ministère public, encore appelé le *parquet*, constitue la magistrature debout. La raison de cette dénomination tient à la position particulière des membres de ce corps judiciaire lors de l'audience. En effet, chaque fois que le ministère public désire prendre la parole, la tradition veut qu'il se lève.

Sa fonction n'est pas de rendre la justice, de trancher un litige, mais de défendre le point de vue de la société dans le cadre d'un litige, de faire respecter l'ordre public. Il représente l'intérêt général et veille à la bonne application de la loi ainsi qu'à l'exécution efficace des décisions de justice. Il peut être partie jointe ou, exceptionnellement, intervenir en qualité de partie principale[34].

Ici, l'absence du principe de l'inamovibilité, implique une protection moindre de la magistrature debout à l'égard du gouvernement. Le ministère public se présente, en effet, sous forme d'un corps très hiérarchisé à la tête duquel se trouve le ministre de la justice. Les membres du ministère public sont ainsi sous les ordres du ministre et il n'est pas rare que, dans le cadre d'une procédure sensible, des consignes soient données quant à la façon de traiter l'affaire. Par ailleurs, les membres du ministère public étant interchangeables, il est tout à fait possible pour le gouvernement de dessaisir un membre du ministère public d'un dossier et de le confier à un autre membre du même corps. Le ministère public représente ainsi le pouvoir exécutif. Il doit en respecter les instructions dans ses conclusions sous peine de révocation. Mais un célèbre adage déclare que « si la plume est serve, la parole est libre », ce qui signifie que les membres du ministère public ne sont contraints de suivre les instructions qu'ils reçoivent que dans leurs conclusions écrites. Ils peuvent ainsi prendre librement la parole au cours de l'audience pour dire leur opinion sur une affaire même si cette opinion n'est pas tout à fait conforme à leurs conclusions écrites.

L'institution du ministère public existe uniquement devant les juridictions de droit commun de l'ordre judiciaire et devant la Cour de cassation, aussi bien au civil qu'au pénal. Son rôle est infiniment plus important devant les juridictions répressives puisque c'est le procureur de la république (ou, devant la Cour d'appel, le procureur général) qui requiert les peines.

34. V. par ex. dans le cas de l'art. 339 al. 2 C. civ.

Ils jouent, en outre, un rôle important avant, pendant et après le procès[35].

§2
LES AUTRES MEMBRES DU CORPS JUDICIAIRE

Les autres membres du corps judiciaire peuvent être regroupés sous plusieurs rubriques selon leur fonction.

Trois missions peuvent leur être confiées : une mission extrajudiciaire, une mission d'assistance des plaideurs et une mission administrative. Nous les examinerons successivement.

A. Les missions extrajudiciaires

Il s'agit essentiellement des officiers ministériels : les huissiers de justice d'une part et les séquestres, administrateurs judiciaires et mandataires-liquidateurs d'autre part.

Les huissiers de justice interviennent souvent comme auxiliaires des parties, pour procéder à des constatations, (établir un constat) afin que les faits constatés acquièrent une valeur incontestable en justice. Ils procèdent également à des significations, c'est-à-dire qu'ils portent à la connaissance des intéressés l'existence de certains actes (jugements, actes de procédure etc.). Ils sont enfin habilités pour l'exécution forcée de décisions judiciaires (notamment par voie de saisie ou d'expulsion).

Les séquestres ont pour mission de conserver la garde d'objets litigieux ou non.

Les administrateurs judiciaires sont des mandataires chargés d'administrer le bien d'autrui ou d'assister le propriétaire de ces biens lorsque pour certaines raisons celui-ci en est devenu incapable.

Les mandataires-liquidateurs représentent les créanciers d'une entreprise en état de cessation de paiement et procèdent à la liquidation de celle-ci en vue de distribuer le produit de la vente entre les créanciers.

---

35. Avant le procès, le ministère public est habilité à mettre en marche l'action publique, grâce à son pouvoir de police judiciaire ; pendant le procès, il contrôle la marche du procès ; après le procès, il veille à l'exécution des décisions et des peines.
Le ministère public a également des missions extrajudiciaires en matière d'état civil et de surveillance des officiers ministériels et judiciaires.
En matière civile, le ministère public intervient dans les matières où il y va du respect de l'ordre public, notamment s'agissant de l'état des personnes.

L'ensemble de ces personnes sont, en règle générale, missionnées par une décision de justice, mais il n'est pas rare que dans certains cas il puisse y avoir recours à ces auxiliaires de la justice par convention.

B. La mission d'assistance des plaideurs

Cette mission est accomplie par trois catégories d'auxiliaires de justice : les avocats, les avoués devant la cour d'appel et les avocats au Conseil d'État et à la Cour de cassation.

Les avocats ont pour mission de représenter et d'assister les particuliers devant les juridictions. Leur mission n'est pas uniquement limitée à une intervention en cours d'instance : ils interviennent souvent pour assister et conseiller leurs clients et répondre à leurs questions juridiques, notamment lorsqu'il s'agit de rédiger un acte juridique, par exemple un contrat.

La profession d'avocat a été remaniée en profondeur par une loi du 31 décembre 1990 et son décret d'application du 27 novembre 1991, applicables depuis le 1er janvier 1992. Cette loi fusionne les anciennes professions d'avocat et de conseil juridique[36].

Les avocats font partie d'un barreau, constitué auprès de chaque tribunal de grande instance en France.

Les avoués devant la Cour d'appel ont le monopole des actes de procédure devant la Cour d'appel, l'avocat ne pouvant alors intervenir que pour assurer la plaidoirie.

Les avocats au Conseil d'État et à la Cour de cassation, sont des officiers ministériels, tout comme les avoués auprès de la Cour d'appel. Cela veut dire qu'ils achètent leur charge. Ils disposent du monopole de postulation et de plaidoirie devant le Conseil d'État et la Cour de cassation[37].

C. Les missions préparatoires et administratives

Ces tâches reviennent essentiellement aux greffiers, aux attachés de justice et aux experts.

---

36. Toutefois, dans certaines matières, notamment prud'homales, l'assistance d'un avocat au conseil n'est pas obligatoire.
37. J. Barthélémy, « L'avocat nouveau n'est pas arrivé ! », *JCP*.1996.I.3931 ; G. Flécheux, *L'avocat, le juge et le droit, D*.1995.chr.221.

Les greffiers exercent la fonction de secrétaire auprès des tribunaux. Ils ont pour tâche de préparer les audiences et de veiller à leur bon déroulement au point de vue administratif. En outre, ils sont chargés d'assister les juridictions notamment en transcrivant les jugements, en conservant les originaux des décisions judiciaires et en tenant un certain nombre de registres.

Les attachés de justice ont pour mission d'alléger la tâche des magistrats en procédant notamment à des recherches sur des questions juridiques.

Ces deux catégories d'auxiliaires sont des fonctionnaires et exercent leur profession selon la réglementation applicable à la fonction publique.

Les experts sont, quant à eux, généralement membres d'une profession libérale réglementée. Ils ont pour mission d'assister les juridictions sur des points techniques et de donner leur avis. Il peut s'agir de médecins, d'architectes, de comptables, de financiers etc., qui, sur la demande du magistrat ou des parties donnent leur opinion sur un sujet en relation avec le litige ou dont peut dépendre la solution de celui-ci. Le juge n'est nullement lié par la conclusion de l'expert. Celle-ci a uniquement pour but de l'éclairer dans sa décision.

Ainsi s'achève notre tour d'horizon du système judiciaire français. Nous avons pu nous rendre compte de la complexité de cet appareil qui nécessite l'intervention de nombreux professionnels dont les rôles sont complémentaires.

A ce stade, le décor ainsi planté, il convient de privilégier l'aspect analytique en étudiant la théorie générale du droit civil.

TITRE DEUXIÈME

Théorie générale du droit civil

Nous avons exposé dans notre introduction générale la différence essentielle qui distingue le Droit objectif des droits subjectifs[1].

C'est cette même distinction qui est à la base de notre étude de la théorie générale du droit civil.

Par théorie générale, il faut entendre tous les éléments fondamentaux que toute personne doit connaître et qui sont applicables de façon généralisée à tout le droit civil.

La théorie générale du droit civil français[2] est fondée sur cette distinction entre droit objectif et droit subjectif, car il s'agit là de deux conceptions différentes et complémentaires du vocable "droit" : là où le droit objectif est l'ensemble des règles de droit, le droit subjectif est le pouvoir d'agir que ces règles reconnaissent à l'individu[3].

Nous nous inspirerons de cette distinction pour examiner d'abord ce qu'est le droit objectif, avant de nous intéresser aux questions relatives aux droits subjectifs.

---

1. V. *Supra,* p. 14.
2. D'éminents auteurs parlent même des théories générales du droit civil, v. Carbonnier, Introduction, n°104 et s.
3. *Op. cit, loc. cit.*

CHAPITRE 1

Le droit objectif

Le droit objectif[1] est l'ensemble des règles qui régissent la conduite des hommes dans la société. Il s'agit d'un ensemble de règles de droit dont la finalité est de dire à l'homme, ce qu'il peut ou doit faire et de lui interdire ce qu'il ne peut ou ne doit pas faire.

Le Droit objectif s'exprime ainsi à travers des règles de sources diverses[2].

L'étude du Droit objectif conduit à se poser essentiellement deux questions. En effet, nous considérons avant tout que le droit objectif est un ensemble de *règles de droit.* La première chose à faire est donc de définir avec exactitude ce que l'on entend par règle de droit. Comment se définit-elle, quels sont ses traits caractéristiques et quelle est sa finalité ?

Ensuite, nous verrons que le droit est la science de la *classification.* Il n'est pas possible d'imaginer des règles de droit de façon disparate. Celles-ci se regroupent au sein d'entités, pour constituer ce que l'on appelle les branches du droit.

Une fois ces branches déterminées et l'objet du droit civil circonscrit, il est logique de se demander où l'on trouve les règles de droit. Ce qui pose la question des sources du droit.

Essai de définition de la règle de droit, analyse des branches du droit et étude des sources du droit constituent les trois sections de ce chapitre consacré à l'étude du droit objectif.

---

1. Le droit objectif est généralement appelé le droit avec un « D » majuscule, alors que les droits subjectifs s'écrivent avec un « d » minuscule. Ghestin, Goubeaux et Fabre-Magnan, n° 4 et s. ; F. Terré, n° 147 et s. ; J.L. Aubert, n° 2 et s.

2. Nous analyserons dans le détail quelles peuvent être ces sources lorsque nous nous interrogerons sur les Sources du droit, v. *infra,* p. 80.

SECTION 1
LES CRITÈRES DISTINCTIFS DE LA RÈGLE DE DROIT

Malgré la nécessité inéluctable des règles de droit, ces règles ne constituent pas les seules règles régissant la vie en société où coexistent des règles de nature différente. Nous en avons déjà analysé un certain nombre : règles morales, règles de préséance, règles de conduite, règles religieuses, règles de politesse, etc.

Dès lors, se pose la question de savoir comment distinguer la règle de droit des autres règles en vigueur dans une société donnée. Pour ce faire, il convient d'emprunter le point de vue d'un observateur et de dégager les critères distinctifs de la règle de droit, autrement dit les éléments qui caractérisent ce type de règle.

La règle de droit est une règle de conduite humaine dont le respect est assuré au moyen de sanctions plus au moins énergiques émanant d'une autorité que l'on appelle souvent publique[3].

De cette définition, il ressort que la règle de droit se définit au moyen de trois critères principaux :

– l'existence d'une règle ou d'une norme qui se définit par son caractère général et impersonnel

– le caractère extérieur de la règle de droit que nous avons évoqué à l'occasion de la comparaison du droit et de la morale

– enfin, l'élément coercitif de la règle de droit qui en impose le respect au moyen d'une contrainte ou d'une sanction[4].

Ces trois éléments caractéristiques doivent être étudiés successivement.

§1
L'EXISTENCE D'UNE NORME OU LE CARACTÈRE GÉNÉRAL ET IMPERSONNEL DE LA RÈGLE DE DROIT

La règle de droit concerne chacun et ne désigne personne en particulier. On dit qu'elle a un caractère général et impersonnel. Après

3. V. pour un autre point de vue sur les critères distinctifs du droit, l'étude structuraliste du contrat par D. Dauchy.

4. Aujourd'hui, un nouveau courant de pensée doctrinale préfère dire que le Droit, plutôt que d'imposer des règles de conduite, constitue un élément de régulation de la vie en société : v. not. Jestaz, *D.*1986, chr. 197 ; Jeammaud, *D.* 1990, chr. 199. Le droit devient ainsi un modèle à suivre et la sanction n'a plus une place de premier plan. Selon le Doyen Carbonnier (*Introduction,* n° 5), « la flexibilité est peut-être affaire de moment et de contexte ».

avoir défini chacun de ces termes, nous en verrons l'application pratique à travers un exemple.

A. La définition du caractère général et impersonnel

La règle de droit est générale en ce qu'elle s'applique, en principe, sur tout le territoire français et pour tous les faits qui s'y produisent. On dit de la règle de droit qu'elle est générale dans l'espace.

La règle de droit est, en outre, impersonnelle. Elle est commune à tous, elle n'est pas faite pour un cas particulier. Elle vaut pour tous ceux qui se trouvent ou se trouveront dans une situation objectivement définie. Elle détermine la conduite à tenir par le sujet de droit si une telle situation se présente. On parle également du caractère abstrait de la règle de droit.

La doctrine la plus classique ajoute généralement à ces deux caractéristiques, une troisième : la permanence. La loi est durable et constante dans le temps entre le moment où elle entre en vigueur et où elle est abrogée[5]. Cette définition montre la limite de la permanence. Elle est limitée par une borne inférieure et une borne supérieure.

Mais ces caractéristiques ne sont pas le fruit de l'imagination de la doctrine. Elles sont la conséquence directe de la structure même de la règle de droit.

B. L'application pratique des caractéristiques de la règle de droit

Si les caractéristiques de la règle de droit résultent de sa structure particulière, elles ne sont tout de même pas absolues.

Ces deux notions seront traitées successivement.

1. La structure de la règle de droit

La règle de droit a une structure bipartite : le présupposé et le résultat ou effet juridique[6].

Un exemple nous permettra de mieux comprendre en pratique ce que recouvrent ces deux parties.

L'exemple peut être fourni par l'article 1382 du Code civil qui

5. La définition des termes « entrée en vigueur » et « abrogation » sera donnée ci-après ; v. *Infra,* p. 95 et s.

6. Pour une étude approfondie de la structure de la règle de droit, v. Motulsky, *Principes d'une réalisation méthodique du droit privé,* 1948, réédition 1991.

dispose que « tout fait quelconque de l'homme, qui cause à autrui un dommage, oblige celui par la faute duquel il est arrivé, à le réparer. »

Il s'agit d'une règle de droit qui met à la charge de chacun un comportement particulier. L'homme est ici le destinataire de la règle de droit. Elle lui impose une certaine conduite.

Analysons la structure de cette règle :

« Tout fait quelconque de l'homme, qui cause à autrui un dommage [...] » : il s'agit là du présupposé de la règle. L'homme quel qu'il soit, du moment qu'il se situe dans la situation prévue par le présupposé doit adopter un certain comportement. Mais lequel ?

« [...] oblige celui par la faute duquel il est arrivé, à le réparer » : cela constitue le résultat ou effet juridique de la règle. Il s'agit d'un commandement obligatoire que doit respecter tout homme du moment qu'il se trouve dans la situation décrite dans le présupposé.

A travers cet exemple, l'on comprend mieux que, par sa structure, la règle ou norme juridique ne peut avoir qu'un caractère abstrait. Elle s'applique à toute personne qui se trouve dans une situation définie et lui fait un commandement quant au comportement qu'elle doit adopter dans ce cas. Elle est donc générale, impersonnelle et permanente.

Cependant, s'il est vrai que la règle de droit concerne chacun et ne désigne personne en particulier, cela n'est pas l'apanage de la seule règle de droit.

En effet, les caractéristiques que nous soulignons ici relèvent de l'essence même de la notion de règle, autrement dit toute prescription qui prétend s'appliquer à un groupe d'individus. Ainsi, tout acte qui ne viserait qu'une ou des personnes déterminées, ne constitue pas une règle mais une décision. Le décret de nomination d'un fonctionnaire à un poste constitue une simple décision administrative.

Pour cette raison, dans le cadre d'un schéma logique, on peut dire que la généralité et l'impersonnalité sont des caractères nécessaires mais non suffisants de la règle de droit.

2. La relativité du caractère général et impersonnel

Il convient d'insister sur le caractère relatif de ces deux caractéristiques de la règle de droit.

La règle de droit associe un effet juridique déterminé à un présupposé donné. Ce présupposé décrit avec plus ou moins de rigueur une situation : le cas où une personne cause un préjudice à quelqu'un d'autre, le cas où une personne prend à bail l'immeuble appartenant à quelqu'un d'autre ; l'hypothèse du mariage de deux personnes, etc.

En outre, certaines règles de droit ne s'appliquent qu'à certaines catégories limitées de personnes : les salariés, les personnes physiques, les personnes morales, les conducteurs etc.

Le caractère général et impersonnel de la règle de droit prend ainsi une portée toute relative : celle-ci ne s'applique pas à toute personne sur l'ensemble du territoire français. Elle s'applique seulement à toute personne *qui se trouve dans la situation prévue par la règle de droit.*

Le caractère général et impersonnel de la règle de droit n'est pas pour autant remis en cause puisque les critères de définition de la situation prise en compte par le présupposé sont des critères purement objectifs.

En dernière analyse, le caractère général et impersonnel de la règle de droit ne peut être défini dans l'absolu. La règle de droit ne s'applique pas nécessairement à tout le corps social. Ce caractère se justifie surtout eu égard aux destinataires de la règle de droit qui sont généralement définis à l'aide de critères objectifs.

Les auteurs présentent cette caractéristique en considérant que la règle de droit n'épuise pas ses effets en tranchant un cas. Sa vocation est de s'appliquer à une série illimitée de cas, d'hypothèses de même nature. Cette explication permet de bien percevoir le caractère permanent de la règle de droit.

Prenons en considération le caractère extérieur de la règle de droit qui constitue un autre des critères permettant de définir la règle de droit.

§2

LE CARACTÈRE EXTÉRIEUR DE LA RÈGLE DE DROIT

Le caractère extérieur de la règle de droit est inhérent à sa nature : l'organisation de la vie en société et des rapports entre les membres de celle-ci. La règle de droit ordonne ou suggère un certain comportement visant à sauvegarder l'ordre social.

Pour avoir une utilité et une efficacité, la règle de droit ne peut être une contrainte que chacun s'impose spontanément, de par sa propre volonté. L'homme étant un être très attaché à ses intérêts, il y a fort à parier qu'il laissera inappliquée la règle de droit dès qu'elle rentrera en conflit avec ce qu'il considère être son intérêt.

Force est donc de constater que la règle de droit doit émaner d'une source extérieure qui prend en considération l'intérêt général de l'ensemble des membres d'une société et non seulement l'intérêt de certains individus pris en particulier.

Mais cette affirmation nous conduit à une autre interrogation : quelle est cette source extérieure dont émane la règle de droit ?

La réponse à une telle question est d'une importance capitale puisque, à travers elle, sont mises en cause des considérations fondamentales relatives à la liberté de l'être humain et des droits de l'homme.

En effet, dans les conceptions qui sont aujourd'hui celles de notre droit, l'homme est né libre. Ainsi il est difficile de concilier cette liberté avec la possibilité d'imposer à l'homme des règles de conduite contraignantes par une source ou une autorité extérieure à sa volonté.

Nous avons déjà rencontré cette question et nous avons vu combien elle a occupé depuis toujours l'esprit des philosophes et des juristes[7]. Plusieurs théories ont d'ailleurs été avancées pour essayer d'y apporter une justification. Nous nous attacherons de façon sommaire à certaines d'entre elles en commençant par celle de Jean-Jacques Rousseau, le contrat social.

Selon cette théorie, cette source extérieure dont émane la règle de droit et qui organise la vie sociale n'est autre que l'organe ayant reçu délégation de pouvoirs par les hommes composant le corps social. Chacun concède volontairement une parcelle de son pouvoir au profit du groupe social qui obtient ainsi le pouvoir et le devoir d'organiser la vie sociale.

Le groupe social organisé prend alors le nom de l'État au sens de territoire composé d'une population ayant à sa tête un gouvernement doté d'une effectivité.

L'intérêt de cette théorie est de démontrer que la règle de droit procède bien, certes indirectement, de la volonté individuelle[8]. A sa source, la norme juridique est donc bien le fruit de la volonté individuelle.

Dans cette théorie qui est à la base de tout régime démocratique, le processus d'édiction de la norme juridique provient indirectement de la volonté individuelle, mais la règle de droit conserve tout de même une extériorité dans la mesure où, dès qu'elle est formulée, elle échappe à cette volonté pour s'imposer à elle de façon contraignante.

La théorie du contrat social connaît également des travers qui ont été soulignés[9], et qui sont la conséquence d'une place trop importante laissée à la volonté individuelle.

---

7. V. Les développements sur l'aperçu historique du concept du droit, *supra,* p. 21 et s.
8. « L'obéissance à la loi qu'on s'est prescrite est liberté », écrit Rousseau (Livre L, Chap. VIII).
9. V. Aubert, n° 15.

Les théories les plus récentes voient dans cet ordre ou suggestion extérieure une limite, ou tout au moins un tempérament à l'exercice de la liberté individuelle.

N'a-t-on pas dit : « Trop de liberté tue la liberté » ?

L'exercice de la liberté individuelle trouve donc sa limite dans la sauvegarde de l'ordre public. La règle de droit devient ainsi une recherche permanente de l'équilibre, sinon d'un compromis, entre l'exercice de sa liberté par chaque membre du corps social et la limite nécessaire apportée à cette liberté en raison de la sphère de liberté des autres membres du corps social.

Dans le prolongement de cette idée, la volonté du « groupe social » transcende les volontés individuelles de chacun des membres le composant[10]. Ainsi apparaît la notion d'intérêt général opposé aux intérêts particuliers[11].

Ces théories ne constituent que des explications très pâles d'une vérité expérimentale : l'homme n'obéit qu'à une source extérieure à lui. Qu'on l'appelle Dieu, État ou groupe social, cela ne change rien à l'essence des choses.

Toutefois, il existe des règles qui ont une source extérieure à l'homme et qui ne sont pas pour autant des règles de droit. On pense notamment aux règles religieuses qui, par définition, ont une origine divine et qui n'ont, cependant, ni le même but, ni la même fonction que la règle de droit.

Il en résulte que le caractère extérieur de la règle de droit, tout comme son caractère général et impersonnel, constituent un critère nécessaire mais non suffisant.

Il convient donc de prendre en considération la troisième caractéristique de la règle de droit, son caractère coercitif. En définitive, il s'agit là de la seule « vraie » spécificité de la règle de droit.

---

10. L'expression est de Lévy-Bruhl (*Sociologie du droit,* Que sais-je ?, p. 40) ; v. également, J. Flour et J.-L. Aubert, *op. cit, loc. cit.,* qui considèrent que la règle de droit est un produit social, l'expression de « la volonté du groupe social », ou encore l'expression d'une volonté de ce groupe social, autrement dit sa *volonté dominante.*

11. Cette opposition existait déjà dans l'Antiquité : Platon parlait de l'intérêt public qui transcende les intérêts particuliers et Aristote faisait allusion à l'intérêt commun, immanent aux intérêts particuliers.

§3
L'ÉLÉMENT COERCITIF DE LA RÈGLE DE DROIT

L'élément coercitif doit être défini avant tout. L'analyse des conséquences de cette notion constituera un deuxième temps de notre réflexion.

A. La notion de coercition étatique

1. La définition de la notion

La règle de droit est à la fois rendue obligatoire et sanctionnée par l'État. En revanche, le non respect des règles de simple courtoisie, des règles religieuses, du savoir-vivre ou de toute autre règle de cette nature n'est pas sanctionné. De nos jours, les messieurs ne risquent pas de s'exposer à une sanction pénale du seul fait qu'ils auraient méconnu la règle de galanterie qui consiste à laisser passer les dames au moment de franchir une porte. La raison en est simple, cette règle est une simple règle de courtoisie, elle ne rentre pas dans le domaine juridique.

Une règle devient ainsi règle de droit à partir du moment où elle est assortie de la sanction étatique, l'État devenant le garant du respect de celle-ci.

Toutefois, la notion de coercition peut faire penser à la fameuse problématique de l'œuf et de la poule qui, comme chacun le sait est un parfait cercle vicieux : on se demande, en effet, si la coercition étatique est la cause ou la conséquence de l'existence de la règle de droit.

Les théories sur ce sujet sont nombreuses, mais leur analyse nous conduirait trop loin dans notre propos. Il suffit, pour le moment, de retenir que la doctrine dominante considère le caractère coercitif de la règle comme le critère spécifique permettant de caractériser la règle de droit : il s'agit donc d'une condition nécessaire et suffisante.

Il est plus intéressant de prendre en considération la conséquence pratique de cette affirmation, à savoir toute règle, quelle qu'en soit l'origine et la forme, a vocation à devenir une règle de droit dès lors qu'elle est sanctionnée par l'autorité étatique[12].

---

12. Cette définition recouvre deux éléments distincts : la règle de droit est une règle assortie de sanction, mais la sanction doit nécessairement être de source étatique. En effet, dans le cas contraire, nous pouvons tomber dans le domaine des règles religieuses ou morales, qui sont assorties de sanctions mais dont la sanction est soit d'ordre extra-temporel, soit d'ordre intérieur ; v. Aubert, n° 18, et note 5.

2. Le fondement de la notion

La coercition dont est assortie la règle de droit a été expliquée par une multitude de théories différentes. Nous ne ferons que les exposer sommairement.

Pour les tenants de la thèse du droit naturel, c'est le principe supérieur et immanent de Justice qui justifie le caractère coercitif de la règle de droit. La règle de droit a un caractère coercitif parce qu'elle conduit à l'instauration de la justice sur terre[13].

L'idéologie de la Révolution française et l'essor de la science ont eu pour résultat conjugué de mettre l'accent sur la place prépondérante de l'être humain.

S'agissant d'un être social, son milieu social – la société – devint alors l'objet privilégié de l'investigation. C'est ce qui constitue le point de départ des théories positivistes. Pour certains, la règle de droit tire son autorité d'elle-même, de son existence même : c'est le positivisme juridique[14]. Pour d'autres, cette autorité se fonde sur le fait social et la solidarité qu'elle implique : c'est le positivisme sociologique[15]. Pour une troisième catégorie enfin, c'est la lutte des classes qui explique l'élément coercitif : il s'agit de la théorie marxiste.

B. Les conséquences de la notion de coercition étatique

1. Le caractère plus ou moins obligatoire de la règle de droit

Toute règle de droit n'est pas obligatoire selon la même échelle. En tant que règle de conduite humaine, la règle de droit est susceptible de degrés. On en distingue deux catégories : les règles impératives et les règles supplétives.

13. Pour Aristote, le principe supérieur de la justice est inscrit dans la nature des choses. La conception de Saint Thomas se situe dans une perspective chrétienne, avec une complication de la hiérarchie des normes. Dans cette conception, la loi humaine n'est dotée de pouvoir coercitif que dans la mesure où elle est en conformité avec la loi naturelle. Avec Grotius (l'École du droit naturel), l'attention se polarise sur l'être humain, la nature se manifeste au travers de la raison humaine. L'idée de la volonté de l'homme à la base de toute contrainte remonte à cette époque.

14. Il s'agit notamment de Ihering et de Kelsen. Pour Ihering, la vocation naturelle de la règle de droit est de s'imposer parce qu'elle a été conquise par la force. Pour Kelsen, si la règle de droit doit être respectée, c'est parce qu'elle est imposée par l'État. Le caractère coercitif de la règle de droit provient alors de la compétence de l'État ayant pris ce texte.

15. Le plus connu des tenants de cette thèse est bien Durkheim. Duguit systématisa la théorie de Durkheim dans son application au droit. Pour lui, c'est la masse des individus qui impose la règle de droit. Sur l'ensemble de ces théories, v. J.-L. Aubert, p. 18 et s.

Les règles de droit sont impératives lorsqu'elles ordonnent ou interdisent telle conduite sans que les sujets du droit puissent s'y soustraire par un acte de leur volonté[16].

La règle est dite supplétive ou encore interprétative lorsque la volonté des sujets de droit peut intervenir, peut stipuler autre chose que ce qui est prévu par la règle de droit. La règle dispose alors dans l'hypothèse où les sujets de droit n'auraient pas autrement disposé. Dans ce cadre, la manifestation de la volonté contraire est tout à fait possible[17].

L'existence de telles règles supplétives peut faire douter de la généralité du caractère obligatoire de la règle de droit et donc de son caractère coercitif. Il n'en est rien. Le caractère supplétif de la règle est en correspondance directe avec le rôle de la volonté individuelle. Celle-ci intervient pour aménager le domaine de l'impérativité. Du moment que cette faculté est reconnue par la règle de droit elle-même, l'on peut en déduire qu'il n'est pas contraire à la faculté de contraindre que de permettre d'en fixer les limites.

Toute autre est la question des sanctions possibles.

2. Les sanctions possibles

Le droit connaît plusieurs sortes de sanctions qui sont à la disposition du juge et lui permettent de contraindre la partie perdante, ou celle qui est dans son tort, à faire ou à ne pas faire ce qu'on est en droit d'attendre d'elle.

Ces sanctions sont autant de procédés de coercition dont dispose l'autorité chargée de faire respecter la loi. Elles se regroupent autour de trois idées : l'exécution, la réparation et la punition.

L'exécution constitue la forme la plus pure des sanctions. L'autorité chargée de faire respecter la règle de droit en demande directement l'exécution, au besoin en ayant recours à un organe institué, dont le rôle est de prêter main forte en cas de mauvaise volonté de la part du sujet de droit débiteur de l'exécution. L'exemple

---

16. Il s'agit notamment de toutes les matières concernant l'état et la capacité des personnes, du droit de la famille. Le texte générique en la matière est d'ailleurs constitué par l'article 6 du Code civil qui parle de l'ordre public et des bonnes mœurs. Les lois impératives sont également appelées des lois d'ordre public, étant entendu que toutes les lois d'ordre public ne sont pas nécessairement impératives. Cf. Ghestin, « L'ordre public, notion à contenu variable en droit privé français », *in Les notions à contenu variable en droit,* Études Ch. Perelman et E. Van der Elst, Bruxelles, 1984, p. 77 et s.

17. Il s'agit notamment de la plupart des règles existant en matière contractuelle, sauf lorsque la règle a nommément un caractère d'ordre public.

le plus flagrant est celui de l'exécution demandée à un locataire du paiement de son loyer qui peut aboutir à son expulsion s'il persiste à ne pas payer.

La réparation est un procédé indirect de sanction. Puisqu'on peut obtenir directement l'exécution d'une obligation, en la remplaçant par le paiement d'une somme d'argent, correspondant au préjudice subi par le créancier. C'est ce qu'on appelle le paiement des dommages-intérêts très courant en matière de responsabilité (ex. art. 1142 c. civ.).

L'annulation de l'acte juridique (contrat ou autre) est également un mode de réparation. En fait, comme si l'acte juridique n'avait jamais existé, on dit que l'on revient au *statu quo ante*.

La notion de punition, enfin, est une notion presque spécifique au droit pénal. Elle prend la forme de peines d'amende ou d'emprisonnement qui ont pour objet de sanctionner les contraventions, délits et crimes.

En matière civile, il est également des cas où l'on rencontre cet aspect punitif de la sanction notamment dans ce qu'il est convenu d'appeler le domaine des peines privées[18].

SECTION 2
LES DIVERSES BRANCHES DU DROIT

La complexité croissante de la société dans laquelle nous vivons rejaillit naturellement sur le système juridique français. Plus la science du droit se développe, plus elle se complexifie, plus elle se spécialise.

Même si les différentes spécialités présentent des points communs, parce que bâties à partir d'un fond commun de règles, il est difficile pour une même personne de connaître les subtilités de toutes les spécialités.

L'ordonnancement juridique français connaît deux grandes branches qui remontent en vérité au droit romain. On l'appelait, à cette époque, la *summa divisio* ; elle recouvre la distinction entre droit public et droit privé. Mais ces deux branches n'arrivent pas à appréhender toute la réalité, soit parce qu'il existe des branches du droit à caractère mixte, soit parce que des branches spécialisées ont progressivement revendiqué leur autonomie.

18. V. L. Cadiet, *Le spectre de la société contentieuse,* Mél. Cornu, p. 29 et s. ; S. Carval, *La responsabilité civile dans sa fonction de peine privée,* LGDJ, 1995 ; S. Amrani et M. Mekki, *L'opportunité d'introduire en droit français la notion de dommages-intérêts punitifs,* Mémoire DEA, Paris-I (1996).

Enfin, l'ordonnancement juridique français s'inscrit dans un autre ordre juridique qui est l'ordre international.

Ces trois questions doivent donc être analysées séparément et donneront lieu à trois paragraphes :

– l'ordre juridique international
– l'ordre juridique interne
– la remise en question de la distinction traditionnelle de l'ordre interne

§1
L'ORDRE JURIDIQUE INTERNATIONAL

L'ordre juridique international est celui qui s'intéresse aux rapports existant du fait de relations entre les États ou entre leurs ressortissants respectifs. Ces relations existent aujourd'hui de plus en plus dans la mesure où les relations internationales, qu'elles soient économiques, familiales ou sociales, se développent à une vitesse importante.

Cet ordre juridique fonctionne comme une sorte de régulateur sur le plan international, soit pour éviter que des conflits n'apparaissent, soit pour leur trouver une issue, soit enfin pour harmoniser les réglementations étatiques qui, par définition, sont divergentes.

Au sein de l'ordre juridique international, il convient de faire une distinction fondamentale entre le droit international public et le droit international privé, distinction qui répond d'ailleurs à celle que nous allons retrouver en droit interne entre le droit public et le droit privé.

A. Le droit international public

Le monde est divisé en États[19]. Le droit international public est le droit qui réglemente les rapports entre les différents États.

Le droit international public se subdivise en plusieurs branches.

C'est ainsi que l'on rencontre d'abord le droit des relations internationales qui traite de la façon dont les relations juridiques

19. Le concept d'« État » est une notion juridique. L'État se compose d'un territoire, d'une population et d'une autorité qui y exerce un pouvoir effectif. La notion de pays est de pur fait et ne coïncide pas avec la notion d'État (toujours avec un E majuscule). Cf. *Droits,* 1992, n°s 15 et 6, l'État.

s'établissent entre les États : comment conclure des traités ou des conventions internationales ? Quels sont les attributions des représentants d'un État auprès d'un autre État, quel est le rôle et la protection accordés aux ambassadeurs et consuls ainsi qu'aux autres personnels internationaux etc. ?

Une deuxième branche du droit international public traite des organisations internationales. En effet, depuis le début du siècle, et surtout depuis la fin de la Première Guerre mondiale avec la création de la Société des Nations devenue l'Organisation des Nations Unies, les institutions internationales n'ont cessé de proliférer à une vitesse fulgurante, de sorte qu'aujourd'hui, l'étude de ces organisations est devenue une branche à part entière du droit international public.

Deux autres domaines du droit international public se sont développés au cours des dernières années. Il s'agit d'une part du droit des relations économiques et d'autre part du droit des conflits armés[20].

B. Le droit international privé

Le droit international privé réglemente les rapports des individus qui appartiennent à des États différents : un mariage entre un Français et une Espagnole, la naissance en France d'un enfant de parents étrangers, l'admission au séjour en France d'un ressortissant étranger qui veut par exemple entreprendre des études en France, la reconnaissance en France d'un jugement de divorce émanant d'un juge étranger.

L'ensemble de ces questions est lié à des problèmes de droit international privé.

Les exemples qui viennent d'être évoqués montrent que le droit international privé se compose de quatre volets relatifs à des questions particulières.

Le premier volet du droit international privé concerne ce qu'on appelle les conflits de lois. Dans le cas d'un mariage entre un Français

20. Le droit des relations économiques vise les relations intervenues entre les États industrialisés et les États en voie de développement ou les pays du Quart Monde et enfin les Pays les moins avancés. Il est essentiellement relatif aux moyens mis en place pour la redistribution mondiale des richesses.
Le droit des conflits armés concerne, comme son nom l'indique, les hypothèses de guerres déclarées entre deux ou plusieurs États et vise à instaurer des règles du jeu dans le cadre de ces conflits entre belligérants. C'est un droit en gestation et les événements actuels en ex-Yougoslavie montrent la fragilité congénitale de ce droit qui est tributaire du bon vouloir des États belligérants et qui manque manifestement de sanction effective.

et une Espagnole, quel droit (français ou espagnol) va régir les rapports entre les futurs mariés ?

Le second volet est relatif à la compétence et aux effets internationaux des jugements. En effet, dans le cadre d'un litige international de droit privé, les plaideurs peuvent avoir le choix de porter leur litige soit devant les tribunaux français, soit devant les tribunaux étrangers. Le droit international privé fixe les règles en la matière.

Le troisième volet de ce droit traite de la nationalité. Il détermine les conditions requises pour qu'une personne puisse prétendre à la nationalité française et les cas dans lesquels cette nationalité se perd.

Enfin, le quatrième volet du droit international privé concerne les conditions d'entrée et de séjour des étrangers en France.

Le droit international privé est aussi un droit d'harmonisation. Les États concluent de plus en plus de traités visant à uniformiser leur droit interne sur des points particuliers. Ce procédé évite pour l'avenir les conflits de lois et c'est de loin la méthode la plus appropriée pour arriver à des solutions harmonieuses.

§2

L'ORDRE JURIDIQUE INTERNE

L'ordre juridique interne est marqué par la grande subdivision entre droit public et droit privé. Nous allons examiner chacune de ces branches.

A. Le droit public[21]

1. Incertitude des frontières du droit public

Le droit public regroupe les règles qui régissent l'ensemble des rapports entre l'État et les particuliers.

Alors que cette définition semble pouvoir être facilement mise en œuvre, la pratique contredit quelque peu cette facilité en raison de l'intervention de plus en plus directe de l'État dans les sphères économiques de droit privé. C'est pourquoi l'on parle d'une expansion du droit public, qui contribue à rendre incertaines les frontières du droit public.

21. V. R. Savatier, *Critique d'une publicisation du droit privé, D.*1946.chr.25.

En effet, cet interventionnisme étatique fait que l'on assiste aujourd'hui, surtout s'agissant des collectivités locales (régions, départements et communes) et des établissements publics, à une participation aux activités économiques de droit privé. Bien que ces activités soient soumiscs aux règles du droit privé, le statut des entreprises créées pour cette occasion reste empreint, en raison de leur origine, de droit public.

A l'inverse, certaines entreprises privées sont chargées de missions de service public et le régime de leur intervention se situe également à mi-chemin entre droit public et droit privé. Tous ces exemples montre à quel point la subdivision classique entre droit public et droit privé est incertaine.

2. Subdivisions du droit public

Le droit public comprend plusieurs subdivisions :

– Le Droit constitutionnel, d'abord, qui regroupe toutes les dispositions relatives à l'organisation générale de l'État et des corps constitués, à savoir, notamment, le Président de la République et l'exécutif, le législateur et le pouvoir judiciaire. L'essentiel des règles concernant le droit constitutionnel se trouve dans la Constitution, mais celle-ci n'en est pas la seule source. Ce droit est l'apanage de la politique.

– Le Droit administratif définit les règles concernant l'organisation des collectivités publiques et des services publics, ainsi que leurs rapports avec les administrés.

– L'étude des pouvoirs et libertés accordés aux particuliers face à l'État relève d'une branche particulière du droit public reconnue sous le vocable des libertés publiques. Elles déterminent le contenu et le mode d'exercice des libertés (d'opinion, d'expression, de presse etc.) octroyées aux particuliers.

– Le Droit financier ou Droit des finances publiques constitue la dernière branche du droit public. Il fixe l'ensemble des règles de gestion des finances de l'État et des collectivités publiques, leurs ressources, leurs dépenses et les méthodes de tenue du budget.

B. Le droit privé

Comme nous venons de le voir rapidement, le droit privé est constitué de l'ensemble des règles qui régissent les rapports entre particuliers. D'après cette définition, entrent dans la catégorie droit privé les rapports qu'entretient une personne privée avec une personne publique, lorsque cette dernière n'use pas de ses prérogatives de puissance publique. On considère alors que le rapport juridique ressemble trop aux rapports de droit privé pour le classer dans la catégorie droit public[22].

Le droit privé se subdivise en deux branches essentielles, le droit civil et le droit commercial.

Nous les analyserons successivement.

1. Le droit civil

Le droit civil, objet de notre étude, est le droit applicable aux rapports des personnes privées, en l'absence de tout droit spécifique. On l'appelle pour cette raison le *droit privé commun*[23]. On dit également que le droit civil a une valeur résiduelle dans les rapports de droit privé, ce qui signifie que les branches spécifiques du droit trouvent leur fondement dans le droit civil. C'est la raison pour laquelle le droit civil est aussi appelé père de tous les droits. La valeur résiduelle du droit civil se manifeste de la façon suivante :

Lorsqu'un litige relevant d'une branche spécifique du droit privé (droit du travail, droit commercial, etc.) se présente devant le juge, celui-ci se réfère, dans un premier temps, aux règles du droit spécial en cause pour résoudre le litige. Dans l'hypothèse où aucune règle spécifique ne trouve à s'appliquer, le litige est alors soumis aux règles du droit civil.

Le droit civil se subdivise lui-même en plusieurs « rameaux » :

il s'agit d'abord des règles régissant les personnes, les incapacités et les biens[24]. Il y a en second lieu le droit de la famille qui concerne les rapports existant entre les membres d'une famille (mariage, divorce, filiation, régimes matrimoniaux, successions etc.). En troisième lieu, le droit civil étudie les obligations, c'est-à-dire le

22. Il en est ainsi notamment lorsqu'un établissement public à caractère industriel et commercial décide de passer un marché portant sur une activité purement privée et que le contrat ne comporte aucune clause particulière le distinguant des contrats de droit privé. La question se pose souvent dans des hypothèses frontières lorsqu'il s'agit de déterminer le juge compétent. Un contrat conclu entre un établissement public et une société privée ne comportant pas de clause dérogatoire de droit commun est un contrat soumis au droit privé et, en cas de litige, c'est le juge judiciaire qui sera compétent pour en connaître. En revanche, un contrat conclu entre les mêmes personnes comportant des clauses dérogatoires de droit commun a de fortes chances d'être qualifié de contrat administratif et d'être soumis, à ce titre, à la compétence du juge administratif.

23. F. Terre, *op. cit.*, n° 85 : le droit civil réglemente l'ensemble des rapports de droit privé, « c'est-à-dire des droits que les particuliers peuvent exercer dans leurs rapports entre eux et des obligations réciproques pesant sur eux ».

24. Cela constitue l'objet de nos 2e et 3e parties.

régime des relations juridiques qui se créent entre deux ou plusieurs personnes à la suite d'un fait juridique (par exemple un accident de voiture) ou un acte juridique (par exemple la signature d'un contrat).

Le droit civil fait l'objet d'études approfondies dès la première année et ce jusqu'à la fin des études de droit.

2. Le droit commercial

C'est une branche du droit privé qui a pris son autonomie par rapport au droit civil depuis fort longtemps[25]. C'est pourquoi nous l'intégrons ici à la catégorie des branches traditionnelles du droit.

Le droit commercial régit l'activité commerciale et le statut des commerçants. Pour pouvoir délimiter le champ d'application du droit commercial, l'on doit s'aider de deux critères : le premier a trait aux personnes des commerçants, le second aux opérations juridiques réalisées (actes de commerce).

Le domaine d'application du droit commercial se détermine en combinant ces deux critères : « droit relatif aux opérations juridiques faites, dans l'exercice de leur commerce, par les commerçants, soit entre eux, soit avec leurs clients, ainsi qu'aux actes de commerce accomplis occasionnellement par des personnes non commerçantes »[26].

Le droit commercial a connu un essor particulièrement important du fait de la complexification progressive de la vie des affaires qui a nécessité de plus en plus la prise en considération des techniques juridiques nouvelles. C'est ainsi qu'il existe aujourd'hui une imbrication entre le droit commercial et des droits techniques comme le droit fiscal, le droit de la concurrence, le droit pénal etc., ce qui a eu pour effet la création du droit des affaires. Cette discipline regroupe l'ensemble des matières ayant un lien direct avec la vie professionnelle.

Il faut par ailleurs savoir qu'il existe des réglementations spécifiques concernant les rapports entre les professionnels et les non professionnels, que l'on appelle les consommateurs.

Cette législation particulière a pour objet de protéger les consommateurs, considérés comme parties faibles, face à des commerçants plus rompus aux règles de l'art.

---

25. L'origine du droit commercial se situe au XVIIe siècle. Colbert, Ministre de Louis XIV, a demandé la codification des règles relatives au commerce, ce qui fut fait en 1673 avec l'Edit pour le commerce des marchands en gros et en détail, appelé Code Savary. V. J. Hilaire, *Introduction historique au droit commercial,* Paris, 1986, n°34.
26. Ghestin, Goubeaux et Fabre-Magnan, n° 99.

C. Les branches du droit à caractère mixte

Certaines branches du droit comportent des règles empruntées à la fois au droit public et au droit privé.

Elles remettent quelque peu en cause la division classique entre droit public et droit privé, puisque par définition ces branches sont inclassables dans ces catégories traditionnelles.

Il s'agit essentiellement de trois disciplines : le droit pénal, le droit judiciaire et le droit du travail.

1. Le droit pénal

Ce droit comprend les règles ayant pour objet la définition et la sanction des infractions.

Le double visage du droit pénal en fait une discipline juridique à caractère mixte. En effet, du point de vue du particulier, le droit pénal vise à protéger la personne et les biens contre des infractions plus ou moins graves. Les particuliers disposent ainsi de la faculté de mettre en œuvre la machine judiciaire à l'encontre d'une infraction qui leur a causé préjudice par la voie d'une plainte ou en se constituant partie civile devant le ministère public[27].

Toutefois, le droit pénal participe également du droit public. En effet, la justice est rendue au nom de l'État, par le service public de la justice. Une fois que la victime a déposé sa plainte, l'individu n'a plus aucune prise sur la procédure. La poursuite est diligentée par les représentants de l'État. Ce dernier aménage ainsi le droit de punir dont il a le monopole. Par ailleurs, les sanctions prévues ne répriment pas uniquement les infractions commises à l'encontre des intérêts privés, mais également celles perpétrées à l'encontre des intérêts publics[28]. Ce sont là autant de raisons qui permettent d'intégrer le droit pénal dans la catégorie des branches du droit public.

En réalité, le caractère mixte de ce droit est reconnu depuis longtemps, alors même qu'il est généralement enseigné avec les matières de droit privé.

---

27. La constitution de partie civile devant le ministère public est un acte ayant pour objet, lorsque la victime a subi un préjudice en raison de l'infraction, de pouvoir obtenir du juge pénal des dommages-intérêts en compensation des préjudices subis. De plus, la constitution de partie civile oblige le parquet à poursuivre. Il n'a plus le choix.

28. C'est notamment le cas de la répression des crimes et délits contre la sûreté de l'État, la répression de la fausse monnaie, etc.

2. Le droit judiciaire privé

Cette matière regroupe les règles relatives à l'organisation judiciaire et à la procédure civile et pénale.

Le droit processuel (civil et pénal) concerne l'action en justice[29].

Les questions auxquelles répondent les dispositions de ce droit sont de l'ordre suivant : comment introduire une action, comment y défendre, quel est le juge compétent, quelles sont les voies de recours, le ministère d'un avocat est-il nécessaire ? etc.

Le caractère privé de ce droit est manifeste dans la mesure où il définit les moyens qui permettent aux particuliers de défendre les droits privés dont ils sont titulaires. Toutefois, l'aspect public n'est pas absent de ce droit, puisqu'il décrit les modes de fonctionnement procédural des cours et tribunaux, c'est-à-dire du service public de la justice. A l'instar du droit pénal, le droit judiciaire privé est une discipline de nature mixte, ni inquisitoire, ni accusatoire.

Traditionnellement, la matière du droit judiciaire privé est enseignée avec le droit privé. Le pendant public de cette matière, à savoir les règles de procédure devant les tribunaux administratifs et le conseil d'État (le contentieux administratif), s'étudie avec les matières de droit public. Ainsi, le droit judiciaire privé, matière mixte par nature, suit le régime des droits qu'il tend à protéger, les droits subjectifs privés.

3. Le droit du travail

Le droit du travail n'a cessé de se développer depuis le début du XIXe siècle. Alors qu'à l'origine on appliquait aux rapports de travail les règles du droit civil[30] relatives aux contrats, à partir de 1841, une série de lois sociales furent votées par le Parlement afin d'améliorer la situation des salariés (accidents de travail, réduction du temps de travail, interdiction progressive du travail des enfants etc.). Dès 1973, ces législations furent regroupées au sein d'un Code du travail qui est aujourd'hui plus volumineux que le Code civil !

---

29. Agir en justice, c'est « accomplir les formalités nécessaires (action) pour porter à une juridiction [un tribunal] la connaissance d'une affaire (un litige) et obtenir d'elle un jugement ». (F. Terre, *op. cit.*, n° 93).

30. Le Code civil comptait seulement deux articles relatifs au contrat de travail, appelé contrat de louage d'ouvrage. Il s'agit des articles 1780 et 1781. Ce dernier fut d'ailleurs abrogé en 1868.

Le droit du travail est celui « qui régit l'ensemble des relations juridiques qui sont liées au travail salarié »[31]. Le travail salarié est celui qui s'effectue dans le cadre d'un lien de subordination avec un employeur.

Ce droit comporte également de nombreux aspects de droit public. C'est ainsi qu'en la matière, il n'est pas rare de voir des arrêts importants du Conseil d'État trancher des litiges de droit du travail.

Ainsi, les règles concernant l'organisation de l'administration du travail sont des règles de droit public[32]. En outre, il n'est pas rare que des litiges de droit du travail opposent des salariés, travaillant pour l'État ou pour les collectivités publiques, à ces derniers. Ces litiges, bien que relevant des règles normales du droit du travail, présentent certaines spécificités, notamment quant aux juges compétents (tribunaux administratifs).

En dehors de ces cas, les règles applicables sont celles du droit privé. En raison de son autonomie, le droit du travail est enseigné avec les matières de droit privé[33].

SECTION 3
LES SOURCES DU DROIT

De façon classique, une distinction est faite entre les sources écrites et les autres sources du droit[34].

La France est un pays de droit écrit. Cette tendance se vérifie encore actuellement, comme dans la plupart des pays industrialisés, puisque, en général, le rôle joué par les coutumes est en proportion inverse de l'organisation de la société.

---

31. Cette définition est celle de G. Couturier, *Droit du travail*, Tome 1, Paris, 1996, n°3.
32. Souvent, dans les différents domaines du droit du travail, l'Administration du travail intervient soit pour autoriser, soit pour constater, soit pour être informée. Le représentant le plus sollicité est l'inspecteur du travail dont le rôle est assez important au sein de l'entreprise et dont les décisions sont susceptibles de recours devant la hiérarchie administrative et les juridictions de l'ordre administratif.
33. Certaines disciplines ne peuvent être étudiées en raison du caractère sommaire de cet ouvrage. En effet, parmi les matières mixtes qui tendent à devenir les matières les plus nombreuses, il faut également citer le *droit fiscal*, qui détermine la matière imposable et les modalités de son paiement, le *droit des assurances*, qui concerne les risques assurables et les contrats permettant de les assurer, le *droit des transports*, qui met en jeu le contrat du même nom et détermine les droits et obligations du transporteur et du commettant, le *droit de la construction* et le *droit immobilier*, qui concernent les règles de la propriété immobilière et de la construction de biens immobiliers etc. Mais il existe des droits encore plus spécialisés, comme le *droit médical*, le *droit de la drogue*, le *droit maritime* etc.
34. F. Terré, n° 149 et s.

L'Ancien droit français est marqué par l'existence de coutumes diverses qui n'étaient d'ailleurs pas unifiées, changeant de région en région.

La Révolution consacra l'omnipotence du droit écrit, et de la loi en particulier. Cet exclusivisme de la loi marqua tout le XIXe siècle.

Au tout début du XXe siècle, des auteurs comme Gény[35], marquèrent le début de ce qu'il est convenu d'appeler le déclin de la loi.

L'évolution internationale fut également de nature à limiter davantage le rôle de la loi française. De plus en plus de conventions internationales sont adoptées. Leur autorité supérieure restreint progressivement le domaine de la loi.

Nous analyserons successivement les sources écrites et les sources non-écrites du droit.

SOUS-SECTION 1
LES SOURCES ÉCRITES

Il ne faut pas croire que le législatif et l'exécutif français sont les seuls pouvoirs qui peuvent édicter des règles ayant une valeur juridique en France. Depuis le XVIe siècle, mais surtout depuis le début de notre siècle, les textes d'origine internationale qui se multiplient à une vitesse vertigineuse ont également acquis une valeur juridique sur le territoire français. On se trouve ainsi devant un pluralisme d'ordres juridiques : l'ordre juridique interne français est supplanté par l'ordre juridique international dont il dépend et auquel il doit se soumettre.

Dans cette optique, les sources écrites du droit ont donc deux origines : une origine internationale et une origine interne.

§1
LES SOURCES INTERNATIONALES

L'ordre juridique français est soumis à deux groupes de sources qui méritent d'être analysés séparément. Il s'agit du droit international commun qui est composé de l'ensemble des traités et conventions internationaux conclus et ratifiés par la France, et le droit

35. L'œuvre importante de cet auteur s'intitule *Méthode d'interprétation et sources en droit positif*, publiée en 1899. C'est cet ouvrage qui ébranla la toute puissance de la loi.

communautaire qui constitue un droit régional particulier applicable de façon plus ou moins directe.

A. Le droit international commun

1. Le contenu de cette source

Ainsi qu'il vient d'être dit, la France a conclu et conclut toujours des traités internationaux avec les autres pays du monde. Ces traités ont pour but d'harmoniser les rapports entre les États dans la mesure où il peut exister des divergences entre leurs droits nationaux[36].

Ces traités interviennent dans des domaines très variés : commerce, industrie, droit de la famille, droit des contrats, droit fiscal et social, etc. L'entrée en vigueur, en France, de la convention suppose sa ratification préalable par les autorités françaises.

En France, le pouvoir de ratification appartient au Président de la République qui doit, dans certaines matières particulièrement importantes, notamment lorsque la loi française est modifiée par le traité, obtenir une autorisation de ratification sous forme d'une loi votée par le Parlement ou adoptée par référendum[37].

A la suite de cette ratification, le traité est publié au Journal Officiel de la République française. Cette publication marque généralement le point de départ de la force obligatoire de la convention sur le territoire français. On parle alors de l'intégration du traité dans l'ordre juridique interne français.

2. L'autorité des traités

L'article 55 de la Constitution française attache une autorité supérieure à la convention internationale par rapport à celle de la loi

36. Les traités sont négociés par l'intermédiaire de représentants de l'État qui participent à des conférences bilatérales (entre deux pays) ou multilatérales (entre plusieurs pays), au cours desquelles le texte de la convention est adopté selon des règles précises de procédure. Les grandes organisations internationales sont souvent le berceau de ces conventions : l'O.N.U., l'O.I.T., l'U.N.E.S.C.O., etc.
Une fois le texte de la convention adopté (après négociation), les représentants des États reviennent vers les instances nationales afin de faire *ratifier* le texte de la convention. C'est cet acte de ratification qui permet au texte de la convention d'entrer en vigueur dans l'ordre interne. Certaines conventions internationales particulièrement étendues quant à leur champ d'application géographique, prévoient un nombre minimum de ratifications avant que la convention ne puisse entrer en vigueur.
37. Articles 52 à 55 de la Constitution du 4 octobre 1958.

interne. Autrement dit, le législateur français, et *a fortiori* l'exécutif, ne peuvent adopter des dispositions contraires aux dispositions d'un traité international conclu et ratifié par la France. En conséquence, le juge français se doit d'adopter l'une des deux attitudes suivantes :

– Soit la loi est antérieure au traité, et le juge doit alors considérer que celle-ci a été *abrogée* par le traité. Il abandonne la loi interne et applique le traité.

– Soit la loi est postérieure au traité, et alors le juge doit laisser inappliquée la loi au profit du traité, puisque le législateur n'avait pas la possibilité d'adopter une loi allant à l'encontre d'un texte international qui lie la France.

Cette autorité supérieure du traité est conditionnée par le principe de *réciprocité* : l'autorité du traité est subordonnée à son application par l'autre partie.

Ces deux questions ont donné lieu à d'importantes décisions jurisprudentielles.

a. L'autorité supérieure

La question de l'autorité supérieure du traité se pose d'une part à l'égard de la Constitution et d'autre part à l'égard de la loi[38].

• Les rapports entre le traité international et la Constitution sont réglés par l'article 54 de la Constitution qui dispose que si un engagement international de la France comporte une clause jugée contraire à la Constitution par le Conseil Constitutionnel, l'autorisation de le ratifier ou de l'approuver ne peut intervenir qu'après révision de la Constitution.

En principe, émanant d'un ordre juridique supérieur, le traité devrait l'emporter sur la Constitution, mais il en est tout autrement en pratique. En effet, aucun traité ne peut être ratifié par le Président de la République, s'il contient des dispositions contraires à notre Constitution. Pour qu'il puisse être ratifié, la Constitution doit être révisée selon une procédure lourde et complexe afin que la disposition non conforme puisse être modifiée.

Cette procédure a été plusieurs fois utilisée en France[39].

• Les rapports entre le traité et la loi sont aujourd'hui plus clairs.

---

38. Nous aurons l'occasion de voir qu'il existe une différence hiérarchique entre la Constitution et la loi. Autrement dit, la loi est hiérarchiquement subordonnée à la Constitution. V. *infra,* p. 89.

39. Et dernièrement pour la ratification du traité de Maastricht qui était en complète contradiction avec les dispositions de la Constitution notamment s'agissant des questions de souveraineté ; v. Loi n° 92-554 du 25 juin 1992 ajoutant à la Constitution un titre : des Communautés européennes et de l'Union européenne.

L'évolution jurisprudentielle en la matière a, en effet, été fort complexe et des divergences importantes sont apparues entre les différents ordres de juridiction ; divergences qui semblent maintenant avoir été enrayées.

Le Conseil Constitutionnel refuse de connaître de la conformité des lois aux traités, au motif essentiel qu'« une loi contraire à un traité ne serait pas, pour autant, contraire à la Constitution »[40]. Ainsi, il écarte les traités du bloc de constitutionnalité.

Le Conseil Constitutionnel estime que le cadre limité de sa mission ne lui permet pas de vérifier la conformité des lois aux traités et considère que les véritables destinataires de l'article 55 de la Constitution sont bel et bien les juridictions des deux ordres[41].

La Cour de cassation, dans un arrêt de 1975, prit position en faveur d'une supériorité sans condition du traité sur la loi interne, qu'elle soit antérieure ou postérieure à celui-là[42].

La Haute juridiction reconnut ainsi le droit à tout tribunal de l'ordre judiciaire de juger de la conformité de la loi aux traités afin de faire prévaloir ces derniers.

Quant au Conseil d'État, celui-ci s'est refusé pendant très longtemps à juger de la compatibilité des lois aux traités. Il effectuait une distinction tout à fait illogique entre les lois antérieures, qu'il considérait comme implicitement abrogées par le traité, et les lois postérieures aux traités qui, elles, l'emportaient sur la convention internationale. L'arrêt *Nicolo* opéra un alignement de la position du Conseil d'État sur celle de la Cour de cassation[43].

b. L'appréciation de la condition de réciprocité et l'interprétation

La Cour de cassation décide qu'il ne lui incombe pas d'apprécier la condition de réciprocité des traités. Elle considère, en effet, que tant que le traité n'a pas été dénoncé officiellement par la France, il existe une présomption d'application par l'autre partie.

---

40. Cons. Constit. 15 janvier 1975, *Avortement, D.*75.529 ; *JCP.*75.II.18030 ; *Grandes décisions du Conseil Constitutionnel,* n° 23.
41. Le Conseil Constitutionnel décide, en effet, que le respect de l'article 55 de la Constitution « s'impose même dans le silence de la loi » et qu'il « appartient aux divers organes de l'État de veiller à l'application (des conventions internationales) dans le cadre de leurs compétences respectives ». (Cons. Constit. 3 sept. 1986, *Rec.* p. 135 ; *RFDA.*87.120, note Genevois ; *J.*87.289, note Pinto.)
42. Ch. Mixte 24 mai 1975, *Cafés Jacques Vabre, D.*75.497, Concl. Touffait.
43. CE 20 octobre 1989, *Nicolo,* D.90.135, note P. Sabourin. V. également dans le même sens, CE 24 septembre 1990, *Boisdet, Rec.* p. 250 ; *JCP.*90.IV.357 et CE 28 fév. 1992, JCP.92.II.21859, note G. Teboul.

Elle a donc énoncé qu'il « n'appartient pas aux juges d'apprécier le respect de la condition de réciprocité prévue dans les rapports entre États »[44].

Le Conseil d'État adopte une solution différente ; selon lui, il appartient au gouvernement de se prononcer sur le respect de la condition de réciprocité. Ainsi, à chaque fois qu'il est confronté à cette question, il surseoit à statuer, pose la question du respect de la condition de réciprocité au gouvernement et prend sa décision au vu de la réponse de celui-ci[45].

S'agissant de la question de l'interprétation des traités, on s'est interrogé sur la possibilité pour le juge d'y procéder. En effet, contrairement aux lois internes, de cette interprétation dépendra l'étendue de l'engagement international de la France.

Après bien des hésitations et des divergences, la Cour de cassation et le Conseil d'État semblent aujourd'hui avoir adopté des positions proches sans pour autant mettre totalement fin à leurs différences d'appréciation.

Cependant, des divergences subsistent également entre les chambres civiles et la chambre criminelle de la Cour de cassation.

Selon les chambres civiles de la Cour de cassation, le juge peut procéder à l'interprétation des traités internationaux, sauf lorsqu'il y va d'une question d'ordre public international, autrement dit, dès lors qu'il apparaît une difficulté d'ordre diplomatique entre les États signataires[46]. La position des chambres civiles est devenue plus tranchée depuis 1995[47]. La chambre criminelle de la Cour de cassation considère, en revanche, que les traités internationaux constituent des actes de haute administration et qu'à ce titre leur interprétation relève du domaine réservé du gouvernement. A l'opposé, le Conseil d'État, depuis un arrêt du 29 juin 1990, décide qu'il dispose du pouvoir d'interprétation dans tous les cas[48].

44. Civ. 1re, 6 mars 1984, *Kryla, Bull. Civ.*, n° 85.
45. CE Mars 1984, *Rekhou.*
46. Il s'agit de l'arrêt *Friedmann* rendu en 1950.
47. Civ 1re, 19 décembre 1995, RCDIP.1996 .468, note Oppetit déclare qu'il est de l'office du juge d'interpréter les traités internationaux invoqués, sans qu'il soit nécessaire de solliciter l'avis d'une autorité non-juridictionnelle.
48. CE 29 juin 1990, *GISTI, D.*90.560, note P. Sabourin.

B. Le droit communautaire

1. Le contenu du droit communautaire

A l'origine, les communautés européennes se sont formées entre six États qui ont donné naissance à trois communautés : la Communauté européenne du Charbon et de l'Acier (CECA) créée par le Traité de Paris du 18 avril 1951, la Communauté économique européenne (CEE) et la Communauté européenne de l'énergie atomique (EURATOM), créées par deux traités signés à Rome le 25 mars 1957[49].

L'originalité de ces traités, réside dans le fait qu'ils ont institué des organes législatifs et exécutifs en s'inspirant du schéma des corps constitués de l'État. Toute proportion gardée, tout se passe comme si les communautés européennes étaient des entités supra-étatiques qui peuvent édicter des normes qui s'intègrent de plein droit à l'ordre juridique des États-membres[50].

Nous sommes ainsi en présence de deux types de normes communautaires : le droit communautaire institutionnel issu des traités de Rome ainsi que des conventions et protocoles signés par la suite[51] et le droit issu des décisions et normes édictées par les organes mis en place au sein de la Communauté[52]. On parle respectivement du droit originaire et du droit dérivé communautaires.

---

49. Les États qui se sont regroupés au sein des communautés européennes à l'origine sont la République Fédérale d'Allemagne, la Belgique, la France, l'Italie, le Luxembourg et les Pays-Bas. En 1972, ont adhéré aux Communautés européennes, la Grande-Bretagne, le Danemark et l'Irlande. En 1979, ce fut le tour de la Grèce d'adhérer aux accords de la CEE et de l'EURATOM. En 1985, l'Espagne et le Portugal ont également adhéré à ces deux communautés. L'Europe des douze fonctionne, depuis 1994, avec 15 membres puisque la Suède, la Finlande et l'Autriche ont rejoint les deux communautés.
50. V. B. Oppetit, *L'eurocratie ou le mythe du législateur suprême, D.*1990.Chr.73.
51. Il s'agit, d'une part, des traités constatant l'adhésion de chaque nouvel État-membre, et d'autre part des protocoles signés lors de l'adhésion de chaque nouveau membre, ou même en dehors de toute adhésion, pour apporter des précisions sur tel ou tel point obscur des conventions.
52. Les instances communautaires sont au nombre de trois : le Conseil, la Commission et le Parlement. Le Conseil des communautés représente les gouvernements des États membres, chacun compte un représentant au sein de cet organe. La présidence de cette instance est assumée à tour de rôle par le représentant de chaque État membre pour une durée de six mois. La Commission des communautés est l'organe de contrôle du respect des traités. Elle dispose essentiellement d'un pouvoir d'initiative et peut proposer des mesures notamment au Conseil. Le Parlement européen dont les membres sont élus au suffrage universel direct a essentiellement un rôle consultatif et politique. Contrairement à ce que son nom laisse entendre, il ne dispose pas de pouvoir législatif. L'originalité de cet organe tient à ce que ses membres sont regroupés non par ordre d'appartenance à un État membre, mais par affinité politique.

2. L'applicabilité et l'autorité supérieure du droit communautaire

La Commission et le Conseil sont autorisés de par l'article 189 du Traité de Rome à prendre des règlements et des directives, des décisions et des recommandations et à émettre des avis.

Chacun de ces actes est spécifique dans sa procédure d'adoption et dans sa force obligatoire. Relativement aux sources du droit, deux problèmes se posent en matière de droit communautaire : celui de l'applicabilité des normes communautaires, et celui de leur autorité par rapport aux normes internes.

• Applicabilité :

La question de l'applicabilité de la norme communautaire est directement liée à la nature des normes en question.

En dehors de l'applicabilité directe des dispositions du Traité de Rome progressivement admise pour certaines dispositions particulièrement précises de ce traité, le débat essentiel porte aujourd'hui sur la question de l'applicabilité directe des normes dérivées, à savoir les règlements et les directives.

La différence essentielle entre ces deux types de normes tient en quelques mots : les règlements sont de véritables règles de droit directement applicables dans tout État membre. Ils n'ont pas besoin d'être transposés dans l'ordre interne ; leur seule adoption par les instances communautaires suffit à les rendre applicables en France.

Les directives, quant à elles, ont pour destinataires les autorités étatiques de chaque État membre. Elles fixent des objectifs que les États membres doivent s'efforcer d'atteindre en mettant en œuvre leur législation interne ou en la modifiant. Contrairement aux règlements, pour être applicables, les directives doivent donc être transposées dans l'ordre interne. La Cour de justice des Communautés européennes[53] a cependant décidé, dans le dernier état de sa jurisprudence[54], que les directives posant des obligations suffisamment précises et non assorties de conditions doivent être directement applicables devant les tribunaux nationaux des États membres sans qu'une quelconque transposition soit nécessaire, tout au moins lorsqu'elles sont invoquées par les particuliers.

---

53. Il s'agit d'une instance juridictionnelle communautaire créée par le Traité de Rome dont l'objectif est d'harmoniser l'interprétation du droit communautaire par les juridictions nationales des États membres. C'est elle qui est investie du pouvoir d'interprétation des textes communautaires.

54. V. Quelques arrêts importants de la CJCE : *Van Duyn, Sabine Van Colson, Dekker.*

• L'autorité supérieure :

Une série de décisions très claires est intervenue pour reconnaître l'autorité supérieure du droit communautaire (du Traité de Rome, mais aussi des règlements et des directives communautaires) sur les normes internes qu'elles lui soient postérieures ou antérieures[55].

Un élément important qui caractérise le droit communautaire est l'absence de la prise en considération de la condition de réciprocité.

Le juge national n'est pas tenu de vérifier le respect par les autres États membres des dispositions communautaires dont on lui demande l'application.

§2

LES SOURCES INTERNES

Les sources écrites internes sont d'une importante variété.

De même qu'une règle interne ne peut aller à l'encontre des dispositions d'une norme internationale, de même, dans l'ordre interne, une norme de source inférieure ne peut aller à l'encontre des prévisions d'une norme de source supérieure.

La hiérarchie des normes dans l'ordre interne est souvent représentée par l'image de la pyramide dite de Kelsen. Au sommet de la pyramide, il y a la Constitution. Viennent ensuite la loi, la coutume et les règlements.

Enfin, à la base de la pyramide, s'échelonnent les sources appelées subordonnées, à savoir les actes émanant de certaines administrations sous forme de circulaires, d'instructions et de normes diverses. On les réunit sous le vocable générique de lois et règlements.

Il convient ainsi de les clarifier et de connaître la nature de chacune de ces sources. Pour ce faire, on adoptera le schéma qui consiste à définir ce que sont la loi et le règlement, avant de s'interroger sur leur autorité respective.

55. V. déjà en 1975, l'arrêt de la Cour de cassation *Sociétés des Cafés Jacques Vabres* (précité) ; pour le Conseil d'État, l'arrêt *Nicolo* (précité) a été l'arrêt inaugural en la matière. V. plus récemment, pour un règlement communautaire, CE24 sept 1990, *Boisdet, RFDA*.91.172, note L. Dubouis ; pour une directive communautaire, CE 28 février 1992, *Rothmans, JCP*.1992.II.21783, note G. Teboul.

A. Les notions de loi et de règlement

1. Loi et règlement au sens formel

a. Définition de loi et de règlement au sens formel

Le terme « loi » est un terme ambigu qui mérite d'être défini avec exactitude. En effet, les juristes eux-mêmes augmentent les difficultés en attribuant différentes significations à ce terme.

Au sens formel, la loi est l'acte qui émane du parlement, c'est-à-dire voté par l'Assemblée nationale et le Sénat. Elle peut contenir des dispositions générales et impersonnelles ou bien des dispositions individuelles[56]. Elle est promulguée par le Président de la République.

Cette définition formelle de la loi permet de la distinguer du règlement au sens formel.

Ce dernier se définit comme tout acte ou décision général et impersonnel ou individuel émanant d'un membre de l'exécutif (le gouvernement et les autres instances administratives).

Le point essentiel que recouvre cette distinction est le suivant : les règlements sont hiérarchiquement inférieurs aux lois. On dit qu'ils sont soumis au principe de *la légalité.* Pour être valablement pris, un règlement doit toujours se conformer aux lois qui existent dans le même domaine.

b. Différentes sortes de lois et de règlements

Les lois et les règlements se distinguent en plusieurs catégories qui s'ordonnent selon une hiérarchie bien déterminée. Cette hiérarchie est fonction de l'organe qui en est à leur origine. Elle est établie par la Constitution de 1958 qui régit actuellement l'organisation de l'État français sous l'égide de la Ve République.

En ce qui concerne les lois, on en distingue aujourd'hui trois catégories dans un ordre décroissant d'importance hiérarchique. Il s'agit de :

– La *loi constitutionnelle* (ou la Constitution) qui comprend le Préambule et d'autres textes à valeur constitutionnelle[57].

---

56. Certains textes de loi peuvent comporter des dispositions purement individuelles par exemple pour décréter la célébration des obsèques nationales pour une personnalité politique ou culturelle ou bien pour exonérer une personne de certaines obligations à l'égard du fisc. (V. pour un exemple historique, la loi du 23 décembre 1970 portant exonération des droits de mutation par décès sur la succession du Général de Gaulle).

57. On parle d'ailleurs aujourd'hui non plus de la Constitution, mais du « Bloc de constitutionnalité ».

– Les *lois organiques* (article 46 de la Constitution), sont des lois qui interviennent dans des domaines mettant en cause les corps constitués (le Président de la République, le Conseil Constitutionnel, etc.). Leur adoption est soumise à une procédure particulièrement complexe et lourde qui nécessite notamment une consultation du Conseil constitutionnel préalablement à leur promulgation.

– Les *lois ordinaires* (article 34 de la Constitution), sont des dispositions générales et impersonnelles votées par le Parlement.

Les règlements se divisent également en plusieurs catégories :

– Les *ordonnances* du Président de la République (article 38 de la Constitution), sont des textes qui, dans leur forme, s'apparentent aux règlements mais qui interviennent dans un domaine qui relève normalement de celui de la loi[58].

– Les *décrets autonomes* du Premier ministre (article 37 de la Constitution)

– Les décrets d'application pris par le Premier ministre (article 21 de la Constitution) : ils concernent les hypothèses où une loi régit les principes généraux dans une matière et prévoit l'intervention d'un décret d'application pour compléter les lacunes ou pour régler les détails non prévus par la loi.

– Les *arrêtés,* peuvent émaner d'un ministre (arrêté ministériel), d'un préfet (arrêté préfectoral) ou d'un maire (arrêté municipal). Ils ont pour objectif de réglementer un point relevant de leur compétence respective.

2. Loi et règlement au sens matériel

Lorsque l'on parle des lois et des règlements, on s'attache à définir leurs domaines respectifs d'intervention.

La réponse à cette question a varié au cours de l'histoire de la France. Alors que depuis la Révolution, la tradition du régime parlementaire a voulu que le Parlement occupe le devant de la scène[59], la Constitution du 4 octobre 1958 a totalement bouleversé cet état de

58. Nous verrons, *infra* p. 90 et s., que les textes législatifs et réglementaires ont chacun un domaine particulier et les uns ne peuvent empiéter sur celui des autres. Les ordonnances de l'article 38 constituent une exception à cette règle et, à ce titre, ne peuvent intervenir que dans des cas très particuliers et sur autorisation ou délégation de pouvoir du Parlement au Président de la République et sous réserve de leur ratification ultérieure.

59. On a souvent parlé de la suprématie du Parlement. Parce qu'il était investi du pouvoir législatif, il était considéré comme ayant seul vocation à représenter la volonté générale, et donc l'intérêt général. Ainsi, le domaine de la loi s'étendait-il à l'infini et le Parlement pouvait modifier ou abroger tout règlement alors qu'interdiction était faite au pouvoir réglementaire de modifier ou d'abroger une loi. V. Bach, *Droit civil, Cours élémentaire,* Tome 1, 13e Ed. (1999), p. 35 et s. ; Malaurie et Aynès, *Droit civil, Introduction générale,* par Philippe Malaurie, n° 511 et s.

fait en reconnaissant un domaine bien délimité à la loi et au règlement. Depuis l'avènement de la Vᵉ République, le pouvoir législatif est réparti entre le Parlement et le Gouvernement. La Constitution réserve à la loi parlementaire un certain nombre de matières particulièrement importantes (article 34 de la Constitution), les autres relevant du domaine réglementaire (article 37 de la Constitution). En réalité, la lecture de l'article 37 fait apparaître que tout ce qui n'est pas du domaine de la loi est du domaine réglementaire. L'on voit ainsi que, désormais, la loi occupe le domaine de l'exception et le règlement celui du principe[60].

L'article 34 prévoit deux sortes de textes législatifs.

D'une part, les matières pour lesquelles le pouvoir législatif dispose d'une compétence totale. Ces matières sont relatives à la condition des personnes (l'état et la capacité des personnes), le droit de la famille, les régimes matrimoniaux, les successions et les libéralités. Elles concernent également la détermination des crimes et des délits, du régime des peines et de la procédure pénale.

D'autre part, la loi détermine les principes fondamentaux d'un certain nombre de matières. Le détail de l'aménagement est alors laissé au pouvoir réglementaire. Dans de telles hypothèses, le pouvoir législatif est limité aux seuls principes fondamentaux. Il s'agit essentiellement du régime de la propriété, des droits réels, des obligations civiles et commerciales, du droit du travail, du droit syndical et de la Sécurité sociale.

L'article 37 de la Constitution dispose, nous l'avons vu, que tout ce qui n'est pas prévu par l'article 34 relève du domaine réglementaire. Le pouvoir exécutif, et essentiellement le Gouvernement, dispose ainsi d'un pouvoir autonome pour édicter des règles en se conformant non pas aux lois qui, par définition, n'existent plus en dehors du domaine réservé de l'article 34, mais aux principes généraux du droit. Cela étant, la pratique constitutionnelle montre tout de même que cette autonomie du pouvoir réglementaire par rapport au pouvoir législatif ne doit pas être exagérée.

---

60. En pratique, on se rend compte que le Parlement a toujours énormément de pouvoir et certains auteurs considèrent même que rien ou presque n'a changé par rapport aux régimes antérieurs (v. En ce sens, Malaurie, *op. cit.*, n° 513). Il faut tout de même se rendre à l'évidence qu'en raison d'une technicité de plus en plus importante des textes et le détail nécessairement réglementaire de ceux-ci, le volume des textes réglementaires est beaucoup plus important que celui des textes législatifs. De plus, les textes législatifs sont de plus en plus issus de projets de lois (proposés par le gouvernement), et quelques auteurs s'interrogent même sur le point de savoir si, à certains égards, le Parlement ne s'est pas transformé en une « chambre d'enregistrement », surtout lorsque l'on connaît certaines procédures permettant d'adopter des textes de loi sans discussion ou avec des débats sommaires.

3. Rapports entre loi et règlement

Il faut faire une distinction entre le moment où la loi ou le règlement sont en cours d'élaboration et le moment où, une fois élaborés, se posent une question de contrôle de légalité.

a. Le contrôle *a priori* du respect des domaines législatif et réglementaire

La précision de l'énumération donnée par l'article 34 de la Constitution n'est pas satisfaisante. En outre, comme cela vient d'être souligné, dans certaines hypothèses, le même domaine est partagé entre la loi et le règlement.

Afin de veiller à ce que le gouvernement et le législateur respectent le domaine qui est assigné à chacun, des sanctions ont été prévues.

C'est ainsi que le gouvernement peut, au cours de la procédure législative, opposer l'irrecevabilité à la discussion d'un texte qui serait du domaine du gouvernement[61]. De même, à supposer que le gouvernement n'exerce pas ce pouvoir, lorsque le texte est voté. Au demeurant, si aucun de ces deux événements ne se produisait, la loi ainsi votée n'aurait que valeur de simple décret et pourrait, si son caractère réglementaire était au préalable reconnu, être abrogée par un simple décret et non pas par une loi.

La possibilité d'un contrôle *a priori* est plus difficilement concevable pour l'autorité législative.

b. Le contrôle *a posteriori* de la légalité des règlements

Le contrôle de la légalité des règlements peut être exercé par les juridictions administratives et judiciaires.

Lorsqu'un règlement intervient dans le domaine réservé au législateur, il peut être annulé par le Conseil d'État au moyen d'un recours pour excès de pouvoir[62]. L'étude de cette voie de recours relève du droit administratif.

L'exception d'illégalité constitue un deuxième moyen permettant au juge civil ou pénal d'écarter un règlement illégal.

61. Cela résulte de l'article 41 de la Constitution de 1958.
62. Il existe une exception à ce régime bien établi entre les articles 34 et 37 de la Constitution : il s'agit du régime des ordonnances de l'article 38. Ce sont, en la forme, des règlements administratifs qui interviennent valablement dans des domaines législatifs. Le Parlement, par une loi d'habilitation, autorise le gouvernement à légiférer par voie de décret pour un temps limité.

Les juridictions répressives peuvent refuser de prononcer une peine résultant d'un règlement qu'elles considèrent illégal[63].

Inversement, les juridictions civiles ont très exceptionnellement compétence pour connaître de la légalité des règlements. Cela se comprend : les conséquences de l'illégalité d'un règlement dans le cadre d'un litige civil sont beaucoup moins graves que dans le cadre d'un litige pénal[64]. Toutefois, les juridictions civiles s'accordent la faculté de contrôler la légalité du règlement lorsque celui-ci porte atteinte à la liberté individuelle, à l'inviolabilité du domicile ou au respect dû au droit de propriété[65].

Enfin, en dehors de toutes ces hypothèses, le juge judiciaire peut, lorsque l'un des plaideurs estime que le règlement sur lequel se fonde le jugement est illégal, surseoir à statuer et soumettre cette question à la juridiction administrative compétente.

B. L'autorité de la loi et du règlement :

Le problème de l'autorité des lois et des règlements suscite des interrogations d'importance variable. Ces questions sont au nombre de deux :

– Quelle est l'autorité de la loi et du règlement dans l'espace ?

– Quelle est l'autorité de la loi et du règlement dans le temps ?

---

63. Il existe sur ce terrain une opposition entre le Tribunal des Conflits et la Cour de cassation. Le Tribunal des Conflits décide que le juge pénal peut connaître de la légalité des règlements administratifs, mais non de celle des actes administratifs individuels (extradition par exemple). En revanche, la Cour de cassation considère qu'il n'y a pas lieu de faire cette distinction. Elle a même décidé en 1985 que le juge pénal pouvait apprécier la validité des actes administratifs individuels ne comportant aucune sanction pénale du moment qu'ils portaient atteinte aux libertés individuelles.
Dans sa nouvelle rédaction, l'article 1-5 du Nouveau Code pénal dispose : « Les juridictions pénales sont compétentes pour interpréter les actes administratifs, réglementaires ou individuels, et pour en apprécier la légalité lorsque, de cet examen, dépend la solution du procès pénal qui leur est soumis ». Il semble donc qu'il faille trancher en faveur de la solution de la Cour de cassation.

64. La solution est ancienne : TC 16 juin 1923, *Septfonds, DP.*24.III.41, concl. Matter ; *S.*23.III.49, note M. Hauriou.

65. C'est la théorie de la voie de fait : l'administration agit par des moyens manifestement irréguliers ou selon un comportement qui s'écarte manifestement des règles légales. La Cour de cassation a jugé en 1975 que les tribunaux judiciaires étaient compétents « pour apprécier la validité des dispositions [du règlement] sur le fondement desquelles sont intervenus les actes critiqués de l'administration lorsque ces actes portent, malgré l'octroi d'une indemnité, une atteinte grave au droit de propriété ». (*D.* 75.671, note Drago). Le juge judiciaire est également compétent pour connaître, par voie d'exception, de la légalité des règlements en matière de taxes et d'impôts indirects : Cass. Com. 25 avril 1989, *Bull. civ.* IV, n° 134, p. 89.

1. L'autorité de la loi et du règlement dans l'espace

a. Notion de conflit de lois

Des exemples permettront de mieux comprendre la notion de conflit de lois : un Français se marie avec une personne de nationalité étrangère, un étranger acquiert un bien situé en France, enfin, un Français décède à l'étranger laissant derrière lui des biens situés un peu partout dans le monde et des héritiers qui les réclament dans chaque pays.

Le point commun de l'ensemble de ces affaires réside dans l'existence d'un élément international qui affecte le litige et que l'on appelle l'élément d'*extranéité.*

Dans de telles hypothèses, plusieurs lois sont potentiellement applicables, la question se pose donc de savoir selon quelle loi et par recours à quel système juridique la situation qui se présente devant le juge français doit être appréciée.

La première solution possible consiste à opérer un choix entre tous les systèmes juridiques qui ont un lien avec le rapport de droit : la *méthode conflictuelle.* Il y a, en effet, en droit français, des règles que l'on nomme règles de conflits qui permettent au juge de choisir entre le droit français et les droits étrangers en présence, celui qui a le lien le plus significatif avec le rapport de droit en cause.

Cette méthode est très complexe et demande pour être maîtrisée plusieurs années d'étude à elle seule.

L'autre méthode utilisée consiste à *harmoniser.* Les États développent, en effet, de plus en plus de relations bilatérales (entre deux États) ou multilatérales (entre plusieurs États). Dans le cadre de ces relations, et notamment s'agissant de conférences internationales, ils mettent au point des conventions internationales ayant pour objet essentiel d'harmoniser leurs législations nationales de façon à éviter les conflits de lois. L'objectif de ces traités est de réduire les conflits existants entre les droits nationaux.

Ces traités ont connu un essor considérable depuis la Deuxième Guerre mondiale, grâce surtout à l'établissement d'organisations régionales, comme les Communautés Européennes ou le marché commun créé entre le Canada, les États-Unis d'Amérique et le Mexique (l'ALENA)[66].

---

66. C'est ainsi que dans le cadre de la prestigieuse conférence de droit international de La Haye sont mises au point chaque année un certain nombre de conventions qui s'ouvrent après la ratification des parties. Certaines de ces conventions entrent en vigueur alors que d'autres ne recueillent jamais le nombre minimum d'adhésions nécessaire à leur entrée en
(Suite note page suivante)

b. Le champ d'application territorial du droit français

En principe, le droit français s'applique sur l'ensemble du territoire français et régit toutes les personnes qui s'y trouvent.

Toutefois, pour deux raisons, cet exclusivisme du droit français n'est pas totalement respecté.

Le premier cas est le corollaire de ce qui vient d'être dit. En effet, l'affirmation de principe qui vient d'être formulée peut connaître des exceptions en raison du jeu des règles de conflits applicables à un rapport de droit. Ainsi, selon les hypothèses et les matières que nous prenons en considération, le droit français répand ou non ses effets sur l'ensemble du territoire français.

En effet, dans l'hypothèse où la règle de conflit le dispose, le juge français peut être amené à appliquer un droit étranger alors même qu'une situation concernerait des personnes françaises et se déroulerait en France. L'on comprend alors que, dans un tel cas, l'exclusivisme de l'application du droit français sur le territoire national soit remis en cause.

Ce défaut d'exclusivisme existe également dans d'autres domaines mais pour des raisons historiques cette fois-ci.

En effet, certains départements et territoires appartenant à la France obéissent à des règles particulières qui ne sont pas celles en vigueur dans le reste de notre pays. Il s'agit essentiellement des départements d'Alsace et de Lorraine, où l'application du droit français, depuis le retour de ces départements à la France en 1918, laisse subsister de nombreuses lois locales. Ce droit est appelé le droit local en raison de son caractère géographiquement circonscrit[67].

---

vigueur. On peut citer dans ce domaine la convention internationale sur la loi applicable à la vente d'objets mobiliers corporels de 1955, qui est actuellement en vigueur, ou bien la convention concernant la protection des mineurs de 1961.

Dans le cadre des Nations Unies, de nombreuses conventions ont également été mises au point pour régir certains points de droit présentant des éléments d'extranéité. L'une des dernières nées d'une longue série est la convention sur la vente internationale de marchandises qui pose des règles matérielles de droit international privé dans le domaine particulier de la vente internationale de marchandises.

Enfin dans le domaine européen et plutôt communautaire, des conventions ont également eu pour but d'harmoniser les législations des États-membres : un exemple dans ce domaine pourrait être fourni par la Convention de Rome, entrée en vigueur tout dernièrement, relative à la loi applicable aux obligations contractuelles. Dans leur domaine, les normes dérivées du droit communautaire (dont nous venons de parler, *supra* p. 85), sont des normes d'harmonisation alors même que la technique est différente de celle des conventions internationales : là il s'agit d'un organe supranational qui édicte des règles.

67. La loi n° 90-1248 du 29 décembre 1990 fait un pas supplémentaire dans le sens de l'harmonisation du droit local et son alignement sur le droit français commun. Cette *(Suite note page suivante)*

A côté de ces deux départements, les départements d'Outre-mer et les Territoires d'Outre-mer français bénéficient également d'un certain particularisme.

On comprend ainsi que l'exclusivisme de l'application du droit français sur le territoire de la France reste relatif. Il le sera encore davantage avec le développement de l'internationalisation des rapports humains et commerciaux ainsi que celle du droit.

2. L'autorité de la loi et du règlement dans le temps[68]

Deux questions doivent être étudiées ici : d'abord celle de l'entrée en vigueur et de l'abrogation des lois et des règlements, ensuite celle des conflits de lois dans le temps.

a. L'entrée en vigueur et l'abrogation de la loi et du règlement

A partir de quel moment un texte devient-il obligatoire et jusqu'à quel moment cette force obligatoire persiste-t-elle[69] ?

• L'entrée en vigueur :

Deux opérations sont effectuées afin qu'un texte législatif ou réglementaire devienne obligatoire. La promulgation, qui est spécifique à la loi, et la publication qui concerne aussi bien la loi que le règlement.

La *promulgation* consiste pour le Président de la République à authentifier le texte de la loi[70]. Il constate ainsi que le Parlement a définitivement voté le texte de la loi et ordonne que cette loi soit exécutée. On dit que la loi, une fois promulguée, acquiert force *exécutoire.*

En théorie, pendant le délai reconnu au Chef de l'État pour effectuer la promulgation, celui-ci a la possibilité de demander au Parlement de revoir le texte de la loi. Cependant, cette possibilité n'a, à ce jour, jamais été utilisée[71].

A la suite de la promulgation vient la *publication* dont l'objectif est de faire porter à la connaissance du public le texte voté ou édicté par l'autorité administrative.

---

divergence est, en effet, source de difficultés d'application, car il existe bel et bien un conflit interne entre le droit français commun et le droit local alsacien-mosellan.

68. F. Terré, n° 410 et s.

69. Ghestin, Goubeaux et Fabre-Magnan, n° 336 et s.

70. C'est l'article 10 de la Constitution qui dispose ainsi et prévoit que la promulgation doit intervenir dans les quinze jours qui suivent la transmission de la loi définitive au gouvernement (art. 10, Constitution de 1958).

71. La promulgation est elle-même prise sous forme de décret. C'est la date de ce décret qui déterminera la date de la loi.

Cet acte a pour but théorique de satisfaire aux objectifs de l'adage qui dispose que « Nul n'est censé ignorer la loi ». Dans les faits, en raison de la prolifération outrancière des textes de loi, l'écrasante majorité de nos concitoyens ignore de fait la plupart des textes de loi et de règlement.

En tout état de cause, la conséquence de la publication est que le texte de la loi ou du règlement est censé être connu de tous. Personne ne peut, en conséquence, se retrancher derrière son ignorance de l'existence d'un texte de loi ou de règlement, dès lors que leur publication est intervenue.

La publication est faite au *Journal Officiel* de la République Française.

Le moment exact à partir duquel la loi devient obligatoire varie selon les cas. A Paris, elle devient obligatoire un jour franc après la parution du *Journal Officiel* qui contient l'insertion. En province, le délai d'un jour franc est décompté par référence à la date d'arrivée du *Journal Officiel (J.O.)* au chef-lieu d'arrondissement[72].

Toutefois, cette méthode de détermination de la date d'entrée en vigueur ne constitue que la position de principe. En effet, rien n'interdit au législateur d'avancer ou de retarder le moment exact de l'entrée en vigueur d'un texte de loi. L'entrée en vigueur différée est également possible s'agissant des règlements. A l'inverse, il est interdit au pouvoir réglementaire d'édicter des règles rétroactives[73].

Le caractère différé de l'entrée en vigueur peut être motivé par deux types de considérations. D'abord, le législateur ou le pouvoir réglementaire peut souhaiter retarder l'entrée en vigueur d'un certain texte en raison d'une nécessaire « préparation de terrain ». Prenons l'exemple des nouvelles dispositions du Code pénal introduites par une loi du 22 juillet 1992 et entrées en vigueur en 1993, afin de permettre aux praticiens de s'acclimater aux nouvelles dispositions et aussi de mettre en place un certain nombre d'institutions.

---

72. Cette exigence ressort du Décret-loi du 5 novembre 1870. Le délai d'un jour franc est déterminé de la manière suivante : un jour franc consiste en un délai de 24 heures de 0 heure à minuit. L'on ne tient donc pas compte ni du jour de la publication, ni du jour d'arrivée du *J.O.* au chef-lieu d'arrondissement. Si un texte de loi est publié le 6 mars 1997, il deviendra obligatoire à Paris le 8 mars 1997 à 0 heure et dans une ville de province où le *J.O.* arrive le 7 mars 1997, le 9 mars à 0 heure. Pour le caractère toujours actuel de ce problème de l'entrée en vigueur de la loi nouvelle et une application du Décret-loi de 1870, v. Civ. 1re 6 janvier 1994, *D.*94.I.R.39 et l'arrêt de la Cour d'appel de Montpellier paru au *D.*93.306, note Vidal.
73. Sur cette notion, v. *infra*, p. 100 et s.

Cela nous amène tout naturellement à la deuxième motivation de ce caractère différé. Elle est la résultante du caractère partagé des compétences entre le législateur et l'exécutif. En effet, la loi peut dans certains cas définir les principes généraux dans un domaine en abandonnant les détails à l'intervention d'un décret d'application ; en pratique, lorsque la loi prévoit l'intervention d'un décret d'application et que ce dernier n'intervient pas, les tribunaux n'appliqueront pas le texte en question[74].

• L'abrogation :

La loi (comme le règlement) est prévue pour durer dans le temps. Toutefois, il existe une fin à tout et la loi et le règlement ne font pas exception à cette règle.

La loi peut d'abord n'être votée que de façon temporaire ou pour un événement particulier[75]. Dans un tel cas, à la fin du terme fixé par la loi elle-même ou lorsque l'événement en question s'est réalisé, la loi n'a plus de raison d'être et s'éteint purement et simplement.

Notre société évolue. La loi doit donc évoluer pour prendre en considération ces changements, pour s'y adapter et devenir ainsi plus efficace. C'est pourquoi la loi et le règlement peuvent être abrogés par l'autorité même qui les a établis.

Le pouvoir d'abroger un texte n'appartient qu'à l'autorité qui a institué le texte, ou à une autorité supérieure. Une loi votée par le Parlement ne peut être abrogée par un décret. Elle ne peut l'être que par l'intermédiaire d'une autre loi ou éventuellement par une loi constitutionnelle. C'est le principe du *parallélisme des formes.*

L'abrogation d'une loi par une autre peut être expresse ou tacite.

74. Même si la Cour de cassation considère que lorsque le législateur n'a pas décidé si la loi doit ou non s'appliquer immédiatement, il est « de principe que la loi est immédiatement exécutoire, même au cas où elle prévoit des actes réglementaires relatifs à son exécution, dès l'instant qu'elle n'a pas spécifié que son application serait subordonnée à la publication desdits actes » (Cass. Civ. 3e, 1er avril 1987, *Bull. Civ.*, III, n° 67, p. 40).

75. La loi n° 75-17 du 17 janvier 1975 relative à l'interruption volontaire de grossesse a, dans un premier temps, été votée pour une durée de cinq ans (article 2). La loi n° 70-1204 du 31 décembre 1979 lui a été substituée pour la rendre permanente et aujourd'hui, on se demande si l'on peut s'en passer. Le Parlement s'est dernièrement beaucoup attardé sur le problème de l'amnistie des « commandos anti IVG », lors du vote de la loi d'amnistie à la suite de l'élection de Jacques Chirac à la Présidence de la République. Cette amnistie a finalement été refusée. Cela montre que les mentalités ont beaucoup évolué et une loi qui, à l'origine, n'était que purement temporaire devient une nécessité dans la société d'aujourd'hui.
D'autres lois ont par nature une durée de vie limitée : c'est le cas de lois ayant pour objet l'indemnisation de victimes d'un attentat qui tarissent leurs effets dans le temps, une fois les victimes indemnisées.

L'abrogation expresse concerne le cas où le législateur prend soin d'énumérer les dispositions de lois antérieures qui sont abrogées par l'entrée en vigueur de la nouvelle loi[76]. L'abrogation peut également être tacite ou implicite. Dans ce cas, aucune disposition ancienne n'est visée par le législateur au moment du vote de la nouvelle loi. L'abrogation résulte de l'incompatibilité logique qui existe entre l'ancien et le nouveau texte et qui a pour conséquence que l'on ne pourra pas les appliquer en même temps. La loi ancienne sera ainsi abrogée uniquement pour pallier cette incompatibilité et dans la mesure où elle est évacuée. La question de la mesure de cette abrogation tacite est parfois très délicate à résoudre[77]. Certaines méthodes d'interprétation permettent de prévoir le domaine de cette abrogation tacite.

Par exemple, une disposition particulière antérieure n'est pas abrogée par une disposition générale nouvelle car elles ne sont pas incompatibles. La règle spéciale déroge à la règle générale.

En revanche, une disposition antérieure générale est abrogée par une disposition particulière nouvelle dans les limites de cette disposition nouvelle seulement. Cette dernière sera considérée comme introduisant une exception par rapport à la règle générale qui, par ailleurs est maintenue.

Enfin, un nouveau problème s'est posé : celui de l'abrogation par désuétude. La question se pose de savoir si un texte, parce qu'il est demeuré inappliqué pendant un laps de temps assez long, peut être considéré comme abrogé. Par la réglementation interdisant de fumer dans un lieu public qui n'est pas respectée. Si, pendant très longtemps, les personnes fument dans ce lieu en toute impunité, peut-on croire que la réglementation est tombée en désuétude et qu'elle serait ainsi abrogée ?

La réponse de la jurisprudence à cette question est incontestablement négative[78] parce que, dans la hiérarchie des sources, la

---

76. L'exemple le plus cité est celui de la loi du 30 ventôse de l'An XII, dont l'article 7 a abrogé expressément l'ensemble des règles en vigueur dans l'Ancien Droit, tout au moins pour les domaines que réglementait le Code civil.

77. Les décisions jurisprudentielles viennent alors à l'aide du commentateur pour déterminer la mesure de cette abrogation. Dans ce domaine, voir un important arrêt de la Chambre criminelle de la Cour de cassation (Crim. 12 mai 1960, *JCP* 60.II.765, note R. Rodière), qui considère que l'abrogation tacite ne concerne que les dispositions « inconciliables » du texte antérieur et du nouveau texte. L'abrogation tacite constituant l'exception doit ainsi être interprétée de façon stricte.

78. Un arrêt de la Chambre criminelle de la Cour de cassation rendu en 1923 (Crim. 17 janvier 1923, DP 23.I.49), a fait application d'un Edit de 1776 qui faisait obligation aux boulangers d'exercer leur profession.

(Suite note page suivante)

coutume est une source inférieure à la loi, source écrite par excellence. Or, la désuétude est la formation même d'une coutume contraire aux prévisions de la loi, une coutume *contra legem*[79]. Ayant pour origine une source inférieure, la coutume ne peut aller à l'encontre de la loi, elle doit lui céder le pas. La désuétude n'a donc pas d'existence légale.

L'essentiel de ce qui peut être dit sur l'entrée en vigueur et l'abrogation concerne le moment précis de l'existence et de la fin d'un texte.

Il faut nous intéresser maintenant à un autre problème dans le domaine des relations du temps et du droit : le conflit de lois dans le temps.

b. Conflit de lois dans le temps[80]

• Les données du problème :

Nous venons de voir qu'en raison des changements de mœurs dans une société, il était impossible que la loi restât invariable. La loi évolue avec la société. Ces changements législatifs ont-ils une influence sur des situations juridiques ? Plusieurs hypothèses sont envisageables :

– les situations nées et ayant épuisé leurs effets sous l'égide de la loi ancienne ;

– les situations nées après l'entrée en vigueur de la nouvelle loi ;

– les situations nées sous l'égide de la loi ancienne et dont les effets se poursuivent après l'entrée en vigueur de la loi nouvelle[81].

Dans de telles hypothèses, les juristes se demandent quelle loi, de la loi nouvelle ou de la loi ancienne, doit s'appliquer.

Les enjeux sont simples à comprendre, mais la réponse reste difficile à apporter.

La Chambre criminelle a également rendu un arrêt de principe en la matière, le 12 mai 1960 (cité *supra,* note précédente), par lequel elle décidait que « les lois et règlements ne peuvent tomber en désuétude par suite d'une tolérance plus ou moins prolongée et ne peuvent être abrogés que par des dispositions supprimant expressément celles en vigueur, ou inconciliables avec elles ».

79. La question des coutumes *contra legem* sera étudiée, *infra* p. 112.

80. F. Terré, n° 436 et s. ; Ghestin, Goubeaux et Fabre-Magnan, n° 355 et s. ; J. Cl. Civil ; Fasc. 20.

81. Une loi du 5 juillet 1974 a abaissé l'âge de la majorité de 21 à 18 ans. La question est de savoir si cette loi doit s'appliquer aux personnes nées avant sa date d'entrée en vigueur ou bien si elle concerne seulement les enfants nés postérieurement.
Une loi du 5 juillet 1985 (dite loi Badinter) institue un nouveau régime pour la responsabilité civile en cas d'accident de la circulation dans lequel est impliqué un véhicule terrestre à moteur. Ce régime concerne-t-il uniquement les accidents survenus après l'entrée en vigueur de la nouvelle loi ou bien peut-il également être utilisé par les victimes d'accidents de la circulation intervenus plusieurs années auparavant ?

En effet, nous nous trouvons face à une multitude de considérations, chacune ayant sa valeur et dont il faut tenir compte dans la solution du conflit de lois dans le temps.

La première considération est celle de la rétroactivité ou de la non rétroactivité de la loi nouvelle. L'homme n'a pas d'emprise sur le temps qui passe. Il serait trop inéquitable de vouloir appliquer la loi nouvelle aux événements intervenus avant la date d'entrée en vigueur de la loi. Comment peut-on exiger des personnes de se comporter selon une certaine règle avant même que cette règle n'existe et à une époque où, par définition, elles n'en avaient pas connaissance ?

Privilégier l'application de la loi nouvelle présente des avantages incontestables. Le premier avantage en est l'homogénéité. Toutes les situations existantes à un certain moment sur l'ensemble du territoire français se trouvent, dans un tel cas, soumises à la même règle de droit, ce qui n'est que justice. De plus, l'application immédiate de la loi nouvelle ne peut être que souhaitée puisque, par définition, la loi nouvelle est supposée être meilleure, plus adaptée à la société qu'elle est appelée à régir, bref en progrès par rapport à la loi ancienne[82]. Cependant ces deux avantages ne doivent pas masquer une autre réalité : si l'évolution législative devait éternellement remettre en cause les situations bien établies, la stabilité juridique n'existerait plus et la sécurité des particuliers pourraient être remise en question suite à un changement trop brutal des lois existantes.

Ainsi, le maintien et la survie de la loi ancienne apportent dans certains cas une certaine sécurité, notamment pour les transactions. On parle alors de droit acquis.

Voici la problématique posée. Il faut maintenant s'interroger sur les réponses du droit positif.

• La solution du conflit de lois dans le temps :

Il n'existe que deux articles, l'un du Code civil et l'autre du Code pénal, qui donnent de façon laconique la solution du conflit de lois dans le temps. L'article 2 du Code civil, qui constitue le texte de référence en la matière, énonce : « La loi ne dispose que pour l'avenir ; elle n'a point d'effet rétroactif ».

82. Cette affirmation est toutefois contestée par certains auteurs qui pensent qu'une société ne vit que par sa cohérence et sa permanence et que la discontinuité de la loi est un mal en soi. La loi, selon ces auteurs doit être aussi « éternelle » que possible. V., en ce sens, G. Ripert, *Le déclin du droit,* LGDJ, 1949, spéc. P. 154 et l'examen critique de H. Batiffol, « Le dépassement du droit », *Arch. Philo. Droit,* 1963, p. 43 et s.

L'article 4 du Code pénal fait écho à ce texte en disposant : « Nulle contravention, nul délit, nul crime ne peuvent être punis de peines qui n'étaient pas prononcées par la loi, avant qu'ils fussent commis »[83].

De ces deux textes se déduisent deux principes qui constituent les fondements de la solution : le principe de la non-rétroactivité des lois et celui de l'effet immédiat de la loi nouvelle.

• *La non-rétroactivité des lois*[84] :

La loi ne dispose que pour l'avenir. Elle ne peut régir des faits qui se sont déroulés antérieurement à son entrée en vigueur. La justification est celle dont nous venons de parler : les citoyens ne peuvent se déterminer dans leur comportement que par rapport à un certain état de droit. Leurs faits et gestes s'étant régulièrement accomplis à une certaine époque, il serait totalement injuste de pouvoir revenir dessus afin de les remettre en cause *a posteriori*.

Si la justification de ce principe ne pose pas de problème particulier, il en est tout autrement des exceptions qu'il connaît.

La première exception tient, à vrai dire, à la valeur même de ce principe. En effet, le principe de la non-rétroactivité n'a pas une valeur constitutionnelle en droit civil sauf en matière pénale[85]. Autrement dit, le législateur lui-même n'est pas tenu au respect de ce principe sauf lorsqu'il édicte des dispositions d'ordre pénal[86].

Parfois, le législateur déclare expressément la loi rétroactive[87]. En dehors de ce cas, la rétroactivité ne se présume pas. Toute loi ne prévoyant pas expressément son caractère rétroactif est considérée comme non-rétroactive.

En dehors de cette hypothèse, il existe un certain nombre de cas où les lois sont rétroactives « par nature ».

---

83. Le Nouveau Code pénal dispose dans son article 2-1 : « Sont seuls constitutifs d'une infraction les faits punissables à la date à laquelle ils ont été commis. Peuvent seules être prononcées, les peines légalement applicables à cette date ».
84. V. Civ. 1re, 29 fév. 1960, *D.*1960.429 ; civ. 2e, 28 mai 1990, *Bull.*II, n° 116.
85. Pour la non-rétroactivité des lois modifiant les règles de prescription, v. Crim. 28 fév. 1995, *D.*1996.238, note J. Castaignière.
86. Crim. 8 mars 1993, *JCP.*1994.II.22223, note Panier.
87. Ce genre de dispositions rétroactives concernent généralement des situations exceptionnelles : révolutions, guerres, situations économiques difficiles, etc. Par exemple, un décret du 17 Ventôse An II (6 janvier 1794), modifia, avec effet rétroactif au 14 juillet 1789, la dévolution des successions pour l'adapter aux conceptions politiques des révolutionnaires, et cela depuis le 14 juillet 1789, alors même qu'elles avaient déjà été partagées. Un autre décret du 27 septembre 1914 déclara nuls tous les actes et contrats intervenus entre les Français et les Allemands depuis le 4 août 1914.

Il s'agit d'abord de ce qu'il est convenu d'appeler les lois *interprétatives,* dont l'objet est de clarifier ou de préciser la portée ou la signification d'une disposition ancienne[88]. On considère que la loi interprétative fait corps avec la loi qu'elle vient interpréter et que, par suite, sa date d'entrée en vigueur rétroagit au jour de l'entrée en vigueur de la loi ancienne. La jurisprudence se sent liée par la qualification de « loi interprétative » donnée par le législateur. En qualifiant une loi d'interprétative « le législateur a nécessairement donné un caractère rétroactif à [la] disposition »[89].

Les *lois pénales plus douces* sont également considérées comme ayant un caractère rétroactif par nature[90].

Les règlements ne peuvent en aucun cas être rétroactifs puisque si le principe de non-rétroactivité ne s'applique pas au législateur, il est de rigueur s'agissant du pouvoir réglementaire[91].

• *L'effet immédiat de la loi nouvelle :*

En pratique, le problème de l'effet immédiat de la loi nouvelle ne se pose pas pour des faits ou événements intervenus de façon ponctuelle dans le temps. En effet, pour de tels événements comme par exemple l'acquisition ou l'extinction d'un droit, la loi applicable est celle qui est en vigueur à l'époque de la réalisation de l'événement[92]. Un tel problème surgit lorsque les faits, ou plutôt des situations juridiques, perdurent. La difficulté essentielle apparaît lorsqu'une situation juridique a débuté sous l'empire de l'ancienne loi et qu'elle continue ses effets sous celle de la loi nouvelle. Deux hypothèses sont alors possibles pour régler une telle situation : l'effet immédiat de la loi nouvelle ou la survie de la loi ancienne.

On parle de survie de la loi ancienne lorsque celle-ci continue à régir des faits se déroulant après l'entrée en vigueur de la loi nouvelle.

L'article 2 du Code civil choisit comme principe l'application immédiate de la loi nouvelle, sous réserve de certaines exceptions.

Ces exceptions concernent essentiellement les situations contractuelles. Dans cette matière, le principe change radicalement :

---

88. La Cour de cassation a donné une définition de la loi interprétative dans les termes suivants : il s'agit d'une loi qui vient seulement « préciser et expliquer le sens obscur et contesté d'un texte déjà existant » (Cass. Soc. 20 mars 1956, *Bull. Civ.* IV, n° 224, p. 2).
89. V. en ce sens, Civ. 2e 18 janvier 1961, *Bull. Civ.* II, n° 52 ; Civ. 1re, 14 janv. 1997, *Bull.* I.
90. A la suite de l'abolition de la peine de mort et son remplacement par la peine de réclusion à perpétuité, toutes les infractions passibles de cette peine commises avant l'entrée en vigueur de la loi d'abolition ont été soumises à la loi nouvelle.
91. Com. 13 déc. 1994, *D.*1995.372.
92. Civ. 3e, 8 fév. 1989, *Bull.*III, n° 33.

est applicable à un contrat, même à exécution successive[93], la loi qui était en vigueur lors de sa conclusion. La règle est aisément compréhensible : si la loi nouvelle devait recevoir application, cela irait à l'encontre des *prévisions contractuelles* des parties en contrat[94].

Cette mise en exergue des prévisions contractuelles est aujourd'hui confrontée à l'appel que fait le législateur aux lois d'ordre public et à la théorie difficilement praticable des effets légaux des contrats.

Pour ce qui concerne les lois d'ordre public, la jurisprudence considère que cette catégorie de lois, par son caractère impératif, s'applique immédiatement aux contrats en cours.

La jurisprudence admet également que les effets spécialement attachés à un contrat par la loi bénéficient de l'effet immédiat de la loi nouvelle même si les autres effets du contrat restent sous l'empire de la loi ancienne[95]. Cette règle est d'une application pratique très difficile ; il est, en effet, souvent délicat de faire la différence entre les effets légaux des contrats et ceux qui résultent de la volonté des parties.

Enfin, en dehors du domaine des contrats, la jurisprudence admet exceptionnellement une certaine survie de la loi ancienne en se fondant sur la théorie des droits acquis. Lorsqu'une personne dispose d'un droit acquis, c'est-à-dire d'un droit qui est valablement entré dans son patrimoine sous l'empire de la loi ancienne, elle peut encore s'en prévaloir sous l'empire de la loi nouvelle. La loi ancienne survit pour consacrer ce droit acquis[96].

---

93. Le contrat à exécutions successives est un contrat qui se renouvelle périodiquement tel le bail, le prêt, etc.

94. La notion de prévision contractuelle est d'une importance capitale car elle permet de préserver la sécurité juridique des parties. Comme dit un auteur : « Le contrat échappe [...], en principe, aux changements de législation ; il constitue dans l'océan d'instabilité contemporaine, un ilôt de stabilité, qui permet d'assurer les prévisions contractuelles » (Malaurie, *Droit civil, Introduction générale,* n° 652). Cf. Com. 15 juin 1962, *Bull.* II, n° 313.

95. V. notamment la jurisprudence sur le privilège du maintien dans les lieux accordé par la loi du 1er sept. 1948 : Soc. 31 janvier 1958, *Bull. Civ.* IV, n° 175 qui considère que « le droit au maintien issu de la loi elle-même pouvant être à tout moment modifié ou supprimé par une loi nouvelle sans que l'occupant puisse se prévaloir d'un droit définitivement acquis ».

96. L'exemple nous est fourni par l'arrêt de la chambre civile de la Cour de cassation du 20 février 1917 (*Gabrielle Dominicié, DP,* 1917.I.81, note L. Sarrut.) La théorie des droits acquis a été fortement critiquée et c'est ce qui explique son application très exceptionnelle. On lui reproche essentiellement son caractère indéfinissable : comment, en effet, peut-on distinguer droit acquis et simple expectative ? La notion reste toutefois très utilisée en droit du travail sous la formule des « avantages acquis ».

SOUS-SECTION 2
LES SOURCES NON ÉCRITES

La loi et le règlement, les sources écrites, sont considérés comme les sources primordiales du droit français. Cependant, aujourd'hui, le culte de la loi n'est plus aussi présent dans les esprits et les sources non écrites peuvent prétendre occuper une place de choix parmi les sources du droit français.

Parmi ces sources non écrites, deux sont actuellement presque incontestées : il s'agit de la jurisprudence et de la coutume. Une troisième, la doctrine, est plus regardée comme une source d'interprétation de la règle de droit. Nous les étudierons successivement.

§1
LA JURISPRUDENCE

La jurisprudence désigne « l'ensemble de décisions judiciaires d'où se dégage une règle de droit parce qu'elles ont été constamment rendues dans le même sens sur les mêmes questions »[97].

A. La formation de la jurisprudence

1. Le processus de formation

Le processus de formation de la jurisprudence est dépendant d'un certain nombre d'éléments : l'existence de décisions judiciaires, la répétition d'une solution particulière donnée à un problème de droit défini et l'élément hiérarchique.

a. L'existence de décisions judiciaires :

La décision de justice reçoit des noms différents selon qu'elle est rendue par un tribunal, par une Cour d'appel ou par la Cour de cassation. Dans le premier cas, on parle d'un *jugement* ; dans les deuxième et troisième cas, on parle d'un *arrêt.*

Toute décision judiciaire se divise généralement en deux parties essentielles : les *motifs* dans lesquels le juge expose son raisonnement et le *dispositif* qui contient la solution concrète donnée aux prétentions du demandeur et du défendeur.

---

97. Cette définition est extraite de Malaurie, *Introduction générale,* n°840. Voir pour d'autres décisions, Carbonnier, *Introduction,* n° 142 et Bach, *Droit civil,* tome 1, p. 58.

Pour la formation de la jurisprudence, ce sont, bien entendu, les motifs et plus précisément les motifs de droit[98], qui tiennent la première place : c'est en effet, par les motifs que le juge explique sa façon d'interpréter le texte de loi qui lui est soumis.

b. La répétition

On admet très exceptionnellement qu'une seule décision judiciaire puisse être créatrice d'une jurisprudence. L'élément de répétition est donc une composante essentielle de la jurisprudence : la jurisprudence se fait avec le temps. Le Doyen Carbonnier dit à ce sujet que « la jurisprudence est, pour l'ordinaire, un agrégat d'arrêts traversé d'une intention »[99].

L'élaboration d'une jurisprudence suppose que les décisions judiciaires en cause soient toutes intervenues sur la même question de droit. La portée de certains arrêts peut néanmoins être très importante et s'étendre largement au-delà de la seule question posée dans l'affaire tranchée, lorsque l'attendu prend l'allure d'une solution générale de principe.

c. L'élément hiérarchique

Le poids et l'importance d'une décision judiciaire dépendent de la place hiérarchique de la juridiction qui l'a rendue.

Le premier rang est occupé par la Cour de cassation et le Conseil d'État dont le rôle essentiel est d'unifier la jurisprudence française, de contrôler l'activité des juges du fond et d'émettre des avis. Ce faisant, ils effectuent également une interprétation unique du texte de la loi. On parle de la fonction régulatrice de la Cour de cassation (ou du Conseil d'État).

Il arrive également qu'une jurisprudence se forme à la suite d'un arrêt de la Cour d'appel ou d'un jugement de Tribunal de grande instance ou de Tribunal d'instance. Le fait est déjà plus rare.

Cet élément hiérarchique doit, en tout cas, être conjugué avec l'élément de motivation dont nous avons parlé ci-dessus. Plus un arrêt explicite avec précision les raisons pour lesquelles il a choisi telle solution, plus il contribuera à la formation de la jurisprudence, car de cette manière, il permet aux autres juges de suivre le raisonnement du premier juge. La portée de l'arrêt en sera d'autant plus grande.

---

98. Par opposition aux motifs de fait qui ne font qu'exposer les éléments de fait de la situation litigieuse qui est soumise au juge. Par exemple, la vitesse de la voiture ou la position du piéton sur la chaussée lors d'un accident de la circulation.
99. *Op. cit.*, n°142, p. 270.

2. L'apport de la jurisprudence

Le rôle du juge va au-delà de la simple application mécanique de la règle de droit au litige qui lui est soumis. Le juge effectue plusieurs opérations avant de déterminer la solution du litige. Dans un premier temps, le juge extrait les faits nécessaires à la détermination de la solution du litige. Il lui appartient ensuite de bien préciser la prétention des parties, prétention qui n'est pas toujours bien formulée. A ce stade seulement, le litige peut être considéré en l'état pour être jugé. Le magistrat devra alors sélectionner parmi toutes les règles de droit dont il dispose celles qui sont applicables au litige. Cette opération constitue l'opération de qualification qui consiste à faire rentrer le litige dans une catégorie juridique appropriée, lui permettant ainsi d'en déduire le régime juridique applicable.

L'application de la loi ou du règlement, suppose également que le juge les interprète afin de les adapter à chaque cas. Cette opération ne se déroule pas toujours sans difficultés, en raison du caractère obscur de certains textes. En outre, certaines situations ne sont pas prévues par la loi ou le règlement. Or, le juge est obligé de trancher le litige sous peine de déni de justice[100].

Le juge a ainsi certaines opportunités pour faire œuvre créatrice. Peut-on pour autant parler d'une source de droit au même titre que les lois et les règlements ?

B. La valeur de la jurisprudence

Face aux personnes qui considèrent que la jurisprudence est une source du droit[101], des auteurs défendent la thèse selon laquelle il s'agit d'une simple autorité[102].

Le juge est l'organe qui permet de trancher les litiges, conformément aux règles qui leur sont applicables, lorsqu'ils sont nés.

Si l'on s'en tient à cette définition, le juge ne peut pas être considéré comme jouant un rôle créateur du droit.

100. C'est l'article 4 du Code civil qui sanctionne ce cas : « Le juge qui refusera de juger, sous réserve du silence, de l'obscurité ou de l'insuffisance de la loi, pourra être poursuivi comme coupable de déni de justice ».

101. Il s'agit là de la position majoritaire de la doctrine, défendue notamment par Malaurie, *Introduction,* n° 870 et s. ; Terré, n° 227 et s. ; Bach, *Introduction,* Tome 1, p. 59 et s. ; Ghestin et Goubeaux, n° 438 ; ainsi que d'autres auteurs. Selon ces derniers, il existe même un droit jurisprudentiel.

102. Ces auteurs sont minoritaires. L'on peut parler de Jean Carbonnier, n° 144 ; de Jean-Luc Aubert, n° 172 ; certains auteurs sont favorables à la reconnaissance d'une « valeur *infra* législative et *supra* décrétale à la jurisprudence », v. en ce sens, R. Chapus, *Droit Administratif,* Tome 1 (5e éd., 1990).

Cette affirmation est renforcée par deux principes fondamentaux, à savoir l'autorité relative de la chose jugée et l'interdiction des arrêts de règlement.

Les jugements et arrêts ont une autorité relative de la chose jugée : le premier principe veut que la décision judiciaire ne s'impose qu'entre les parties ayant pris part au procès, pour l'objet et la cause particuliers de celui-ci[103].

Le second principe, qui résulte de l'article 5 du Code civil, prohibe les arrêts de règlement. Ces derniers comportaient un certain nombre de principes généraux « découverts » ou posés par le juge qui avaient juridiquement force de loi et qui s'imposaient légalement aux juridictions du ressort du Parlement en question[104].

Le pouvoir judiciaire est ainsi limité à l'édiction de la solution du litige. Il ne peut dire à l'avance qu'il statuera dans un sens identique pour les espèces semblables qui lui seraient soumises.

Dès lors, en raison de ces deux principes qui font qu'aucun juge n'est tenu de se conformer aux solutions de droit affirmées dans une espèce différente, on peut se demander comment il serait en mesure de donner naissance à des règles générales et abstraites, autrement dit comment la jurisprudence pourrait fonctionner comme source du droit ?

Comme le constate un auteur : « D'une part, le juge résout un litige [et] c'est à cette situation concrète que répond l'autorité de la chose jugée. D'autre part, à cette occasion, il précise la règle légale en disant le droit *(jurisdictio)* ; c'est seulement en ce sens qu'une décision peut faire jurisprudence et devenir source de droit »[105].

Pour cette dernière raison, la jurisprudence doit être considérée comme ayant une valeur normative. En effet, si le juge (entendre surtout la Cour de cassation) ne peut pas rendre d'arrêt de règlement, il peut rendre des *arrêts de principe* dont l'objectif est de poser une solution d'ordre général, ce que l'on appelle parfois des principes

103. Ce principe figure aujourd'hui à l'article 1351 du Code civil.
104. Dans l'Ancien Régime, les Parlements avaient pris l'habitude de rendre des décisions par voie de disposition générale et réglementaire. Ils énonçaient de véritables règles générales pour les litiges à venir, en déterminant le comportement qu'ils adopteraient si un litige leur était soumis dans le même domaine à l'avenir. C'est cette pratique, qui faisait du juge un véritable législateur, qui a été interdite par l'article 5 du Code civil.
Nous voyons que de telles dispositions générales posent beaucoup moins de problèmes dans les pays de *Common Law* (Grande Bretagne, États-Unis notamment) où les juges disposent d'un pouvoir plus étendu grâce à la théorie du *précédent.* Ce texte dispose qu'il est « défendu aux juges de se prononcer par voie de disposition générale et réglementaire sur les causes qui leur sont soumises »
105. Malaurie, *op. cit.,* n° 858.

généraux de solution. Certes, sa décision ne s'impose pas aux autres juridictions mais, dans les faits, elle est suivie parce qu'elle émane de la plus haute juridiction de l'ordre judiciaire et qu'elle se fonde sur une argumentation construite et explicite.

C'est là le caractère particulier de la « norme judiciaire ». Celle-ci ne s'impose pas juridiquement aux cours et tribunaux, mais elle est suivie grâce à une certaine idée que se font les juges de la hiérarchie. Le rôle de la jurisprudence devient ainsi plus sociologique que juridique, mais elle constitue incontestablement une source autonome de la règle de droit. Ce pouvoir créateur est d'ailleurs tellement important qu'en cas de *revirement,* c'est-à-dire de changement radical de la position de la Cour de cassation sur un point de droit, celui-ci est généralement suivi par les juridictions du fond.

Cela dit, le caractère non écrit, parfois imprécis, mal connu et changeant de la jurisprudence en fait une source de droit à manier avec précaution, surtout lorsqu'il existe des divergences au sein même du corps judiciaire[106].

§2

LA COUTUME

La formation de la coutume se fait avec le temps. Ce sont des règles non-écrites par excellence qui trouvent leur racine dans la tradition. C'est cette même tradition qui leur confère leur autorité.

Il convient d'abord d'étudier les éléments constitutifs de la coutume, puis de s'attacher à son rôle dans le droit positif actuel français.

A. Les éléments constitutifs de la coutume

La coutume est, à la base, un usage qui a des particularités. Deux éléments caractérisent le passage d'un usage à une coutume, celle-ci seule ayant une force obligatoire : l'élément matériel et l'élément psychologique.

106. Ces divergences peuvent même exister au sein des différentes chambres de la Cour de cassation ; v. à ce sujet, les divergences entre la chambre criminelle et les chambres civiles de la Cour de cassation sur la question du pouvoir du juge quant à l'interprétation des traités, *supra,* p. 84. Cette divergence existe dans beaucoup d'autres domaines et n'est pas souhaitable.

1. L'élément matériel de la coutume

L'élément matériel de la coutume est constitué par la répétition continue et non contrariée d'un acte ou d'un fait. Pour qu'il y ait coutume, il faut que l'usage soit *durable*[107].

Le caractère non contrarié de cet usage est important car c'est dans la constance qu'une coutume naît.

On ajoute généralement deux autres conditions pour compléter les éléments matériels de la coutume : l'usage doit être *notoire,* donc connu de toutes les personnes qu'il intéresse, et *général,* autrement dit appliqué par des personnes que l'on peut déterminer au moyen d'un critère objectif[108].

Une fois les éléments matériels réunis, l'usage est potentiellement susceptible de devenir une coutume ; mais pour cela, il faut encore un élément psychologique.

2. L'élément psychologique de la coutume

On peut dire que ce second élément relève de la psychologie collective : il s'agit du sentiment existant chez les personnes qui appliquent la coutume du caractère obligatoire de la règle coutumière[109].

Un exemple permettra de mieux comprendre l'élément psychologique de la coutume : il est de coutume pour la femme mariée de porter le nom de son mari. Or, les femmes mariées en portant le nom de leur mari ont la conviction d'exercer un droit qui est le leur et si jamais, à l'occasion d'un litige avec leur mari, celui-ci voulait lui interdire l'usage de ce nom, elles peuvent demander au juge que ce droit leur soit judiciairement reconnu sous peine de sanctions juridiques. L'élément psychologique existe bel et bien : les sujets du droit (le mari et la femme, en l'occurrence) sont conscients du caractère sanctionné de la règle coutumière.

En revanche, la règle de politesse qui consiste pour les messieurs à laisser, par galanterie, le passage aux dames, n'est pas une coutume au sens juridique du terme. En effet, si les messieurs perpétuent cet

---

107. On dit également que l'usage est ancien.
108. L'usage peut être tout à fait général, autrement dit appliqué par tout le monde. Il peut également être limité géographiquement, applicable dans une région, dans une ville, dans une institution etc. ; il peut enfin concerner une catégorie spécifique de personnes au sein d'un groupement plus grand, par exemple, les femmes, les gens ayant en dessous d'un certain âge, certains salariés, etc.
109. En latin, *opinio juris vel necessitatis.* V. à ce sujet Bach, *op. cit.,* p. 54 et s.

usage, c'est par pur esprit de bienveillance et non contraints par la menace d'une sanction juridique.

L'élément psychologique est ainsi celui qui « transforme » un simple usage en une coutume source du droit.

B. Le rôle de la coutume

En France, notre système juridique est fondé sur la prééminence de la source écrite. Dans une telle conception, la source non-écrite qu'est la coutume ne peut avoir qu'un rôle de second plan.

Il n'est pas étonnant que la question du rôle de la coutume se pose surtout à propos des relations qu'elle entretient avec les sources écrites. On se demande surtout quelle est la place de la coutume dans cette hiérarchie et quelle est la fonction de la coutume par référence aux textes écrits.

La réponse à ces deux questions doit être inversée : si la coutume peut servir à interpréter ou même à combler les lacunes de la loi et du règlement, elle peut difficilement les contredire en raison de sa place dans la hiérarchie des sources.

1. La coutume, outil d'interprétation et palliatif aux lacunes des sources écrites

La loi, mais surtout le Code civil, se réfèrent ou font référence à des notions que le texte de la loi ne définit pas, ou, tout au moins, définit de façon très imprécise. Il est alors admis que la coutume, dans sa fonction d'outil d'interprétation, permet de contribuer à la définition de ces notions.

L'exemple le plus cité en la matière est la notion de bon père de famille, qui est utilisée par plusieurs articles du Code civil et qui ne fait l'objet d'aucune définition. Pour cette notion, le comportement d'un bon père de famille sera déterminé par rapport à la coutume de l'endroit où les faits se déroulent[110].

Mais la coutume peut également compléter l'œuvre législative et réglementaire, soit par un renvoi de la loi elle-même et on parle alors de coutume *secundum legem,* soit en vertu de son pouvoir autonome[111] : on parle de coutume *praeter legem.*

---

110. C'est par exemple, le cas de l'article 450 al. 2 du Code civil qui concerne le comportement du tuteur de l'enfant mineur.

111. V. Ch. Jamin, *Cours d'introduction au droit et au droit civil,* 1re année A.E.S.-Université de Paris-I (1992-1993), p. 223 et s. qui fait une distinction entre la règle de droit par délégation de la loi et la règle de droit autonome.

Dans le premier cas, le renvoi qui est fait à la coutume peut être un renvoi direct ou indirect.

En matière de propriété immobilière, la loi renvoie souvent aux usages locaux pour respecter la diversité géographique[112].

Ce renvoi peut s'effectuer également de façon indirecte. La matière est essentiellement contractuelle et il convient de se référer aux usages de la profession ou des parties. C'est ainsi que l'article 35 du Code civil dispose que « les conventions obligent non seulement à ce qui y est exprimé, mais encore à toutes les suites que l'équité, *l'usage* ou la loi donnent à l'obligation d'après sa nature »[113].

La coutume peut également être une source autonome de création de la règle de droit, en dehors même de tout renvoi effectué par les textes écrits[114].

Les coutumes *praeter legem* sont très nombreuses en matière commerciale[115].

2. *La coutume* **contra legem**

Nous avons déjà parlé de la coutume *contra legem* sans jamais la nommer, lorsque nous avons précisé que la loi ne tombe pas en désuétude par son absence d'application[116]. La question est ici similaire : une coutume peut-elle aller à l'encontre de la loi et du règlement ?

Dans un système de droit écrit, la réponse à une telle question est, en principe, négative. Elle résulte du principe de la suprématie de la loi et du règlement sur les coutumes. Autrement dit, en raison de son rang dans la hiérarchie des sources, la coutume doit toujours se soumettre

112. V. par exemple, les articles 663, 671 et 673 du Code civil ; v. pour un exemple jurisprudentiel faisant référence aux usages de la région parisienne, Civ. 3e, 14 février 1984, *GP*.1984.II.437.
En matière de bail, v. l'exemple de l'article 1736 du Code civil ; v. également l'article 107-4° de la loi du 25 janvier 1985 sur le redressement judiciaire des entreprises en matière de modes de paiement.

113. C'est en se fondant sur ce texte que le tribunal d'instance de Paris a décidé le 20 mai 1970 qu'il existe un usage conférant aux clients le droit à une ristourne en matière de dépôt de liste de mariage, alors même que le contrat ne le stipulerait pas (*JCP*.70.II.16396, note P.L.) ; prenant la suite de ce texte, l'article 60 du Code civil dispose que « l'on doit suppléer dans le contrat les clauses qui y sont d'usage, quoiqu'elles n'y soient pas exprimées ».

114. Portalis, l'un des rédacteurs du Code civil, dit lors des travaux préparatoires de ce Code : « A défaut d'un texte précis sur chaque matière, un usage constant et bien établi, une suite ininterrompue de décisions semblables, une opinion ou une maxime tiennent lieu de loi » (Fenêt, T. 1, p. 469).

115. L'exemple le plus frappant est celui des modalités du contrat vente qui sont souvent laissées à la pratique commerciale ; de même, v. sur le rôle du silence et des usages commerciaux dans le consentement au contrat, *J. Cl. Civ.*, Art. 1109, Fasc. 2-1, n° 60.

116. V. *Supra*, pp. 99 et 100.

aux textes écrits en cas de conflit. Toutefois, la jurisprudence consacre parfois des coutumes, surtout dans le domaine commercial, qui s'apparentent bel et bien à des coutumes *contra legem.*

Un exemple évident de cette affirmation concerne le principe de l'absence de présomption de la solidarité[117]. En droit civil, le Code dispose que la solidarité ne se présume pas. La jurisprudence considère, qu'en matière commerciale, la solidarité se présume en l'absence de convention contraire[118].

Bien que ces exemples puissent donner lieu à des interprétations différentes et qu'ils soient encore peu significatifs, il existe tout de même une tendance jurisprudentielle à admettre des coutumes *contra legem.*

§3
LA DOCTRINE

La doctrine est constituée par l'ensemble des opinions émises par les auteurs dans leurs ouvrages sur les différents problèmes de droit. Il ne s'agit pas là, à proprement parler, de source de droit, puisque les opinions des auteurs ne deviennent, ni directement ni indirectement des règles de droit[119].

Il convient d'analyser le contenu de la doctrine avant de voir son rôle.

• Le contenu de la doctrine :

Au regard de leur forme, ces opinions peuvent être émises dans les ouvrages sur le droit civil, les commentaires de textes de lois et de règlements, les cours de droit positif, les notes d'arrêt de jurisprudence et les chroniques écrites sur un sujet dans les revues juridiques spécialisées. Il existe, enfin, ce que l'on appelle des monographies, ouvrages consacrés à un point particulier du droit[120].

Au point de vue du fond, les auteurs approuvent ou critiquent les solutions adoptées par le législateur, l'autorité administrative ou la jurisprudence et, dans ce dernier cas, proposent leurs solutions. Les opinions de l'ensemble des auteurs sur un même point de droit ne sont pas toujours convergentes. C'est pourquoi l'on parle d'opinion majoritaire ou minoritaire de la doctrine.

---

117. La solidarité consiste pour deux ou plusieurs personnes tenues de la même dette de pouvoir être poursuivies, pour chacun, pour la totalité de la dette.
118. V. également en matière de capitalisation des intérêts, Req. 12 mars 1851, *DP*.51.I.290, qui écarte l'article 54 du Code civil en matière de convention de compte courant.
119. V. les chroniques citées *supra,* p. 26, note 35.
120. Font notamment partie des monographies, les thèses de doctorat.

• Le rôle de la doctrine :

Avec le Doyen Carbonnier, il faut admettre que la doctrine est une *autorité* en droit civil et non une source. En effet, la doctrine ne fait que proposer, sans prétendre créer d'une quelconque manière des règles de droit.

L'influence de la doctrine s'exerce, au premier chef, auprès des juges. La doctrine est l'inspiratrice des motivations judiciaires. Toutefois, *a priori,* les juges écoutent naturellement d'une oreille plus attentive la jurisprudence. Néanmoins, lorsque la jurisprudence est inexistante ou bien que le sens des décisions judiciaires sur un certain point de droit n'est pas clair, le juge se tourne vers la doctrine et y trouve une direction générale[121].

Ainsi, l'aboutissement du rôle de la doctrine est la formation d'une jurisprudence là où elle n'existe pas, ou bien la modification d'une certaine position de la jurisprudence là où la doctrine la critique.

La doctrine influence parfois le législateur ou le pouvoir réglementaire, lorsque ceux-ci la consultent avant ou pendant la mise en chantier d'un projet de texte devant être présenté devant le Parlement ou donner lieu à un règlement[122]. Cet aspect constitue peut-être l'intervention la plus palpable de la doctrine dans la formation pratique du droit[123].

Nous en terminons avec les sources du droit. Nous pouvons maintenant nous intéresser aux droits subjectifs.

---

121. Il existe même des cas où les choses vont beaucoup plus loin. La Cour de cassation s'est, en effet, parfois laissée enfermer dans une interprétation particulière de ses propres décisions par la doctrine en allant dans le sens indiqué par celle-ci. L'exemple frappant de cette influence quelque peu mal maîtrisée s'observe dans le domaine de la détermination de la loi applicable au contrat de travail : après avoir suivi l'interprétation donnée par un auteur dans le cadre d'une affaire en 1978 (affaire Royal Air Maroc commentée par Monsieur Antoine Lyon-Caen), la Cour de cassation a été confrontée aux conséquences imprévues de cette interprétation une dizaine d'années plus tard.

122. Mis à part les grands textes de ces dernières décennies, qui ont été établis en projet par les grands représentants de la doctrine (réforme du droit des régimes matrimoniaux en 1965, réforme du droit de la filiation en 1972, réforme du divorce en 1975 et enfin la toute récente réforme du droit de la famille par la loi du 8 janvier 1993), un exemple relativement récent de ce phénomène fut la mise sur pied de la commission pour la réforme du droit de la nationalité qui, non seulement regroupait un certain nombre de professeurs de droit, mais recueillait les opinions d'autres professeurs de droit dans la confection de ses propositions au gouvernement. La même politique est actuellement suivie en matière de bioéthique.

123. Pour un tableau complet et synthétique de la doctrine civiliste française depuis le Code civil et son évolution, v. Carbonnier, *op. cit.,* n° 152.

CHAPITRE 2

Les droits subjectifs

Les droits subjectifs sont les prérogatives dont disposent les sujets de droit. Ces prérogatives leur sont reconnues par les règles de droit (le droit objectif) qui en déterminent également la nature et l'étendue.

De cette définition, on déduit le nécessaire lien qui existe entre les règles de droit objectif et l'existence des droits subjectifs : ce dernier est « un pouvoir dont dispose telle ou telle personne et qui est garanti par l'État parce qu'il est conforme au droit objectif »[1].

Le droit subjectif a, ainsi, une supériorité par rapport aux autres pouvoirs de fait dont peut disposer une personne : si celle-ci est dépossédée d'un bien sur lequel elle a un droit subjectif, elle peut réclamer de l'État français, par l'intermédiaire de l'appareil judiciaire, qu'il fasse respecter son droit subjectif. Le pouvoir de fait, n'étant pas conforme au droit objectif, ne peut bénéficier de cette protection étatique.

L'étude des droits subjectifs sera beaucoup moins développée que celle du droit objectif. Il s'agit ici d'un simple aperçu dans la mesure où l'ensemble des éléments qui seront examinés ici vont être approfondis dans la partie concernant l'étude des biens[2].

Ce chapitre comporte deux sections consacrées respectivement à l'étude des différents types de droits subjectifs et à leur mise en œuvre, c'est-à-dire le délicat problème de la preuve des droits subjectifs.

1. Y. Buffelan-Lanore, *Introduction au droit civil,* Paris (1999), n° 50.
2. V. *Infra,* p. 195 et s.

SECTION 1
LA CLASSIFICATION DES DROITS SUBJECTIFS

Les droits subjectifs sont très nombreux. Dès qu'il s'établit un rapport juridique entre une personne et une chose, ce rapport est susceptible de devenir un droit subjectif[3].

Dans la mesure où le droit a horreur du chaos, il est indispensable de procéder à une classification afin de se faire une idée sur la matière.

Plusieurs types de classifications ont été proposées par la doctrine. Nous en retiendrons deux pour nos développements :

– La classification liée à la notion de patrimoine
– La distinction entre les droits réels et personnels

§1
LA CLASSIFICATION LIÉE À LA NOTION DE PATRIMOINE

Il convient de définir la notion de patrimoine avant de s'interroger sur la classification qu'elle engendre.

A. La notion de patrimoine

Le patrimoine désigne « l'ensemble des biens et des obligations d'une personne, envisagé comme formant une universalité de droit, c'est-à-dire un tout, une unité juridique »[4].

Ainsi défini, le patrimoine doit être considéré comme ayant deux facettes : un actif et un passif.

L'actif du patrimoine est composé de l'ensemble des biens et droits dont dispose la personne[5]. Pour pouvoir faire partie du patrimoine, l'actif doit être *pécuniaire,* appréciable en argent.

Le passif du patrimoine est composé de l'ensemble des dettes de la personne.

L'élément essentiel qui réunit le passif et l'actif et qui autorise l'expression d'universalité, consiste dans le fait que l'actif d'un patrimoine *répond* de son passif[6]. Les créanciers d'une personne

---

3. F. Terré, n° 331 et s.
4. Carbonnier, *op. cit.,* n° 166 ; v. également, A. Seriaux, *La notion juridique du patrimoine, RTDC.*1994.801.
5. La notion de bien sera définie plus précisément dans la troisième partie de cet ouvrage : v. *infra,* p. 195 et s.
6. Ce principe est posé par les articles 2092 et 2093 du Code civil. Pour approfondir cette notion, v. Ginossar, *Droit réel, propriété et créance, élaboration d'un système rationnel des droits patrimoniaux,* LGDJ, 1960.

peuvent ainsi se faire payer sur l'ensemble de ses actifs, pourvu que cet ensemble suffise à les désintéresser.

Lorsque l'actif et le passif d'un patrimoine sont nuls, le patrimoine ne disparaît pas pour autant. Cette universalité de droits est distincte des biens et obligations qui la composent. Le patrimoine est un contenant, ce n'est pas parce que le contenant est vide qu'il cesse d'exister.

De plus, le patrimoine est une universalité évolutive. Ainsi, il s'étend aux biens futurs que la personne acquerra et il se « vide » des biens qu'elle cède ou vend.

Dans le patrimoine, il y a généralement remplacement d'un bien par un autre[7], mais cela n'est pas une obligation dans la mesure où la personne peut recevoir un cadeau ou en faire. Elle peut perdre des objets ou en acquérir sans contrepartie. Dans toutes les hypothèses de ce genre, le patrimoine s'enrichit ou s'appauvrit.

La théorie classique considère que toutes les caractéristiques du patrimoine lui viennent du fait qu'il est une *émanation* de la personnalité. Autrement dit, le patrimoine est attaché à l'existence même de l'être humain. La doctrine en déduit un certain nombre de conséquences qui sont les suivantes :

– seules les personnes sont susceptibles d'avoir un patrimoine ;
– toute personne physique et morale a un patrimoine du seul fait de son existence[8], mais toute personne n'a qu'un seul patrimoine (principe de l'unité du patrimoine)[9] ;
– le patrimoine est inséparable de la personne : le patrimoine n'est pas aliénable tant que vit la personne. Il sera transmis à cause de mort, lorsque la personne n'est plus.

7. Exemple : une chose est achetée, elle intègre le patrimoine ; le prix de cette chose est payée : l'argent quitte le patrimoine. La chose a remplacé dans le patrimoine de la personne, l'argent qui s'y trouvait et qui a été dépensé.

8. Sur la distinction entre les personnes physiques et morales, v. *infra*, p. 139 et s.

9. Le principe de l'unité de patrimoine a été quelque peu malmené par les dernières évolutions en matière de droit des sociétés et des fondations. V. l'institution par la loi du 11 juillet 1985 de l'entreprise unipersonnelle à responsabilité limitée qui consacre la notion de patrimoine d'affectation, selon laquelle une personne peut affecter une partie de ses biens à l'exploitation d'une activité commerciale, de sorte que l'autre partie de son patrimoine, ne sera pas accessible à ses créanciers professionnels (art. 1832 al. 2 du Code civil). Pour plus de détails, v. *infra*, p. 190 ; v. également, J.P. Vershave, *Essai sur le principe de l'unité du patrimoine,* Th. Lille, 1985 ; pour un exemple jurisprudentiel, v. Com. 22 juin 1993, *RTDC.*1994.588, note Zénati. Dans le même ordre d'idée, v. la « Fondation du patrimoine » instituée par la loi n° 96-590 du 2 juillet 1996, JO du 3 juillet 1996, p. 10 002 qui peut recevoir en son sein des fondations « filiales » sans personnalité morale. La doctrine est divisée sur le point de savoir s'il s'agit là de véritables « patrimoines dans patrimoine » (v. T. Revet, RTD Civ. 1996, p. 999).

La notion de patrimoine ainsi définie nous permet de procéder à la distinction entre les droits patrimoniaux et les droits extra-patrimoniaux.

B. La classification en droits patrimoniaux et extra-patrimoniaux

Une fois la définition du patrimoine clarifiée, cette distinction vient tout à fait naturellement.

Il y a d'abord les droits pécuniaires, appréciables en argent. On les appelle les droits *patrimoniaux.*

Il y a ensuite les droits subjectifs qui ne sont pas appréciables en argent et qui, à ce titre, ne rentrent pas dans le patrimoine. Ils sont hors du patrimoine, on parle de droits *extra-patrimoniaux.*

Quelques exemples nous permettront de mieux saisir le sens de cette distinction.

Font partie des droits patrimoniaux, toutes les créances que la personne peut avoir contre des tiers, quels qu'ils soient. Ce droit s'exerce par les voies légales devant les tribunaux.

On range parmi les droits extra-patrimoniaux :

– les droits publics et politiques de l'individu (le droit de vote aux élections etc.) ;

– les droits attachés à la personnalité du titulaire : il s'agit de droits qui sont inhérents à la personne, et à ce titre, non appréciables en argent ; ce sont les différentes libertés, les droits moraux de la personne sur l'œuvre qu'elle crée[10], le droit au respect de sa vie privée, de son honneur, etc.

– les droits existant dans le domaine familial et qui découlent du mariage ou de la filiation et notamment les droits relevant de l'exercice de l'autorité parentale, les actions qui protègent l'état d'une personne etc.

Voici exposée la première distinction essentielle entre droits patrimoniaux et droits extra-patrimoniaux.

Nous allons maintenant nous intéresser à la distinction entre droit réel et droit personnel.

10. Ce qui constitue les droits moraux de la propriété littéraire et artistique de la personne sur son œuvre. Les autres droits de la personne sur son œuvre (reproduction, édition, diffusion etc.) sont susceptibles de cession et donc appréciables en argent.

§2

LA DISTINCTION ENTRE DROIT RÉEL ET DROIT PERSONNEL

La distinction entre les droits réels et les droits personnels concerne uniquement les droits patrimoniaux. Elle se fonde sur les rapports qu'entretient le sujet de droit avec son monde environnant, et plus précisément, sur les rapports de droit existant entre le sujet concerné et une chose ou une personne.

Nous étudierons cette distinction en détail lorsque nous aborderons la troisième partie de cet ouvrage consacrée au droit des biens. Pour l'heure, nous survolerons la matière afin d'acquérir quelques notions de base.

Le droit réel peut être défini comme le pouvoir juridique exercé directement sur une chose et permettant de retirer tout ou partie de ses utilités économiques[11].

Le droit personnel, ou droit de créance, est le droit d'une personne d'exiger d'une autre personne l'exécution d'une obligation, c'est-à-dire, l'accomplissement d'un certain service que la première personne est en droit d'attendre.

Plusieurs traits caractéristiques des deux types de droits s'opposent :

– Le droit réel, en tant qu'il porte sur une chose, est un droit opposable à tous[12]. En revanche, le droit personnel n'existe que dans les rapports entre deux personnes[13]. On oppose ainsi le caractère absolu du droit réel au caractère relatif du droit personnel.

– La distinction a pour premier corollaire que le titulaire d'un droit réel peut suivre la chose en quelques mains qu'elle se trouve. Ce *droit de suite* résulte directement du caractère absolu du droit. Il en est tout autrement pour le titulaire d'un droit personnel qui ne peut le réclamer qu'à son débiteur, c'est-à-dire à la personne avec laquelle il est directement entré en rapport juridique.

– Le titulaire d'un droit réel dispose également d'un *droit de préférence.* En effet, pouvant opposer son droit à toute personne, il peut également l'opposer à tout détenteur actuel de son bien. On dit qu'il sera préféré à tout autre créancier du détenteur. Rien de tel pour le droit personnel. Le titulaire reste en concours avec tous les autres créanciers et ne bénéficie d'aucune préférence.

---

11. Carbonnier, *op. cit.*, n° 164.
12. On dit opposable *erga omnes.*
13. On dit qu'il est opposable *inter partes.*

Les droits réels se subdivisent en droits réels principaux et accessoires. Les premiers tendent à une utilisation directe de la chose, du bien[14]. Les seconds existent pour garantir le paiement d'une dette de somme d'argent[15].

Toutes ces questions sont essentiellement du ressort du droit des biens et seront traitées en temps utile. Nous envisagerons à ce stade la question de la mise en œuvre des droits et le problème délicat de leur preuve.

SECTION 2
LA PREUVE DES DROITS SUBJECTIFS

Les droits subjectifs n'existent que par leur finalité. Cette finalité, qui fait partie de la nature même du droit subjectif, est que le pouvoir qu'accorde le droit subjectif doit être directement réalisable. Plus un droit subjectif est facilement réalisable, plus sa valeur en tant que droit est élevée[16].

La réalisation ou la mise en œuvre des droits subjectifs suppose, au préalable, que leur existence soit établie. C'est ce qu'on appelle faire la preuve de son droit. Rapporter la preuve de l'existence d'un droit, c'est le faire apparaître comme probable, c'est le rendre judiciairement et étatiquement susceptible de protection. Si j'ai un débiteur qui nie me devoir de l'argent, il faut bien que j'arrive à démontrer que ma créance existe et quel en est le montant.

La difficulté essentielle du droit de la preuve en France réside dans la dispersion des dispositions relatives à cette matière entre le Code civil et le Code de procédure civile. La conjugaison de ces deux sources peut susciter certaines difficultés[17].

A travers la question du droit de la preuve, deux problèmes essentiels se posent :

– l'objet et la charge de la preuve.

---

14. C'est le cas du droit de propriété, de l'usufruit et des servitudes. Ces droits feront l'objet d'une étude approfondie, *infra*, p. 195 et s.

15. L'hypothèque, le gage et les différentes formes de nantissement constituent les différents types de droits réels accessoires.

16. Pour une étude approfondie du droit de la preuve, v. Ghestin, Goubeaux et Fabre-Magnan, n° 627 et s. ; Terré, n° 478 et s. ; X. Lagarde, *Réflexions critiques sur le droit de la preuve,* LGDJ, 1994 ; Ph. Théry, *La finalité du droit de la preuve en droit privé, Droits.*1996.41.

17. Il s'agit des articles 1315 à 1369 du Code civil qui constituent pour l'essentiel des dispositions suffisamment générales pouvant s'appliquer à toute matière même s'ils concernent, d'après la lettre du Code, seulement les obligations. On parle du droit commun de la preuve. Le Code de procédure civile pose des principes généraux dans ses articles 9 à 11 et des règles précises concernant l'administration de la preuve dans les articles 132 à 322.

– l'administration de la preuve.

Nous allons les examiner successivement.

§1

OBJET ET CHARGE DE LA PREUVE

Il s'agit là de deux questions essentielles du droit de la preuve, deux questions que chaque plaideur se pose avant d'intenter une action devant les tribunaux : que doit-on prouver ? A qui incombe la charge de la preuve ?

A. L'objet de la preuve

L'objet de la preuve se limite aux seules *questions de fait.* C'est le principe de base en matière de droit de la preuve.

Mais qu'entend-on par questions de fait ?

On oppose généralement les questions de fait aux questions de droit. Par définition, les règles de droit ne peuvent être prouvées. Les parties n'ont pas à apporter la preuve des questions de droit que le juge est censé connaître[18].

Les questions de fait recouvrent les circonstances dans lesquelles l'affaire en cause s'est déroulée. Pour prendre un exemple trivial, supposons qu'une personne se plaigne devant un tribunal d'un dégât des eaux affectant sa maison et dont la source se trouve chez son voisin. Le plaignant doit établir la matérialité des faits, à savoir que sa maison a fait l'objet d'un dégât des eaux, que ce dégât a affecté telle ou telle partie du bâtiment, qu'à la suite de l'expertise et des devis qui ont été établis par les entrepreneurs, les préjudices subis sont évalués à une certaine somme, et que l'origine des dégâts se situe dans la maison voisine.

Toutes ces circonstances constituent des questions de fait qui doivent être prouvées. Si le plaignant veut pouvoir prétendre à une réparation du préjudice subi (dommages-intérêts).

Les questions de fait, une fois démontrées, sont soumises au droit : pour connaître la solution juridique de l'affaire, on applique aux questions de fait les règles de droit qui leur sont appropriées. Dans l'exemple ci-dessus mentionné, il s'agit des règles concernant la responsabilité civile et le droit des assurances.

---

18. Sauf s'agissant d'une règle coutumière : Soc. 2 juil. 1968, *Bull.*V, n° 349 ; AP 26 fév. 1988, *Bull. Civ. Ass. Plén.,* n° 2 ; *JCP.*1988.IV.1966 ; v. également pour la possibilité de recours au témoignage et aux présomptions pour établir l'existence d'un usage, Civ. 1re, 28 février 1995, *Def.* 1995, art. 36 145, p. 1 043, obs. D. Mazeaud.

Lorsque l'on parle des questions de fait (ou des éléments de fait), cette notion englobe également les éléments qui constituent la source du droit de la personne. Par exemple, lorsqu'une personne prétend qu'il a vendu un objet à une autre personne et que, en conséquence cette dernière lui doit une certaine somme, il doit rapporter la preuve de l'existence du contrat de vente dont il est question.

La preuve des *actes* et des *faits* juridiques doit être rapportée par les parties[19].

En règle générale, la partie qui a la charge de la preuve n'est pas obligée de rapporter la preuve de tous les éléments de fait qui entourent l'affaire. Il lui est fait obligation de faire la preuve des faits dont dépend la solution du litige. Seule la preuve des faits *pertinents* et *concluants* est exigée.

De plus, et par pur esprit pratique, les faits qui ne sont pas contestés ne doivent pas être prouvés. Ils sont considérés comme vrais puisque, dans le cas contraire, l'autre partie les aurait contestés[20].

B. La charge de la preuve

1. L'enjeu de la charge de la preuve

La question est d'une importance pratique et théorique de taille.

L'importance pratique tient au fait que la charge ou, comme il est convenu de l'appeler, « le fardeau » de la preuve est parfois difficile à porter. En effet, la personne à qui incombe la charge de la preuve peut être confrontée à une impossibilité de se procurer les éléments de preuve qu'exige le droit et ne sera pas en mesure d'établir sa prétention. Ainsi, en répartissant la charge de la preuve, le droit répartit également le risque de la preuve. Celui qui ne peut apporter la preuve de son droit ne peut en obtenir la protection judiciaire.

L'on comprend, dès lors, l'importance pratique de la question de la charge de la preuve. Mais elle est également théorique. En effet, la

19. Un acte juridique est un rapport juridique qui se forme à la suite de deux ou plusieurs manifestations de volonté. L'exemple le plus typique est le contrat. Un fait juridique est un événement qui se produit sans qu'il y ait une quelconque manifestation de volonté, par exemple un accident de la circulation. D'après la description qui vient d'en être donnée, l'acte juridique et le fait juridique constituent tous deux des questions de fait et doivent être prouvés devant le juge au même titre.

20. Les faits contestables doivent quand même être prouvés, même lorsqu'ils ne sont pas véritablement contestés par la partie adverse : cf. J. Devèze, *Contribution à l'étude de la charge de la preuve en matière civile,* Th. Toulouse, 1980.

question se pose de savoir s'il faut toujours mettre à la charge de l'une seule des parties le fardeau de la preuve. Ne pourrait-on pas penser qu'il serait normal que les deux parties concourent dans l'éclatement de la vérité et que le juge soit, en quelque sorte, l'intervenant impartial de cette « bataille »?

En droit français, le principe veut aujourd'hui que le juge n'intervienne pas dans la recherche des preuves. Il prend sa décision, exclusivement à partir des éléments de fait que lui présentent les parties. C'est le principe de la neutralité du juge qui est la manifestation de la procédure dite *accusatoire.*

Ce principe implique également que le juge ne puisse pas faire état de sa connaissance personnelle d'une affaire. En revanche, il peut prendre certaines initiatives, notamment pour ordonner des mesures d'instruction ou des expertises afin que soient rassemblés les éléments de preuve suffisants lui permettant de rendre son verdict.

Cependant, et par exception, dans certains domaines du droit français, l'initiative de la recherche des preuves revient au juge (procédure inquisitoire). La charge de la preuve ne pèse alors plus sur l'une ou l'autre partie : elle incombe à toutes les deux. Celles-ci doivent collaborer ensemble afin que l'intime conviction du juge sur les circonstances de l'affaire soit emportée.

La procédure inquisitoire a cours actuellement en matière pénale et, sous une forme particulière, en droit du travail.

2. L'attribution de la charge de la preuve

a. Le principe

La charge de la preuve incombe au demandeur. C'est ce que l'adage latin exprime en disposant *actori incumbit probatio.*

Par demandeur, on entend ici toute personne qui formule une prétention, et non seulement le demandeur à l'instance.

D'ailleurs la suite de l'adage ci-dessus exprimé, dispose *Reus in excipiendo fit actor,* autrement dit, le défendeur devient demandeur dans l'exception[21] qu'il soulève. Cela est encore plus flagrant lorsque le défendeur initial formule une demande reconventionnelle.

Cette double affirmation est présentée dans l'article 1315 du Code civil qui, quelque peu maladroitement dispose : « Celui qui

---

21. Une exception est un moyen que soulève le défendeur à l'action, en vue de contrecarrer les arguments présentés par le demandeur. En invoquant un contrat par exemple, le demandeur est confronté à un argument de nullité soulevé par le défendeur.

réclame l'exécution d'une obligation doit la prouver. Réciproquement, celui qui se prétend libéré, doit justifier le paiement ou le fait qui a produit l'extinction de son obligation »[22].

Là réside le principe. Voyons maintenant l'exception, c'est-à-dire les présomptions.

b. L'exception

Il existe des cas exceptionnels où, pour certaines raisons, l'un des plaideurs peut être dispensé d'apporter la preuve qui lui incombe. On parle alors d'une présomption. La présomption est étudiée ici parce qu'elle est en rapport direct avec la question de la charge de la preuve. Cependant elle est également un procédé de preuve que nous analyserons brièvement ci-après[23].

Le cas des présomptions est celui dans lequel, par exception, le demandeur est dispensé de faire la preuve du droit qu'il allègue.

La présomption consiste pour le législateur (présomption légale) ou pour le juge (présomption de l'homme), à déduire l'existence d'un fait incertain, et par définition difficile à démontrer, à partir de la constatation d'un fait certain qui est plus facilement démontrable.

Il s'agit ainsi d'un moyen de preuve indirect.

L'article 1349 du Code civil donne la définition suivante des présomptions. Elles sont des « conséquences que la loi ou le magistrat tire d'un fait connu à un fait inconnu ».

La raison d'un tel déplacement est l'existence d'une probabilité supérieure : lorsque le fait constaté est vérifié, il y a une forte probabilité que le fait induit se vérifie aussi.

L'exemple suivant illustre bien notre propos.

L'article 312 al. 1 du Code civil énonce une présomption importante : la paternité ne peut se prouver directement. Nous savons actuellement que les moyens et méthodes scientifiques permettent de faire la preuve négative de la paternité. Par certains examens biologiques, notamment l'examen des sangs, on peut arriver à démontrer que telle personne *n'est pas* le père de tel enfant. En revanche, dans l'état de progrès actuel de la science, la preuve positive de paternité ne peut être rapportée avec certitude.

---

22. V. pour la preuve de paiement du salaire, Soc. 24 nov. 1993, *D.*1994.IR.23 ; Il existe des cas exceptionnels où la Cour de cassation décide qu'une même preuve pèse sur les deux plaideurs en même temps : c'est le cas de la preuve des heures supplémentaires que prétend avoir accompli un salarié (Soc. 3 juillet 1996, *JCP* 1996, éd. G, II.22697, note Corrignon-Carsin).

23. V. *infra*, p. 132.

La solution a donc consisté à mettre en œuvre un moyen indirect : la règle de l'article 312 du Code civil pose ainsi la présomption selon laquelle l'enfant d'une femme mariée est *présumé* avoir été conçu par le mari de celle-ci[24]. D'un fait connu pouvant facilement être prouvé (le lien marital existant entre un homme et une femme facilement démontrable par la présentation d'un acte de mariage), la loi induit le fait inconnu et qu'il convient de prouver (la paternité de l'enfant).

Il y a un *déplacement de l'objet de la preuve*. Ce qui a une conséquence importante sur la charge de la preuve.

Comme, en effet, le mari a été dispensé de la preuve directe de sa paternité, il est cru par le tribunal sur la seule présentation de son acte de mariage. C'est ainsi à son adversaire, qui allègue l'absence de paternité du mari, de démontrer cette absence de paternité. La charge de la preuve s'en trouve ainsi déplacée.

On comprend mieux ainsi les dispositions de l'article 1352 al. 1 du Code civil qui dispose que « la présomption légale dispense de toute preuve, celui au profit duquel elle existe ».

Selon leur autorité, les présomptions se divisent en présomptions simples ou irréfragables :

• On appelle présomption réfragable ou simple celle qui est susceptible de preuve contraire. Dans l'exemple de l'article 312 al. 1 du Code civil, il suffit à l'adversaire qui veut combattre la force probante de la présomption de demander que le prétendu père soit soumis à un examen sanguin ou bien de démontrer, par tous les moyens possibles, que la communauté de vie effective a cessé entre le prétendu père et la mère de l'enfant depuis plus de 300 jours avant la date de la naissance de l'enfant[25]. Cette présomption est donc une présomption simple.

• En revanche, les présomptions irréfragables ne sont pas susceptibles de preuve contraire. Il y alors dispense de preuve et la preuve contraire est interdite. C'est le cas par exemple de l'autorité de

---

24. Ce texte ajoute bien entendu certaines conditions de délais : pour que la présomption soit effective, l'enfant doit être né au moins 180 jours après la date du mariage ou au plus 300 jours après la date de la séparation du couple marié. Autre exemple : l'art. 911 du Code civil.
25. Il faut remarquer que ce délai de trois cents jours constitue en lui-même une présomption distincte qui permet d'induire d'un fait connu et pouvant être facilement prouvé (la date de naissance de l'enfant), la date – ou plutôt la période – de la conception de l'enfant au regard de la loi, fait plus difficile, sinon impossible, à prouver.

la chose jugée. L'article 1350 du Code civil attache une présomption de vérité absolue à tout jugement et arrêt. En aucun cas, la vérité d'un jugement ne peut être remise en cause par la preuve du contraire de son contenu[26]. Cette présomption se justifie non par des considérations d'induction logique, mais parce qu'il serait trop injuste de pouvoir éternellement réouvrir les procès déjà terminés. L'insécurité qui en résulterait serait intolérable pour la bonne marche de la société.

Les présomptions de l'homme sont, en règle générale des présomptions simples puisqu'elles sont le fruit de l'induction du juge. Or, l'adversaire peut toujours démontrer le contraire.

L'on comprend le rôle important que jouent les présomptions en déplaçant l'objet et donc la charge de la preuve. Il faut également en déduire que les présomptions simples ont généralement pour effet de déplacer également ce qu'il est convenu d'appeler le risque de la preuve. En effet, en déplaçant la charge de la preuve, elle déplace par là même la difficulté sur l'adversaire. En pratique, elles constituent donc une arme redoutable. Il ne faut pas oublier qu'un droit que l'on ne peut prouver en justice, est un droit qui est dépourvu d'efficacité[27]. De fait, en déplaçant la charge de la preuve, la technique de la présomption peut inverser l'équilibre des forces dans un procès.

§2

L'ADMINISTRATION DE LA PREUVE

A. Les moyens de preuve

Ils sont également appelés « modes » de preuve. La question est de savoir quelles sont les différentes techniques qui permettent de faire la preuve d'un fait.

Théoriquement, les moyens pour prouver un fait sont innombrables. Nous verrons cependant que tous ces moyens ne sont pas admis par le droit français.

Le Code civil mentionne seulement 5 modes de preuve différents. Nous les analyserons successivement.

---

26. Sauf le cas exceptionnel du recours en révision, enfermée par la loi dans des conditions très strictes.
27. Frison-Roche et Barane, *Le souci d'effectivité du droit, D.*1996.chr.301.

1. La preuve littérale

C'est la preuve qui émane des parties et qui résulte d'actes écrits constatant soit un acte juridique, soit un fait juridique.

Ce mode de preuve présente le double avantage d'être *crédible* et *fiable*. Crédible d'abord parce que préconstitué, c'est-à-dire préparé à un moment où il n'existait aucun litige entre les parties et que, par définition, il n'y a aucune raison de ne pas croire ce qui est consigné dans le texte écrit. Fiable, ensuite, parce que l'écrit a l'avantage de ne pas relever du domaine de l'appréciation subjective (comme c'est le cas pour le témoignage) et surtout parce que le temps n'a, en principe, aucun effet sur la preuve littérale.

La preuve littérale a subi une mutation profonde en raison de l'introduction des procédés informatiques nouveaux qui ont détrôné l'écrit au sens d'une suite de lettres, de caractères, de chiffres ou de tout signe ou symbole sur un support papier. Désormais, depuis la loi du 13 mars 2000, le support électronique peut constituer un support valable et donner naissance à un écrit au sens juridique du terme[28].

Selon le cas, l'écrit peut avoir été *préconstitué* avec l'intention de faire la preuve d'un fait ou d'un acte en cas de litige, ou bien émaner de l'une des parties sans cette intention. Cette seconde catégorie est essentiellement constituée de lettres missives, de ce que le Code civil appelle les registres ou papiers domestiques, de journaux intimes, ou enfin de mentions portées sur un titre de paiement (comme un chèque par exemple) ou une quittance[29].

---

28. Loi n° 2000-230 du 13 mars 2000, JCP éd. G, 2000.III, n° 20259. Ce texte modifie l'art. 1316 actuel du C. Civ. en 1315-1 et ajoute une série de 5 articles (1316 à 1316-4) concernant le support et la signature électroniques. Il modifie également l'art. 1317 dans le même sens. L'art. 1316 nouveau du Code civil prévoit désormais que « la preuve littérale, ou preuve par écrit, résulte d'une suite de lettres, de chiffres ou de tous autres signes ou symboles dotés d'une signification intelligible, quels que soient leur support et leurs modalités de transmission ». Ce texte vise tout particulièrement les messages électroniques, communément appelés e-mails ; sur la question et l'influence du droit européen, v. Éric A. Caprioli, *La loi française sur la preuve et la signature électroniques dans la perspective européenne. Dir. 1999/93/CE du Parlement européen et du Conseil du 13 décembre 1999,* JCP 2000.I.224.

29. Les lettres missives peuvent établir le bien fondé de ce qui est contenu dans leur texte. Elles peuvent avoir la force probante d'un aveu extrajudiciaire, d'une présomption ou d'un commencement de preuve par écrit (pour tous ces termes, v. *infra,* p. 136) ; les télex ont la même valeur. En ce qui concerne les registres et papiers domestiques, le Code civil parle à plusieurs endroits (articles 46, 324 etc.) ; leur force obligatoire est déterminée par son article 1331. S'agissant de journaux intimes, les tribunaux sont très prudents dans l'usage qu'ils peuvent en faire. Ils considèrent qu'il convient de ne pas porter atteinte à l'intimité de la vie privée.

La première catégorie d'écrits est, de loin, la plus importante. Pour pouvoir analyser les écrits préconstitués, il convient de faire la distinction entre les actes authentiques et les actes sous seing privé. Le sort des copies mérite d'être brièvement exposé à la fin ;

a. Les actes authentiques

Pour pouvoir être qualifié d'authentique, un acte doit satisfaire à certaines conditions de forme. Ce sont, en effet, des actes rédigés par un officier public habilité à constater ce genre d'actes[30].

En outre, l'acte authentique est soumis à certaines formalités qui doivent être observées, sous peine de nullité de l'acte.

Le respect de ces conditions confère à l'acte authentique sa force probante particulière : l'acte authentique fait foi jusqu'à inscription de faux. Il s'agit d'une procédure particulièrement lourde et complexe instituée par les articles 303 et s. du NCPC, qui a pour but de constater un faux en écritures. Si le prétendant à cette action n'arrive pas à démontrer l'existence de ce faux, il s'expose personnellement à de lourdes condamnations. On comprend pourquoi cette loi n'est pas volontiers utilisée.

La force probante ne s'attache qu'aux mentions que l'officier public a pu directement constater. Seules ces mentions font foi jusqu'à inscription de faux. Les autres mentions relatives aux circonstances dans lesquelles l'acte est intervenu, ou qui reprennent les déclarations des parties ne font foi que jusqu'à preuve du contraire[31].

Une autre des particularités de l'acte authentique est qu'il est assorti de la formule exécutoire, c'est-à-dire d'un ordre du pouvoir exécutif enjoignant tous les représentants de la force publique d'assurer l'exécution forcée de l'acte, si le débiteur ne s'exécute pas spontanément.

30. Le sort des actes authentiques est réglé par les articles 1317 et s. du Code civil. En ce qui concerne les officiers publics, il s'agit du notaire pour la rédaction des contrats, de l'officier d'état civil pour les actes de l'état civil, de l'huissier pour les actes relatifs à l'exécution des jugements etc. Chaque officier public a une compétence *ratione materiae* et *ratione loci*. Cela permet de déterminer quel est le domaine de son intervention quant aux matières et quant au champ territorial. Ainsi, un acte ne saurait être valablement pris que si l'officier public en question intervient dans le domaine de sa compétence matérielle et dans le champ de sa compétence territoriale. Par exemple, s'agissant du notaire, il a un domaine de compétence matérielle assez large puisqu'il dispose du monopole de recevoir les actes et conventions intéressant les particuliers et une compétence territoriale qui s'étend sur tout le territoire français. En revanche, la compétence territoriale d'un huissier ne s'étend qu'au territoire du département du lieu de son étude.

31. V. notamment pour les déclarations comportant la mention « hors la vue du notaire », Civ. 1re, 5 décembre 1995, *Bull. civ.* I n° 449.

En ce qui concerne la forme de l'acte authentique, celui-ci est généralement rédigé en minute[32] et conservé à l'étude de l'officier public ayant pris part à la rédaction. Il ne délivre aux parties que des expéditions ou des copies authentiques de l'acte. Dans ce dernier cas, il peut apposer la formule exécutoire sur la copie. Celle-ci pourra alors être exécutée sans l'intervention du juge.

De façon exceptionnelle, un acte notarié peut être rédigé en brevet. Le notaire remet dans ce cas l'original de l'acte aux parties.

b. Les actes sous seing privé

La signification littérale de ce terme est l'acte sous signature privée : dans ce type d'actes, aucune autorité extérieure n'y prend part. A vrai dire, aucun formalisme particulier n'est, en principe, observé. Les parties jouissent, en la matière, d'une totale liberté.

• La signature est la seule et exclusive exigence de forme en matière d'actes sous seing privé. La signature remplit deux fonctions particulières : d'abord, et surtout, elle sert à identifier l'auteur de l'acte de façon non équivoque, grâce à une marque distinctive et manuscrite personnelle. La signature manifeste également l'adhésion totale de l'auteur de l'acte au contenu du document[33].

Pour ces deux raisons, l'existence de la signature des parties est nécessaire. D'autres conditions doivent, toutefois, être réunies, notamment si l'acte sous seing privé renferme un contrat synallagmatique ou une promesse unilatérale de somme d'argent.

• La formalité d'original multiple : elle vise les contrats synallagmatiques[34]. Selon l'article 1325 du Code civil, ceux-ci doivent être rédigés en autant d'originaux qu'il y a d'intérêts distincts. Chaque original doit porter la mention du nombre total d'originaux qui ont été établis.

La raison de cette formalité tient à la nature particulière du contrat synallagmatique : chaque partie au contrat est en même temps créancier

32. Original d'un acte rédigé par un officier public, conservé à l'étude du notaire et revêtu des signatures.

33. V., à propos de la griffe commerciale : art. 110 et 117 du C. com. ; à propos du caractère vérifiable de la signature, Civ. 1re, 10 janv. 1995, *D.*1995.IR.44 ; 15 mars 1995, *D.*1995.IR.98 ; en tout cas, une simple croix ne saurait suffire d'après un arrêt de la Ch. des requêtes du 9 juil. 1963.

34. Selon l'article 1102 du Code civil, un contrat synallagmatique est un contrat par lequel « les contractants s'obligent réciproquement les uns envers les autres ». Exemples : contrat de vente, contrat de bail, etc.

et débiteur de l'autre partie[35]. Chaque partie doit donc pouvoir facilement faire la preuve de ses droits en cas de difficulté. D'où l'intérêt d'avoir plusieurs originaux qui pourront servir de preuve.

• Promesse unilatérale de somme d'argent ou de livraison de biens fongibles. Ces termes sont actuellement inconnus à ce stade de notre introduction au droit. Ils seront expliqués dans la partie concernant le droit des biens[36]. Pour lors, il s'agit de retenir que, s'agissant de titres contenant la promesse par une personne du paiement d'une certaine somme d'argent[37], l'article 1326 du Code civil fait obligation a celui qui souscrit l'engagement de porter sur l'acte, outre sa signature, « la mention, écrite de sa main, de la somme ou de la quantité en toutes lettres et en chiffres ». En cas de différence, l'acte vaut pour la somme écrite en toutes lettres.

La formalité de l'article 1326 du Code civil vise à empêcher la pratique du blanc seing, qui constitue un abus de la signature d'une personne qui l'apposerait en bas d'une page blanche et dont les mentions seraient frauduleusement ajoutées par une tierce personne. En l'absence de ces mentions obligatoires, l'acte ne peut faire foi contre la personne qui l'a souscrit, mais sa validité n'en est pas affectée pour autant.

Il s'agit là de l'ensemble des formalités auxquelles sont soumis les actes sous seing privé[38].

La force probante de l'acte sous seing privé est bien moindre que celle de l'acte authentique. En effet, quant à son origine, l'acte sous seing privé ne fait pas foi. L'écriture et la signature peuvent être contestées par celui à qui on attribue l'acte sous seing privé. En cas de contestation, l'autre partie dispose de la procédure de la vérification d'écriture (articles 287 et s. NCPC) afin de prouver que l'acte émane bien de la personne intéressée. En revanche, si l'acte sous seing privé est reconnu par celui à qui on l'oppose, il a entre les parties la même foi qu'un acte authentique.

Quant à son contenu, c'est-à-dire ses énonciations, l'acte sous seing privé fait foi jusqu'à preuve du contraire. S'agissant néanmoins

35. Par exemple le vendeur doit délivrer la marchandise vendue et il est en droit d'être payé du prix.

36. V. *infra*, p. 195 et s.

37. Qui ne comporte qu'un seul original, puisqu'il n'y a de création d'obligation qu'à l'égard d'une seule personne.

38. Depuis la loi du 12 juillet 1980, les mentions que l'on voit souvent apparaître en bas des actes, comme « Bon pour », ou « Lu et approuvé » sont ainsi juridiquement sans influence sur le plan de la preuve : Civ. 1re, 27 janv. 1993, *JCP*.1994.II.22195 ; *RTDC*.1993.583.

de la foi accordée à la date de l'acte, il convient de distinguer les parties des tiers. Entre les parties, la date fait foi jusqu'à preuve du contraire. En revanche, dans les rapports avec les tiers, c'est-à-dire ceux qui n'ont pas participé à l'acte, cette date ne fait pas foi. La valeur de cette date suppose que l'acte ait acquis date certaine dans les conditions prévues par l'article 1328 du Code civil[39].

c. Le sort des copies d'actes

Concernant les actes authentiques, nous avons déjà vu que, à part les actes rédigés en brevet, ceux-ci ne peuvent être délivrés qu'en copie et ont une valeur particulière du fait de leur authentification par l'autorité qui les délivre.

S'agissant des actes sous seing privé, le problème est beaucoup plus délicat. En effet, l'acte sous seing privé est prévu pour être utilisé sous sa forme originale. Cependant, la loi du 12 juillet 1980 accorde à la copie une force probante autonome pourvu qu'elle soit obtenue par un procédé de reproduction fidèle et stable. Ainsi, depuis cette loi, la copie peut avoir une valeur sans la production de l'original[40].

2. La preuve testimoniale

La preuve testimoniale ou témoignage est une déclaration émanant d'un tiers, non-partie au procès, concernant des faits dont il a eu *personnellement* connaissance.

Le témoignage s'effectue de façon orale, à la barre, ou bien de façon écrite. Dans ce dernier cas, la partie qui y a intérêt demande au témoin de lui fournir une attestation par laquelle il relate brièvement les faits qu'il a constatés[41].

---

39. Sur la notion de date certaine, v. Favennec-Héry, « La date certaine des actes sous seing privé », *RTDC*.1992.1.
40. Cette exigence de fiabilité et de stabilité paraît difficile à atteindre. Le procédé de reproduction par microfilm semble toutefois répondre à cette exigence. Les disquettes informatiques, les disques optiques numériques, ainsi que tous les procédés de stockage informatique de fichiers ne semblent pas correspondre au but recherché dans la mesure où ces procédés son réinscriptibles et donc susceptibles de subir des modifications. Il faut, dans un tel cas, prévoir un moyen technique de verrouillage permettant d'obtenir des supports infalsifiables. Le système des fax et photocopies ne semblent pas non plus répondre à cette exigence.
Pour assouplir quelque peu cette loi, qui est somme toute difficile à mettre en œuvre, la Cour de cassation a décidé le 27 mai 1986 (Civ. 1re 27 mai 1986, *JCP*.87.II.20873, note Urribari) que les photocopies pouvaient être considérées comme des commencements de preuve par écrit (v. Ce mot, *infra,* p. 136).
41. On est loin des principes de l'ancien droit selon lesquels le témoignage avait une valeur supérieure à l'écrit. En effet, le témoignage est largement tributaire de l'honnêteté du témoin, même si la crédibilité du témoignage est renforcée par le serment.

La preuve par témoins doit être distinguée de la preuve par *commune renommée.* Dans cette forme de preuve, le tiers relate ce qu'il a entendu sans l'avoir personnellement constaté. Ce mode de preuve est très peu usité du fait de l'incertitude qui l'entoure[42].

La preuve testimoniale peut également prendre la forme d'une enquête ordonnée par le juge ou par une autre autorité judiciaire (article 204 du NCPC) et dont le but est de clarifier certains faits nécessaires à la solution du litige.

La valeur de ce mode de preuve diminue progressivement. Le faux témoignage est un délit pénal qui est sanctionné par l'article 363 du Code pénal, ce qui a pour effet de rendre plus crédible la preuve testimoniale. Néanmoins, le témoignage n'est pas admis en toute matière. Il a surtout une valeur moindre que celle de l'écrit.

3. La preuve par présomption

Nous avons déjà examiné cette forme particulière de la présomption que constitue la présomption légale. Elle est instituée afin de déplacer l'objet de la preuve, renversant par là même la charge de la preuve d'un fait ou d'un acte juridique. Il s'agit là d'un mode de preuve redoutable car il permet au plaideur d'obtenir une dispense de preuve.

La présomption n'est pas seulement le fait de la loi. Le juge saisi de l'affaire peut ainsi opérer le même raisonnement et, de faits connus, induire des faits inconnus ou dont la preuve est difficile à rapporter. C'est ce que le droit de la preuve appelle *la présomption du fait de l'homme*[43]. Elle est abandonnée « aux lumières et à la prudence du magistrat » comme l'indique l'article 1353 du Code civil, lequel exige trois caractéristiques des présomptions du fait de l'homme. Elles

42. Ce mode de preuve est admis tout à fait exceptionnellement contre le tuteur qui omet d'effectuer l'inventaire des biens du mineur dans les dix jours de sa nomination. Le pupille (mineur sous tutelle) peut alors faire la preuve « de la valeur et de la consistance de ses biens par tous les moyens, même par la commune renommée » (art. 451 du Code civil).

43. Un accident automobile se produit et la victime porte plainte contre le conducteur du véhicule et forme également une demande en vue de la réparation du préjudice subi. Au cours de la procédure, afin de déterminer le degré de la faute imputable, il convient de connaître la vitesse exacte à laquelle roulait le véhicule au moment de l'accident. La preuve directe d'un tel fait est impossible puisqu'aucune autorité digne de foi n'a pu de visu constater la vitesse du véhicule au moment de l'accident. En revanche, la longueur des traces de freinage sur le sol permettra au juge de connaître la vitesse approximative du véhicule. D'un fait vérifiable, à savoir la longueur des traces de freinage, le juge induit un fait insusceptible de vérification : la vitesse du véhicule au moment de l'accident. Le juge a ainsi procédé à une présomption par déplacement de l'objet de la preuve. La loi ne contient aucune disposition particulière en la matière, le juge a l'initiative de la présomption.

doivent être graves, précises et concordantes. Cette dernière caractéristique semble imposer l'existence d'un faisceau d'indices et de présomptions pour que la preuve par présomption soit admissible. Il n'en est rien : les tribunaux peuvent être amenés à admettre une présomption unique, si elle est suffisamment grave et précise.

La preuve par présomption a la même valeur que la preuve testimoniale et peut être utilisée dans les cas où la preuve par témoins est possible. Elle ne peut pas, *a fortiori,* lier le juge. Dans la classification des présomptions[44], la présomption du fait de l'homme sera toujours une présomption simple[45].

4. L'aveu

On l'appelait naguère la reine des preuves. Avec l'évolution des mœurs, il est aujourd'hui réduit au rang d'esclave !

L'aveu est la déclaration par laquelle l'une des parties reconnaît l'exactitude d'un fait *qui lui est défavorable* et qui est allégué par son adversaire.

L'idée fondamentale en matière d'aveu est que, par nature, l'homme ne ment pas lorsqu'il parle à l'encontre de ses propres intérêts. D'où la force probante et le régime particulier de ce mode de preuve.

L'aveu, lorsqu'il est fait en justice, c'est-à-dire devant un juge compétent, lie le juge : il a une force probante absolue, le juge est obligé de le tenir pour vrai (l'article 1356 du Code civil). On qualifie un tel aveu d'*aveu judiciaire*[46].

Le régime de l'aveu judiciaire présente également des particularités :

Il est irrévocable sauf en cas d'erreur de fait. En outre, il est indivisible, en ce sens qu'il doit être pris dans son entier[47].

A côté de l'aveu judiciaire, le juge peut attacher une certaine valeur à l'aveu *extrajudiciaire.* La particularité de cette forme d'aveu

---

44. V. *supra,* p. 124.
45. Pour une étude récente sur la notion de présomption, v. P. Brun, *Les présomptions dans le droit de la responsabilité civile,* Th. Grenoble, 1993.
46. Le caractère judiciaire de l'aveu est déterminé de façon très stricte. Ainsi, l'aveu fait au cours d'une instance précédente, même si elle s'était déroulée entre les mêmes parties, doit être qualifié d'aveu extrajudiciaire (Civ. 3e, 18 mars 1981, *Bull Civ.* III, n° 58).
47. Celui qui se prévaut d'un aveu ne peut pas en retenir la partie qui lui est favorable et en délaisser la partie défavorable. Ainsi, si A avoue être débiteur de B et qu'il ajoute tout de suite qu'il a payé sa dette, B ne pourra pas diviser l'aveu de A en ne retenant que la première partie. Le juge doit prendre en considération l'aveu de A dans sa totalité.

provient du fait qu'il intervient hors la présence du juge. N'étant pas doté de la même solennité que l'aveu judiciaire, sa force probante est moindre : il ne lie pas le juge, lequel en détermine seul la valeur probante (l'article 1355 du Code civil). La force probante de cet aveu est ainsi la même que celle d'un témoignage ou d'une présomption du fait de l'homme.

Il peut être contenu dans tout document écrit, émanant d'une des parties et dont le juge viendrait à prendre connaissance (par exemple dans des lettres missives).

5. Le serment

Les articles 1357 et suivants du Code civil déterminent le régime du serment.

Le serment est l'affirmation solennelle, par une partie, d'un fait qui lui est *favorable.* C'est toute la différence avec l'aveu : ici, la personne est crue à son bénéfice.

A priori, on pourrait croire que l'admission de nos jours d'un tel mode de preuve relève de la naïveté. D'une part, on peut difficilement compter sur le sens religieux des individus puisque la plupart des gens ont perdu cette peur de mentir en présence de la divinité. D'autre part, le sentiment de l'honneur, cette peur de perdre la face en cas de faux serment, tend également à disparaître. L'on peut alors se demander ce qu'il reste aujourd'hui de la crédibilité du serment.

La seule sanction concrète est celle attachée au faux serment (366 du Code pénal).

Il est vrai que ce moyen de preuve est un moyen d'ultime recours. Là où il n'existe aucun autre élément de preuve, le serment peut être déféré[48].

Procéduralement, il existe deux types de serment : le serment décisoire et le serment supplétoire.

• Le *serment décisoire* (articles 1358 et s. C civ.)[49] est déféré par l'un des plaideurs à son adversaire. Ce dernier peut alors adopter trois comportements différents : soit il prête serment et gagne son procès, soit il refuse et alors il perd le procès, soit enfin il peut décider de référer le serment à son adversaire en lui demandant de prêter serment lui-même quant à la réalité de sa prétention. Si ce dernier prête le

48. Un créancier qui n'a pas d'autre moyen de preuve déférera le serment à son débiteur prétendu : il lui demandera de jurer, sous les peines prévues pour le faux serment, qu'il n'est pas son débiteur.
49. V. pour une réflexion sur le serment décisoire, *GP*.1994.1.798 et s.

serment référé, il gagne le procès. Dans le cas inverse, sa demande sera rejetée. L'on comprend à travers cet exemple que la force probante du serment décisoire est absolue. Le juge est ainsi lié dans sa décision[50].

• Cette obligation n'est pas attachée *au serment supplétoire*, qui ne peut être déféré que par le juge, lorsqu'il estime que les éléments de preuve rapportés par les parties ne sont pas suffisants pour emporter son intime conviction[51].

Pour que le juge puisse recourir à ce moyen de preuve, il faut qu'il existe, ne serait-ce qu'un rudiment d'éléments de preuve que le juge va essayer de compléter à l'aide du *serment supplétoire.*

Ce serment ne lie pas le juge et ne peut en aucun cas être référé par la partie à qui il a été déféré.

B. L'admissibilité des divers moyens de preuve

1. Les différents systèmes de preuve

Le problème de l'admissibilité des moyens de preuve fait appel à une question d'ordre général, celle du choix de système de preuve.

En théorie, deux systèmes de preuve sont concevables. En premier lieu, il y a le système dit des *preuves légales* dans lequel la valeur de chaque moyen de preuve est déterminée par la loi. Le juge ne peut accepter tel ou tel mode de preuve que dans la mesure où la loi le lui permet.

A l'opposé, le système dit de la *preuve morale* laisse le juge entièrement libre d'accorder la valeur qu'il estime adéquate à chaque moyen de preuve.

L'Ancien Droit avait opté pour le premier de ces systèmes[52]. Cela engendrait des méthodes très contraignantes où la preuve par tous moyens n'avait plus aucun sens.

Le droit positif français a adopté une voie médiane. Il semble se dégager une distinction entre les actes et les faits juridiques. Les premiers, puisqu'ils sont rattachés à la notion de volonté à laquelle le droit attache des effets, ne peuvent être soumis qu'au système de la

---

50. Le juge ne peut refuser de déférer le serment décisoire au seul motif que la partie à qui il doit être déféré conteste le fait qui en est l'objet (Civ. 1re, 11 juin 1991, *Bull. civ.* I, n° 199).
51. Ce type de serment est prévu par les article 1366 et s. du C. Civ.
52. Ainsi l'Ordonnance de Moulin de 1566 prévoyait déjà la preuve par écrit des actes juridiques.

preuve légale. Les seconds, qui doivent être le plus près possible de la réalité, doivent être prouvés selon le système de la preuve libre. Or, une telle distinction n'est pas tout à fait conforme au droit positif. En effet, dans certaines matières particulièrement sensibles, telles que le droit de la famille, la distinction entre fait et acte juridique ne permet pas de faire la part des choses. En raison de la gravité des faits et actes relevant du droit de la famille, ce droit est entièrement soumis à la légalité de la preuve, tant en ce qui concerne les actes juridiques (comme le mariage) que les faits juridiques (comme la naissance de l'enfant).

La ligne de démarcation entre la légalité et la liberté de la preuve n'est donc pas aussi rigoureuse qu'on pourrait le penser.

Ce qui est sûr, c'est que, *en principe,* la preuve de l'acte juridique est soumise au système de la légalité et que, *en principe,* la preuve des faits juridiques est soumise à la liberté. Mais des exceptions existent.

En principe, la preuve des faits juridiques est rapportée par tous moyens, sauf si la loi en décide autrement. En l'absence de disposition spéciale, les faits juridiques peuvent être prouvés indistinctement selon les cinq modes de preuve que nous venons d'énumérer. Le juge apprécie librement la valeur de chaque moyen de preuve en cas de conflit. Il n'existe pas de rapport de hiérarchie entre les différents modes de preuve[53].

Cette liberté s'explique par le fait que les faits juridiques surviennent sans manifestation d'aucune volonté. Il est ainsi difficile, et même impossible par moment, de se ménager des écrits.

Tel n'est pas le cas en matière d'actes juridiques.

2. La preuve des actes juridiques

Les règles en ce domaine sont posées par les articles 1341 et suivants du Code civil. Elles reçoivent dérogation dans certaines hypothèses.

L'aveu et le serment sont toujours admissibles en matière d'actes juridiques.

a. Le principe

L'article 1341 du Code civil pose une double règle qu'il convient d'examiner dans ses deux branches.

---

53. Ainsi, comme il vient d'être dit, en matière d'actes de l'état civil, la preuve littérale est en principe le seul moyen admissible de preuve, sauf dans les cas limitativement énumérés par la loi où une possibilité de recours aux autres moyens de preuve est admise.

• La preuve d'un acte juridique, lorsque l'acte en cause dépasse un seuil fixé par décret, doit impérativement s'effectuer à l'aide d'un écrit[54].

La loi parle « de toute chose ». Il faut entendre par là toute obligation contenue dans un acte juridique.

L'absence d'écrit pour les actes juridiques qui entrent dans le champ d'application de ce texte, ne remet pas en cause la validité de l'acte. L'acte demeure valable mais l'on n'est pas en mesure d'en rapporter la preuve.

• La deuxième règle de l'article 1341 C. civ. dispose qu'on ne peut prouver par témoins *contre* et *outre* le contenu d'un écrit.

Prouver contre l'écrit, c'est prouver que l'une des mentions de l'acte établi est inexacte. Prouver outre l'écrit, c'est prétendre qu'il existe des lacunes dans l'acte et vouloir les combler à l'aide d'éléments extérieurs à l'acte[55].

L'article 1341 C. civ. signifie ainsi qu'aucune de ces deux opérations ne peut s'effectuer à l'aide d'un témoignage. Ce faisant, la loi instaure, en matière d'actes juridiques, une hiérarchie entre l'écrit et le témoignage (auquel on assimile la présomption de l'homme). En revanche, l'article 1341 C. civ. ne mentionne ni l'aveu, ni le serment. On en déduit, généralement, que l'on peut prouver contre et outre un écrit par aveu ou par serment.

En dehors du fait que ces deux règles sont des règles simplement supplétives et qu'elles peuvent être écartées par la volonté des cocontractants, la loi elle-même prévoit des hypothèses dans lesquelles l'exigence de l'écrit n'est plus requise.

b. Les limites de la règle de l'article 1341 C. civ.

• La première dérogation à cette règle est d'ordre général : elle concerne le *droit commercial.* En raison de la nature particulière de la vie des affaires, la loi, très souple en ce domaine, dispense les

54. Dans sa forme originale, ce texte prévoyait qu'il doit être passé acte « de toute chose » dépassant 50 francs. En raison de l'érosion monétaire, cette somme était devenue progressivement dérisoire. La loi précitée de 1980 a modifié cette disposition pour en faire un texte « à référence » : depuis cette date, l'article 1341 renvoie à un décret qui fixe périodiquement le montant du seuil au-delà duquel un écrit est exigé. Cette somme est actuellement fixée à 5000 francs.

55. Cette hypothèse est différente de celle où l'acte est ambigu ou obscur. En effet, dans un tel cas, le juge peut avoir recours à tout élément même extérieur à l'acte afin d'interpréter l'acte et de dégager l'intention véritable des parties. Dans l'hypothèse actuelle, l'acte est, par définition, clair, mais l'une des parties veut le compléter en s'aidant d'un témoignage.

commerçants des règles contraignantes du droit civil. La preuve d'un acte juridique peut ainsi se faire par tous moyens[56].

Dans les actes mixtes, la solution est hybride : la preuve est libre lorsqu'elle est tournée contre le commerçant. On ne recourt à la preuve littérale que lorsque l'on veut prouver à l'encontre du non-commerçant[57].

• L'existence d'un *commencement de preuve par écrit.*

Ce concept est défini par l'article 1347 du Code civil. Il s'agit d'un écrit qui émane de la personne contre qui la demande est formée et qui rend vraisemblable le fait allégué. L'intérêt du commencement de preuve par écrit est qu'il n'a pas nécessairement été constitué en vue de servir d'élément de preuve[58].

Si un tel commencement de preuve par écrit existe, la partie qui le produit est alors autorisée à faire appel au témoignage et aux présomptions afin de compléter la preuve[59].

• La troisième limite à la règle de l'article 1341 C. civ. vise l'impossibilité de se procurer un écrit. L'article 1348 C. civ. qui institue cette limite est la traduction dans le droit positif de l'adage selon lequel « à l'impossible, nul n'est tenu ».

Cette impossibilité peut être matérielle ou morale, initiale ou ultérieure[60]. Elle doit être démontrée par la personne qui entend se

---

56. C'est l'art. 109 C. com. qui dispose ainsi ; à propos de ce texte, cf. Parléani, *Un texte anachronique : le nouvel article 109 du Code de commerce, D.*1983.chr.65 ; v. pour une application de ce texte : *D.*1994.IR.216.

57. V. dans le cas d'une vente : Civ. 1re, 14 février 1990, Jurisdata n° 000257 ; la preuve par un particulier contre un garagiste : Civ. 1re, 8 février 2000, Jurisdata n° 000507, JCP éd. E Panorama, p. 536.

58. Il peut s'agir de toute forme d'écrit, même non signé. L'écrit doit émaner de la personne à qui on compte l'opposer. Peu importe qu'il soit écrit de sa main du moment qu'il en accepte expressément ou tacitement le contenu. Le caractère vraisemblable du commencement de preuve par écrit ne peut être apprécié que par les juges du fond. C'est un élément de fait. Nous mentionnerons, à titre d'exemple, une lettre, une copie normalement non admise en tant qu'élément de preuve, ou même des déclarations verbales effectuées devant le juge, lors d'une comparution personnelle. Un chèque signé par le demandeur ne constitue pas un commencement de preuve par écrit (Civ. 1re, 11 avril 1995, *JCP.*1995.II.22554, note J. Piedelièvre), sauf s'il a été endossé (18 avril 1995, *ibid.*) ; un acte de cautionnement incomplet peut également servir de commencement de preuve par écrit, (Com. 31 mai 1994, Bull. Civ. IV n° 192) ; pour d'autres formes de commencement de preuve par écrit, v. Civ. 1re, 23 janvier 1996, Bull. civ. I, n° 41 ; JCP 1996.IV.n° 609.

59. Ces preuves complémentaires doivent nécessairement être extérieures à l'acte, sinon ce serait contourner l'exigence de l'écrit.

60. L'impossibilité est dite initiale lorsque l'acte n'a pu être dressé pour différentes raisons. Elle est dite ultérieure lorsque l'acte dressé a été perdu ultérieuremment par cas fortuit ou de force majeure, à cause d'un événement imprévisible, irrésistible et insurmontable. Pour une étude approfondie, v. Malinvaud, *L'impossibilité de se procurer un écrit, JCP.*1972.I.2468.

prévaloir de la possibilité offerte par la loi. Le recours au témoignage est alors admis pour combler l'absence de l'écrit.

Dans l'hypothèse d'une impossibilité ultérieure, il est évident que la preuve de l'existence de l'acte préalable à la survenance de l'événement ayant causé sa disparition peut s'effectuer par tous moyens (témoignages, présomptions, etc.).

DEUXIÈME PARTIE

LES PERSONNES

Qu'est-ce qu'une personne ?

Avant d'entrer dans le vif du sujet et de procéder aux distinctions qui permettront de connaître les différentes spécificités de chaque catégorie, il convient de se poser cette question primordiale de la définition du concept de « personne ».

Le concept peut d'abord se définir par ses conséquences juridiques. La personne est *sujet* de droit. Elle peut être titulaire de droits subjectifs et d'obligations[1], là où toute autre « chose » ne peut être qu'*objet* de droit.

Mais une fois que l'on a dit cela, on n'est guère avancé. En effet, cette définition n'apporte pas beaucoup d'éléments d'information sur le concept même. Il faut donc tenter de trouver une autre explication. Lorsque l'on parle de la personne, c'est l'être humain qui vient immédiatement à l'esprit. Mais il existe une différence essentielle entre la conception juridique et la conception commune que l'on peut se faire de la notion de personne. La conception juridique de la personne est plus large que la conception commune. Elle comprend certes l'être humain, mais elle englobe également des « entités » différentes. Ces « entités » sont appelées des *personnes morales*, par opposition aux *personnes physiques* que sont les êtres humains[2].

1. Un droit est un élément actif du patrimoine de la personne au sens comptable du terme, alors qu'une obligation en est un élément passif. Le droit, c'est donc ce qu'un tiers doit à une personne, l'obligation, c'est ce que la personne doit à des tiers.

2. La question s'est posée et se pose encore de savoir si les animaux sont des personnes ou des choses. Dans l'ancien temps, des procès ont été intentés à l'encontre d'animaux. Aujourd'hui, sous l'influence de certaines théories « spécistes », on veut leur reconnaître des droits au même titre que l'être humain. Il est plus raisonnable de penser que les animaux qui n'ont semble-t-il, pas de pensée consciente, ne peuvent pas être tenus d'une quelconque obligation à part celles, peut-être, que leur commanderait leur instinct, si tant est que l'on puisse parler d'obligations dans un tel cas. En revanche, l'être humain a un certain nombre d'obligations à l'égard des animaux, ce qui leur crée par voie de conséquence des droits. V. sur la question, L. Ferry, *Le nouvel ordre écologique*, Grasset (1992) ; Peter Singer, *La libération animale* (ouvrage en anglais, 1975 Australie), cité par L. Ferry, *op. cit.*, p. 94. Les animaux font l'objet d'études approfondies et récentes. V. pour une étude synthétique de la question : S. Antoine, *Le droit de l'animal, évolution et perspectives, D.*1996.chr.126 ; v. également, J.P. Marguénaud, *L'animal en droit privé,* PUF, 1993 ; Bourgeois, *La personnification de l'animal, D.*1990.chr.33.

TITRE PREMIER

Les personnes physiques

CHAPITRE 1

La personnalité

SECTION 1
LA PERSONNALITÉ PARFAITE

Lorsque la personnalité est parfaite, cela signifie que la personne peut exercer librement l'ensemble de ses droits. Dans cette hypothèse, le problème essentiel est d'individualiser la personne. Il existe certains éléments qui sont attachés à la personne et qui permettent de l'identifier, de l'individualiser. Ce sont les éléments qui forment la personnalité.

Une fois individualisée, la personne doit pouvoir en faire état auprès des tiers. Cela est possible grâce à l'état civil.

SOUS-SECTION 1
LES ÉLÉMENTS DE LA PERSONNALITÉ

Ces éléments sont au nombre de trois : le nom, le domicile et le sexe.

§1
LE NOM

Le nom est une appellation obligatoire qui sert à désigner une personne[1]. C'est un élément distinctif de la personne qui poursuit en principe plusieurs objectifs. En raison de ces multiples objectifs, la

1. F. Terré, n° 329 ; B. Teyssié, *Droit civil, Les personnes,* 2e éd., Litec, 1995, n° 130 et s.

question se pose d'abord de savoir quelle est la véritable nature du nom. L'éclaircissement de ce point nous permettra de mieux comprendre le régime juridique du nom.

A. La nature juridique et la composition du nom

1. La nature juridique du nom

Identifier signifie distinguer une personne d'une autre, l'individualiser dans la société. Cependant, dans identification, il y a également la notion d'identité : chacun se reconnaît dans son nom. Ces deux aspects caractérisent la nature du nom.

Au regard du premier aspect, le nom sert essentiellement à l'État. Il lui permet d'organiser une mesure de police administrative. En identifiant la personne, l'État fait régner, en quelque sorte, l'ordre et la paix. L'organisation de l'état civil est également le corollaire de cet état de fait. Tout va dans le sens d'une meilleure appréhension des êtres humains qui constituent la population d'un État, d'une région, d'un département, etc.[2].

Au regard du second aspect, les choses se compliquent. Quel est le rapport qui s'installe entre la personne et son nom ? Peut-on parler d'un droit au nom et si oui, quelle en est la nature ?

La tendance majoritaire actuelle de la doctrine et de la jurisprudence est de consacrer un tel droit, dont la nature juridique exacte partage la doctrine :

– une partie de la doctrine y voit un droit de propriété[3]. Certains auteurs ajoutent même que le titulaire de ce droit n'est pas unique. Ils considèrent que le droit au nom serait un droit de propriété familial, au même titre, par exemple, que le caveau de famille ou certains souvenirs de famille[4].

---

2. Planiol considérait ainsi que le nom n'est qu'une institution de police au même titre que le numéro de sécurité sociale ou que tout autre numéro permettant d'identifier la personne. Dans cette conception, le nom n'a pour fonction que celle que lui reconnaît l'État. Le droit au nom n'existe pas et la personne dont le nom est usurpé ne peut être dédommagée sauf si un préjudice est démontré. C'est la position de la jurisprudence actuelle du Conseil d'État qui n'est cependant pas suivie par les tribunaux de l'ordre judiciaire.

3. Cette conception permet ainsi d'affirmer que pour pouvoir défendre son nom devant les juridictions, il suffit de démontrer l'usurpation. L'existence d'un préjudice, n'est contrairement aux exigences posées par le Conseil d'État, en principe, pas requise.

4. V. à ce sujet, TGI Paris 29 juin 1988, *JCP*.88.II.21195, note Agostini.

La quasi-totalité des juridictions judiciaires partagent cette conception

– Un second courant doctrinal fait du nom une composante des droits de la personnalité. La nature reconnue au nom, serait la même que celle du droit à l'image, du droit au respect de la vie privée, etc.

– une troisième catégorie d'auteurs[5] considère que le droit au nom est, certes, un droit extrapatrimonial, mais qu'il a, cependant, la nature d'un droit individuel et familial.

Ainsi, rien n'est moins certain que la nature du nom. Or, la détermination de la nature juridique du nom a des incidences sur les modalités de la protection de cette institution. Une chose est certaine, le nom participe tout à la fois d'un droit individuel et familial. Il pose, en même temps, des problèmes au point de vue de la police administrative. Son régime juridique nous le montre bien. Sa transmission dépend de considérations familiales ; la possibilité d'en changer ainsi que de l'adapter à certaines circonstances constitue la manifestation du caractère individuel du nom et le fait reconnaître comme un droit de la personnalité. En revanche, les garanties et les contraintes qui entourent le changement de nom font immédiatement penser aux exigences de police administrative auxquelles l'État doit satisfaire.

2. *La composition du nom*

Le nom de chaque personne se compose généralement de deux éléments : Le *nom patronymique* et le *prénom*. Chacune de ces composantes du nom est soumise à des règles différentes.

• Le nom patronymique ou nom de famille est la marque de l'appartenance d'un individu à une famille. Ce nom se transmet par la filiation.

• Le prénom permet de distinguer chaque individu des autres membres de sa famille. Le choix du prénom devait, il y a quelques années, encore, s'effectuer par référence aux calendriers d'usage ou parmi ceux des personnages connus de l'histoire. Une loi de 1993 a largement assoupli ces restrictions[6].

5. Il s'agit de Jean Carbonnier, de Marty et Raynaud, d'Alex Weill.

6. Il s'agit de la loi du 8 janvier 1993, qui ne fait plus référence à aucun calendrier. La seule exigence de la loi est que la consonance du prénom ou de la combinaison du nom et du prénom ne soit ni ridicule, ni péjorative, ni grossière. Un large pouvoir a été reconnu au juge des affaires familiales qui pourra ordonner la suppression d'un prénom et y substituer un autre, s'il estime que le prénom choisi n'est pas conforme à l'intérêt de l'enfant.

Des accessoires, dont la valeur juridique est plus ou moins reconnue, peuvent venir s'ajouter aux autres éléments constitutifs du nom : il s'agit du surnom – sans aucune valeur juridique –, du pseudonyme – nom de fantaisie librement choisi pour masquer au public sa personnalité véritable dans l'exercice d'une activité particulière[7] –, la particule signe de noblesse, les titres de noblesse abolis dans la nuit du 4 août 1789 et rétablis en 1814 puis en 1852 – et les armoiries, signes de reconnaissance d'une famille.

B. Le régime juridique du nom

1. L'attribution du nom[8]

a. L'attribution par la filiation

La filiation est la voie normale de l'acquisition du nom par une personne.

La nature de la filiation est, en principe, sans influence sur la transmission du nom patronymique. La loi du 3 janvier 1972, qui a abrogé la loi du 25 juillet 1952 relative au nom des enfants naturels (enfants nés hors mariage), accorde à ces derniers exactement les mêmes droits et obligations que ceux reconnus aux enfants légitimes.

Ce principe connaît toutefois des exceptions : il subsiste ainsi un certain nombre de différences, non seulement entre la filiation légitime et la filiation naturelle mais également eu égard aux procédures d'adoption ou de légitimation. Une brève explication de ces différences s'impose.

• La filiation légitime : l'enfant légitime prend le nom du mari de sa mère qui, en règle générale, est son père. Il s'agit d'une règle coutumière ancrée dans la tradition depuis fort longtemps et qui trouve, semble-t-il, un écho dans l'article 311-2 al. 2 du Code civil[9].

Dans le vent d'égalité des sexes qui a soufflé sur la France, la loi du 23 décembre 1985 ajoute à cette tradition une nouveauté : « Toute

7. Le pseudonyme ne peut apparaître dans les documents officiels, ni porter préjudice à un tiers dont ce serait le patronyme. Il se transmet aux héritiers.

8. L'attribution du prénom ne pose, en général, pas de problème. La seule difficulté qui peut être soulevée tient au degré de liberté reconnu aux parents quant au choix de prénoms de fantaisie pour leurs enfants et la possibilité éventuelle du refus par l'état civil d'enregistrer un tel prénom. V. sur cette question, CEDH, 24 oct. 1996, *RTDC*.1997.396, note Hauser.

9. Ce texte dispose, pour apprécier la réalité de la possession d'état d'enfant légitime, que « l'individu (doit avoir) toujours porté le nom de ceux dont on le dit issu ».

personne majeure peut ajouter à son nom, à titre d'usage (non transmissible), le nom de celui de ses parents qui ne lui a pas transmis le sien » (article 43 de la loi)[10].

• La filiation naturelle : en raison du principe d'égalité introduit par la loi de 1972, il n'existe plus de différence notable entre la filiation légitime et naturelle quant à l'attribution du nom. Les seules différences qui subsistent sont dues à la nature même de la filiation naturelle : si l'enfant n'est reconnu que par l'un de ses parents, il portera le nom de celui-ci. S'il est reconnu simultanément, il portera le nom de son père. Enfin, s'il est reconnu successivement par ses deux parents, c'est-à-dire d'abord par sa mère et ensuite par son père, les dispositions des articles 334 et s. du Code civil prévoient qu'il prendra le nom de sa mère sauf à lui substituer, sur option, le nom du père. Cette option peut être exercée par les parents par déclaration conjointe auprès du juge des tutelles (avec le consentement de l'enfant s'il a plus de 15 ans), ou par jugement du tribunal de grande instance. Toutefois, les deux noms ne peuvent être adjoints[11].

S'agissant enfin de l'enfant naturel non reconnu, il porte traditionnellement le nom de la mère, si celui-ci figure dans l'acte de naissance. A défaut, un nom lui est attribué par voie administrative[12].

• La filiation adoptive : il existe plusieurs formes d'adoption dont les effets sur le nom de l'adopté sont plus ou moins importants.

L'*adoption simple* est celle qui intègre partiellement l'adopté dans la famille des parents adoptifs. Dans ce cas, l'adopté ajoute à son nom patronymique, le nom de l'adoptant, à moins que le tribunal n'en décide autrement conformément aux dispositions de l'article 363 du C. civ.

L'*adoption plénière* a des effets plus étendus. Elle confère à l'enfant adoptif le statut d'enfant légitime du ou des adoptants. En conséquence, l'adopté prend le nom de l'adoptant et, en cas d'adoption par un couple marié, le nom du mari. Le prénom de l'adopté peut même être modifié à la demande des adoptants (article 357 al. 1 et 2 C. civ.).

10. Les parents peuvent également exercer ce droit pendant la minorité de l'enfant.

11. Cette question a fait l'objet d'importants débats doctrinaux. Selon la jurisprudence, l'article 334-3 n'autorise que la substitution de patronyme paternel ou inversement et non l'adjonction du patronyme de l'un des parents à celui de l'autre ; v. En ce sens, Civ. 1re, 16 nov. 1982, *JCP*.83.II. 19954, Rapp. Ponsard, note M. Gobert). Le changement de nom doit au surplus être conforme aux intérêts en présence et notamment à ceux de l'enfant : Toulouse, 12 oct. 1999, JCP, éd. G, 2000, IV.762.

12. V. *infra*, p. 149.

Il existe, en dernier lieu, une forme extrêmement limitée d'adoption organisée par la loi de 1972, appelée *adoption limitée au nom*. Elle peut intervenir dans l'hypothèse où le mari d'une femme veut accorder son nom à l'enfant que son épouse a eu préalablement à leur mariage avec une tierce personne (article 334-5 C. civ.). L'enfant pourra reprendre son nom d'origine par simple déclaration auprès du tribunal dans les deux ans suivant sa majorité.

• La légitimation : La légitimation renforce le lien de parenté entre le légitimant et le légitimé. Tout se passe comme si l'enfant légitimé avait été légitime dès sa naissance. C'est pourquoi la légitimation n'est possible que dans certaines conditions bien définies. En effet, il n'existe que deux modes de légitimation : le mariage et l'autorité de justice.

En cas de *légitimation par mariage*, l'enfant légitimé prend le nom du mari dans les mêmes conditions que l'enfant légitime (article 332-1 du C. civ.).

S'agissant de la *légitimation par autorité de justice*, elle fait prendre à l'enfant le nom du père lorsque les deux parents en font la demande conjointement. Dans le cas contraire, le nom de l'enfant reste le même, sauf si le tribunal en décide autrement.

b. L'acquisition de l'usage du nom du mari en conséquence du mariage

Une coutume séculaire veut que la femme acquière *l'usage* du nom de son mari par mariage. Elle conserve, certes, l'usage de son nom de jeune fille mais elle a le droit de se faire connaître sous son nom de femme mariée.

Le mariage n'a pas de conséquence directe sur le nom du mari qui peut simplement, s'il le désire, adjoindre à son nom celui de sa femme (depuis 1985).

En cas de séparation de corps, le lien matrimonial n'est pas dissout, mais simplement relâché. La séparation n'a pas d'effet direct sur l'usage du nom. Toutefois, le jugement de séparation de corps ou une décision ultérieure du juge peut interdire à la femme l'usage du nom de son mari. Les choses sont plus radicales en cas de divorce puisque celui-ci provoque la rupture définitive du lien matrimonial.

En principe, la femme perd par le divorce l'usage du nom de son mari. Par exception, dans l'hypothèse du divorce pour rupture de la vie commune demandé par le mari, elle peut conserver l'usage du nom de ce dernier (art. 264 al. 1 C. civ.).

Cette perte peut s'avérer très préjudiciable à la femme, soit pour des raisons professionnelles, soit pour des raisons familiales. La jurisprudence admettait par le passé qu'il puisse intervenir des conventions entre les ex-époux permettant la conservation par la femme de l'usage du nom de son ex-époux. Cependant, ces conventions restaient précaires et révocables. C'est la raison pour laquelle la loi a, depuis 1975, accordé à la femme divorcée la possibilité de conserver l'usage du nom du mari, « avec l'autorisation du juge, si elle justifie qu'un intérêt particulier s'y attache pour elle-même ou pour les enfants »[13] (article 264 al. 3 C. civ.). Si la femme se remarie, l'autorisation devient caduque.

Le décès de l'un ou de l'autre des époux n'a aucune influence sur le nom de l'époux suivant.

c. L'attribution du nom par voie administrative

Lorsqu'un enfant est trouvé ou déclaré à l'état civil sans indication du nom des père et mère, l'administration procède à l'attribution administrative d'un nom car il y va d'un cas de force majeure. C'est alors l'officier de l'état civil qui va décerner au nouveau-né un nom[14].

En dehors de ces hypothèses, l'attribution du nom s'effectue par l'autorité judiciaire et non plus par l'autorité administrative.

2. Le changement du nom

a. Le principe de l'immutabilité du nom

Le nom est considéré comme immuable. En principe, on ne peut en changer volontairement. La raison de l'existence de ce principe d'immutabilité, est, on le comprend, la manifestation de la fonction de police administrative du nom dont nous avons déjà parlé[15] : plus on permet facilement aux individus de changer de nom et plus on rend difficile leur identification dans la société.

---

13. Pour une étude approfondie de la question, v. A. Breton, *Le nom de l'épouse divorcée,* Études offertes à R. Rodière, 1981, p. 17. Une telle décision dépend de la seule volonté du juge. Elle peut s'exercer à l'encontre de la volonté de l'ex-époux. Plusieurs décisions ont cependant durci la position des cours et tribunaux concernant les cas dans lesquels un intérêt pourrait s'attacher à ce que la femme porte le nom de son ex-mari : Montpellier, 22 mars 1978, *D.*78 IR.438 ; Aix, 13 juin 1979, *D* 81.IR, 271. Cet usage peut lui être retiré en cas d'utilisation abusive.

14. Les noms ridicules évoquant l'origine de l'enfant ou les noms péjoratifs doivent être évités afin que l'intérêt de l'enfant soit préservé.

15. *Supra*, p. 144. Le principe d'immutabilité a été posé par la loi du 6 Fructidor an II ; cf. *GP.*1992.2.doct.931.

On en déduit que le nom est d'usage obligatoire, ce qui signifie que toute personne est obligée de répondre au nom qui est le sien, mais également que toute personne est obligée de porter un nom. Ainsi, dans les rapports de droit public (acte de l'état civil, inscription sur la liste électorale, etc.) ou dans ceux mettant en cause un officier public (acte notarié, procès), l'obligation de porter son nom est une obligation absolue et même pénalement sanctionnée[16].

Le principe d'immutabilité comporte une conséquence de taille sur le plan civil : *l'imprescriptibilité*. Le droit dont une personne dispose sur son nom ne se prescrit pas par le non-usage. A l'inverse, ce n'est pas parce qu'une personne porte, depuis très longtemps, un nom qui ne lui appartient pas, qu'il en devient le propriétaire.

Toutefois, les juridictions civiles ont, aujourd'hui, quelque peu changé leur position, et admettent qu'une personne, qui depuis plus de 30 ans porte, sans fraude, et de façon continue un nom sans avoir été inquiété peut prétendre à un droit sur ce nom[17].

En tout état de cause, ce principe d'immutabilité reçoit aujourd'hui un certain nombre d'exceptions : elles laissent à une personne la possibilité de changer de nom sous certaines conditions et selon certaines formalités.

b. Le changement du nom et du prénom

L'état du droit remonte en la matière à une loi du 11 Germinal an XI, abrogée par la loi du 8 janvier 1993[18]. Ce texte est désormais intégré au Code civil (articles 61 à 61-4 Code civil).

• « Le changement de nom s'effectue selon une procédure administrative assez complexe. Le gouvernement, autorise par décret, le changement de nom, en demandant l'avis préalable du Conseil d'État. Le changement de nom suppose, simplement, que le demandeur justifie d'un “intérêt légitime” » (article 61 al. 1er C. civ.).

16. Les articles 259 et 261 du Code pénal font du port du nom d'autrui en vue de s'attribuer des distinctions honorifiques, ou de l'emprunt d'un nom dans le cadre d'un acte public, un délit pénal.

17. C'est la position de principe ; la Cour de cassation a déjà rendu une décision dans le sens inverse, décidant que l'usage plus que centenaire d'un nom légitimait le port de celui-ci : Civ. 1re, 6 juillet 1977, *JCP* 78.II.18877, obs. R. Savatier ; Civ. 1re 31 janv. 1978, *D.79*.182, note R. Savatier ; sauf bien entendu si l'usage a débuté par une fraude : Civ. 1re 17 mai 1966, *GP*.66.II.65. Pour la définition d'une acquisition prolongée et loyale, v. Nerson et Rubellin-Devichi, *RTDC*.1979.126.

18. Cette loi a été commentée dans son ensemble, notamment par Mme Rubellin-Devichi, « Aperçu rapide sur la loi n° 93-22 du 8 janvier 1993 », *JCP*.93.n° 4, Actualités.

Quel peut être cet intérêt légitime dont il est question ici, et qui peut convaincre le gouvernement de la nécessité du changement de nom ? La réponse est difficile à apporter. L'orientation générale des décisions du Conseil d'État semble indiquer que le changement de nom doit garder un caractère exceptionnel. Les changements de nom sont acceptés en cas de port d'un nom ridicule, grossier ou odieux[19].

Néanmoins, l'objectif de la loi nouvelle étant de favoriser l'intégration de l'individu au sein de la société, les modalités du changement de nom devraient s'assouplir quelque peu.

La décision du gouvernement quant au changement du nom est prise sous forme de décret publié au *Journal Officiel.* L'effet de ce changement est suspendu pendant un délai de deux mois, délai pendant lequel les tiers sont invités à formuler d'éventuelles oppositions.

• Le changement de prénom est autorisé depuis une loi du 12 novembre 1957 modifiant l'article 57 du Code civil. Plus précisément, ce texte permet la substitution ou l'adjonction de prénoms en cas d'intérêt légitime.

Aujourd'hui, c'est l'article 60 du C. civ., dans sa rédaction issue de la loi de 1993, qui dispose que « toute personne qui justifie d'un intérêt légitime peut demander à changer de prénom ».

La procédure est différente de celle du changement de nom. Elle est beaucoup moins lourde : la demande est portée devant le juge aux affaires familiales par l'intéressé, s'il est majeur, par son représentant légal, s'il est mineur[20].

Quelques orientations générales de solutions se dégagent : l'intérêt racial en raison d'une certaine consonance du prénom a été souvent écarté[21] ;

---

19. Un ouvrage intéressant et documenté en la matière, mais déjà assez ancien, est celui de D. Pépy, *Les changements de nom dans le droit français,* E.C.D.E. (1967) ; v. également, F. Bernard, Le Conseil d'État et les changements de noms, *Études et documents* 1977-1978 ; J. Hauser, De l'ordre des norms et des prénoms, *RTD Civ.* 1991, p. 497 ; Changement de nom, *RTD Civ.* 1993, p. 559.

20. Son consentement est cependant requis dans ce dernier cas s'il est âgé de plus de 13 ans.

21. V. sur ce chapitre, un arrêt de la Cour d'appel de Paris qui, pour refuser le changement de prénom à consonance hébraïque, retient que « les discriminations religieuses et les préjugés raciaux ne sévissent plus en terre française où règne une grande tolérance » (Paris 14 mai 1960 ; *D.*60.623). Pourrait-on en dire autant aujourd'hui ? Rien n'est moins sûr. En tout état de cause, cette décision a été cassée par la Cour de cassation (Civ 1re, 26 janvier 1965, *D.*65.216) ; v. les observations de M. Hauser, *RTD Civ.* 1993, p. 559.

En revanche, des raisons religieuses (changement de religion) peuvent justifier un tel changement[22].

c. La francisation du nom et du prénom

Les étrangers qui acquièrent la nationalité française peuvent également bénéficier d'un changement de prénom afin qu'ils s'intègrent plus facilement dans la société française. Le changement de l'orthographe permettant de franciser le nom était prévu par l'ordonnance du 2 novembre 1945, texte général en matière de naturalisation. Cette loi a été remaniée pour assouplir les conditions de francisation. Aujourd'hui, le texte de la loi du 9 janvier 1973, qui modifie en dernier lieu l'état de la matière, dispose que la francisation est possible afin d'empêcher que le nom à consonance étrangère constitue une gêne à l'intégration dans la communauté française.

La francisation résulte soit d'une traduction dans la langue française du nom d'origine, soit d'une adaptation de ce nom lui faisant ainsi perdre sa consonance étrangère. Cette francisation peut porter sur le nom et sur le prénom.

3. Le droit au nom[23]

Nous avons vu ci-dessus[24] que le droit au nom est un droit dont la nature est ambiguë. Pour autant, on ne peut nier son existence et quelle que soit la conception que l'on privilégie, il faut admettre l'existence d'un *droit subjectif* sur le nom.

Comme tout droit subjectif, celui-ci est susceptible de protection. C'est ainsi que le porteur du nom peut se défendre contre deux types d'« attaques » : l'usurpation du nom et son usage contraire à ses intérêts. Ce sont les deux aspects que nous examinerons.

a. La défense contre l'usurpation

L'usurpation est le fait de porter, sciemment ou non, le nom patronymique d'autrui. Ainsi, chaque individu peut s'opposer à une

---

22. Paris, 21 nov. 1995 : un intérêt légitime peut exister lorsque le prénom a été utilisé pendant longtemps (*D.*1996.355, note T. Garé) ; *contra,* jurisprudence ancienne qui était plus stricte : Civ. 1re, 22 fév. 1972, *D.*1972.317 ; *RTDC.*1972.593, note Nerson ; v. également, à propos des conditions d'existence d'un intérêt légitime, Hauser, *RTDC.*1996.356. Nous verrons que le transsexuel est aujourd'hui est autorisé à changer son prénom au profit d'un prénom ambigu (Claude, etc.).

23. G. Loiseau, *Le nom, objet du contrat,* LGDJ, 1997.

24. *Supra*, p. 144.

usurpation de son nom par un tiers, surtout lorsqu'il existe un risque de confusion[25].

Dans l'hypothèse où les conditions de l'usurpation du nom sont réunies, une *action en contestation* de nom peut être engagée.

Cette action peut être intentée par tous les membres de la famille, même s'ils ne portent pas le même nom[26], du moment qu'ils justifient d'un intérêt. Il faut, également, que le nom usurpé soit porté légitimement par celui qui intente l'action et qu'il soit exactement le même que le sien[27]. Enfin, critère très important, pour intenter l'action, il n'est pas nécessaire de justifier d'un préjudice effectif distinct du seul intérêt de la protection du nom[28]. La contrepartie de cette facilité est que seuls les noms présentant *une certaine rareté* peuvent donner lieu à protection. Cette exigence est compréhensible : à titre d'exemple, un certain Pierre Martin ne pourrait pas reprocher à un Paul Martin de s'appeler ainsi, dans la mesure où le risque de confusion entre les deux personnes est nul. En revanche, un Pallavicini de Bernis pourrait reprocher à une autre personne l'usurpation qu'elle aurait faite de son nom. Dans un tel cas, le risque de confusion est supérieur en raison de la rareté du nom.

Lorsque l'action en contestation aboutit, le juge interdit à l'usurpateur de continuer de porter le nom usurpé. Il peut le condamner au paiement d'une indemnité en réparation du préjudice éventuellement subi par le vrai titulaire du nom.

b. La défense contre l'usage contraire du nom

Cette forme d'usage se rencontre dans deux domaines : celui du commerce et de la littérature.

• L'usage commercial du nom[29] :

Deux situations peuvent se présenter.

---

25. La raison essentielle du délai d'opposition en matière de changement de nom ou de francisation tient justement à la possibilité qu'ont les tiers de s'opposer à une usurpation de leur nom par l'effet du changement ou de la modification.

26. Ou même par le ministère public qui veille alors sur l'intérêt de la société et sur l'ordre public.

27. Cass. Civ. 1re, 14 oct 1969, *D.*70.66.

28. En effet, la seule défense du nom constitue, aux yeux de la jurisprudence un intérêt suffisant : Civ. 25 octobre 1991, S.12.I.95 ; Civ. 1re 11 juin 1963, *D.*64.186. En revanche, si l'usurpation du nom est faite à titre de simple pseudonyme, la justification d'un préjudice distinct est exigée puisque dans un tel cas il s'agit d'un simple nom d'emprunt.

29. V. sur cette question : F. Poillaud-Dulian, « L'utilisation du nom patronymique comme nom commercial », *JCP.*1992.I.3618.

L'utilisation commerciale par une personne de *son propre nom* pour désigner un commerce qui lui appartient est un élément à part entière du droit au nom. Elle est donc parfaitement licite. Toutefois, cette position de principe ne doit pas masquer les difficultés qui peuvent survenir du fait que ce nom aurait préalablement été utilisé par un autre commerçant pour désigner son propre commerce. Là également, l'orientation générale nous est fournie par la notion de confusion. Il faut empêcher la confusion entre les deux noms. L'exemple de l'affaire *Leclerc* montre que la jurisprudence est devenue beaucoup plus tatillonne : les tribunaux n'admettent pas que le commerçant utilise son propre nom en matière commerciale si ce nom a déjà été utilisé dans un commerce équivalent[30].

L'usage commercial du *nom d'autrui* obéit à un régime quelque peu différent. Cette utilisation peut, bien entendu, s'effectuer dans le cadre d'une autorisation donnée par le porteur du nom. Nous nous trouvons alors dans le domaine de la liberté contractuelle. Une *cession* du droit au nom peut ainsi intervenir[31].

En dehors d'une convention, l'utilisation du nom d'autrui pour désigner son commerce peut être légitime si elle ne porte pas préjudice au porteur du nom[32]. Là encore, tout est fondé sur l'absence de confusion : les noms célèbres, aristocratiques ou rares ne peuvent ainsi être utilisés sans autorisation parce que le risque de confusion est évident. Le principe s'inverse pour les noms communs. L'utilisation est, en principe, licite sans autorisation préalable du porteur, sauf pour celui-ci à démontrer l'existence d'un préjudice particulier dont il serait atteint. Le préjudice moral a également été souvent pris en compte pour interdire l'usage du nom d'autrui à titre commercial.

• L'usage littéraire du nom :

En principe licite, l'usage littéraire du nom d'autrui est davantage répandu que son usage commercial. La jurisprudence est plus sévère lorsque le nom est utilisé pour désigner un personnage de fiction[33]. Cette utilisation, pour être illicite, doit revêtir deux conditions : le porteur du nom doit tout d'abord démontrer l'existence d'un véritable préjudice. Le préjudice est généralement reconnu s'agissant des noms

---

30. Com. 9 novembre 1987, *Bull. civ.* IV, n° 234 ; v. également, Com. 12 mars 1985, *Bordas, JCP*.85.II.20400, *D*.85.471, note Ghestin ; Com. 27 févr 1990, *Mazenod, JCP*.90.II.21545, note Poillaud-Dulian.

31. L'affaire *Bordas* précité note précédente illustre parfaitement ce propos.

32. Com. 9 fév. 1993, *D*.1994.somm.59.

33. Nerson, *Les noms des personnages de roman,* Mél. Kayser, T.2 (1979), p. 303.

d'une certaine rareté, mais non pour les noms communs. Il suppose, en outre, que le personnage romanesque soit un personnage négatif. En second lieu, la jurisprudence exige presque toujours la preuve d'une faute de l'auteur[34]. La nature de cette faute est de peu d'importance. Il peut même s'agir d'une simple imprudence.

§2
LE DOMICILE

L'élément géographique d'identification de la personne est son domicile. Le domicile permet de situer l'individu dans l'espace[35].

Cette *situation dans l'espace* est une notion purement juridique. Autrement dit, l'individu, dont il s'agit, ne s'y trouve pas nécessairement physiquement. Toutefois, la sécurité exige qu'une certaine stabilité puisse exister dans cette notion : ainsi, le domicile est le lieu où la personne est censée se trouver au regard de ses droits et obligations.

Plutôt que par ses caractères, c'est par sa fonction que le domicile se définit. Une fois cette fonction analysée, il conviendra d'en déterminer le régime juridique.

A. Les fonctions du domicile

1. La définition du domicile

Toute personne doit avoir un domicile pour pouvoir y être trouvée.

Plusieurs intérêts s'attachent à son existence.

C'est le lieu à partir duquel la personne exerce ses droits, lieu où se trouvent centralisés ses intérêts pécuniaires. C'est enfin le lieu où toutes les communications, notifications ou significations peuvent lui être adressées.

L'article 102 du Code civil définit le domicile comme étant le lieu du « principal établissement » de la personne. La notion de domicile au sens juridique se définit par référence à des éléments de fait. Elle est donc susceptible d'approximation.

34. En effet, nous sommes ici dans le domaine classique de l'action en responsabilité civile fondée sur l'article 1382 du Code civil. Pour qu'il puisse y avoir réparation, le porteur du nom devra donc démontrer l'existence d'un préjudice, la faute de l'auteur et le lien de causalité.

35. F. Terré, n° 330 et s. ; B. Teyssié, *op. cit.*, n° 184 et s. ; Ghestin et Goubeaux, n° 172 et s.

A vrai dire, on distingue la notion de domicile de deux notions voisines : l'habitation et la résidence.

Il est fort possible qu'une personne ait son domicile dans son lieu d'habitation. Il est également possible que domicile et résidence se confondent. Mais, le domicile est une notion plus fuyante, composite qui regroupe certains traits caractéristiques de chaque notion tout en en étant distincte.

2. Les rôles joués par le domicile

Ce sont les diverses fonctions du domicile qui déterminent sa véritable définition.

• Lorsqu'il s'agit d'atteindre la personne le plus efficacement, ce qui est généralement la préoccupation de la procédure civile[36], le domicile juridique coïncide avec l'adresse postale de la personne.

L'envoi est alors effectué par lettre recommandée ou par ministère d'huissier[37]. Le code de procédure civile reconnaît ainsi comme étant efficaces les *significations* faites au lieu du domicile ou de résidence de la personne, lorsqu'elles ne peuvent être faites directement à sa personne[38].

• Pour l'exercice des droits, la personne doit disposer d'un lieu qui présente un certain caractère de fixité. En effet, en déplaçant son domicile, la personne peut rendre très difficile aussi bien pour elle-même que pour les administrations, l'appréhension du contenu de ses droits.

C'est ainsi que chaque branche du droit fixe, par référence aux objectifs qu'elle poursuit, une définition plus ou moins précise de la notion de domicile. Le droit civil parle du lieu du *principal établissement*, le droit fiscal mentionne le *centre des intérêts vitaux*, le droit commercial considère *le centre principal des affaires,* etc.

Quelque soit la définition proposée, le but poursuivi est identique : pouvoir saisir la personne à travers ses déplacements. Il y a

---

36. Les assignations et autres actes d'huissier, ainsi que l'ensemble des pièces qui jalonnent la procédure judiciaire doivent, pour être valable, avoir été portés à la connaissance des parties au procès : c'est la condition *sine qua non* du caractère « contradictoire » du procès judiciaire.

37. On parle alors d'une *signification.*

38. C'est ce qui résulte de l'article 655 NCPC. Cette affirmation n'est cependant pas toujours vrai. S'agissant de la détermination de la compétence juridictionnelle, le lieu du principal établissement détermine le juge compétent. Or, ce lieu ne correspond pas nécessairement à l'adresse postale de la personne (art. 42 NCPC).

dans cette méthode nécessairement une part d'artifice, car la personne peut effectivement se trouver à un autre endroit.

• En droit civil, il existe des domiciles que l'on pourrait qualifier de spéciaux. Ils s'appliquent soit à des situations particulières, soit à des personnes exerçant des métiers particuliers ou vivant des situations que le droit appréhende difficilement.

C'est ainsi qu'existent des *domiciles légaux*. Le domicile est fixé par la force de la loi même si la personne n'y réside pas effectivement.

Rentrent dans cette catégorie :

– les fonctionnaires nommés à vie. L'article 107 C. civ. fixe leur domicile au lieu où ils exercent leur fonction.

– les mineurs non émancipés, les majeurs en tutelle qui, en raison de leur lien de dépendance, sont domiciliés respectivement chez leurs parents (art. 108-2 C. civ.) et, ou leur tuteur (art. 108-3 C. civ.).

– les personnes majeures qui travaillent habituellement chez autrui. L'article 109 C. civ. rattache leur domicile à celui de leur maître ou de leur patron.

• Récemment, une nouvelle tendance se dégage : les règles de droit s'adaptent aux *situations de fait.*

C'est ainsi qu'en matière de *séparation de fait,* alors même que les époux sont juridiquement tenus à une obligation de communauté de vie, l'article 108 C. civ. pose le principe nouveau que le mari et la femme peuvent avoir des domiciles distincts sans que cela porte atteinte aux règles relatives à la communauté de vie. On constate que la loi essaie d'appréhender le plus possible les situations de fait. Plus que toute autre chose, l'accent est mis sur la prise en considération de la résidence principale *de fait*. Le droit consacre le fait.

B. Le régime juridique du domicile

1. L'unité du domicile

Si toute personne doit avoir un domicile, elle ne peut juridiquement en avoir qu'un seul. Ainsi, parmi tous les établissements qu'elle peut posséder[39], le choix doit se porter sur celui avec lequel elle entretient les liens les plus étroits. Ce domicile est alors déterminé par référence à l'ensemble des critères que nous avons déjà évoqués et qui constituent un *faisceau d'indices*.

39. C'est-à-dire ses différentes maisons, le lieu d'établissement de sa famille, le lieu de son activité professionnelle, ses lieux de loisir et de vacances, etc.

La définition même du domicile, lieu du *principal* établissement de la personne, montre bien que l'unicité du domicile relève de la nature même du domicile au sens juridique du terme.

• Toutefois, ce principe s'est peu à peu estompé et les limites et exceptions se sont multipliées avec le développement de ce qu'il est convenu d'appeler les domiciles spéciaux[40]. Cela signifie que, *pour un besoin particulier*, la loi reconnaît valeur de domicile à certains lieux qui ne coïncident pas avec le lieu du principal établissement de l'individu. De fait, celui-ci est rattaché à deux ou trois domiciles en même temps. L'unité de domicile n'a plus de sens. Ces domiciles spéciaux sont les suivants :

– le domicile électoral qui peut être différent du lieu d'établissement effectif de la personne,

– le domicile matrimonial qui détermine le lieu du mariage. Il peut exister au bout d'une résidence d'au moins un mois, ce qui montre son caractère précaire.

– le domicile commercial, lieu d'exercice professionnel du commerçant. Ce domicile était surtout intéressant à l'époque où la femme mariée commerçante était considérée comme étant domiciliée chez son mari. L'artifice du domicile commercial permettait aussi à la femme d'avoir un domicile professionnel distinct de celui de son mari.

– le domicile professionnel, pour certaines activités qui n'ont pas de base fixe. L'article 102 al. 2 considère, par exemple, que les bateliers et les forains peuvent fixer leur domicile dans l'une des communes avec laquelle ils ont une attache.

• Le principe de l'unité du domicile a également été quelque peu malmené par la jurisprudence. Afin de protéger le droit des tiers de bonne foi, les tribunaux ont créé un domicile particulier, appelé domicile apparent, dont le seul but est de préserver les tiers d'éventuelles surprises. La qualification de domicile suppose que les tiers de bonne foi aient pu légitimement croire que le domicile de l'individu se trouvait à l'endroit où, par exemple, l'acte lui a été signifié. La résidence peut ainsi être qualifiée de domicile apparent si elle présente *l'apparence* d'un véritable domicile[41].

---

40. Les domiciles spéciaux s'opposent au domicile général. On parle également du domicile secondaire par rapport au domicile principal.

41. L'appréciation de l'apparence est faite au cas par cas. Il est évident qu'il ne peut y avoir de solution générale. Tout dépend du point de savoir si, en l'espèce, la personne a pu légitimement croire que le domicile de l'individu en question était fixé au lieu litigieux.

• Le domicile élu mérite, en raison de son développement important dans la vie des affaires un examen plus approfondi.

Le domicile élu est un lieu où sont localisés les effets d'un acte juridique, soit par l'effet de la loi, soit par la volonté des parties à l'acte. Le texte d'ordre général qui prévoit les effets de l'élection de domicile est contenu dans l'article 111 du Code civil. Le sens et l'étendue de la clause d'élection de domicile dépendent de l'intention des parties, sauf si cette clause a une source légale[42]. En règle générale, l'élection de domicile a presque toujours une source conventionnelle. Néanmoins, certains textes de loi l'imposent lorsque l'acte dont il est question présente une certaine gravité.

Lorsqu'il y a élection de domicile, les effets de ce domicile ne jouent qu'entre les parties. C'est la conséquence du principe de l'effet relatif des actes juridiques qui ne lient que les parties (art. 1165 C. civ.). De plus, en raison du principe de spécialité du domicile élu, cette élection ne vaut que pour les effets de l'acte dans lequel elle est intervenue. La partie conserve son domicile général pour tout autre acte à moins qu'une autre clause d'élection de domicile ne soit incluse dans le nouvel acte. Enfin, le domicile élu est un domicile juxtaposé au domicile effectif. L'autre partie pourra toujours effectuer les actes de procédure au domicile normal. Ainsi, le domicile élu ne masque pas le domicile effectif ; il le seconde.

2. La fixité du domicile

La fixité distingue le domicile de la résidence ou de l'habitation. La résidence ou l'habitation peuvent être transférées en un autre lieu ; le domicile demeure fixe.

Ce principe heurte aujourd'hui le bon sens. Il était peut-être possible d'y donner un certain effet à l'époque où la vie était surtout rurale et sédentaire. Il semble difficile de pouvoir l'admettre de nos jours.

Cette dernière considération explique la facilité avec laquelle des exceptions ont été apportées à ce principe. Toutefois, le changement de domicile nécessite la réunion d'un élément matériel (le transfert de sa résidence d'un lieu à un autre), et d'un élément psychologique ou

42. La clause d'élection de domicile qui fixe la ville (ou le pays) de façon générale sans fixer de lieu en particulier concerne la compétence judiciaire. Celle qui fixe le lieu (la commune ou la ville et une adresse), va beaucoup plus loin et exige que toute la correspondance officielle entre les parties soit envoyée à l'adresse indiquée. L'étendue de la clause dépend donc de sa précision.

volontaire (l'intention de changer de principal établissement et de transférer le centre de ses intérêts vitaux à un autre endroit).

C'est ainsi que l'opposition au mariage s'effectue avec élection de domicile au lieu de la célébration du mariage. De cette manière, la procédure de mainlevée pourra être engagée devant les tribunaux du même endroit, ce qui facilite de beaucoup la tâche des futurs époux.

Le législateur a prévu une modalité pour pouvoir, en quelque sorte, se préconstituer des preuves de l'effectivité de l'élément volontaire dont la démonstration serait autrement très difficile. L'article 104 du C. civ. prévoit en effet, que « la preuve de l'intention résultera d'une déclaration expresse faite tant à la municipalité du lieu que l'on quittera, qu'à celle du lieu où on aura transféré son domicile ». Cette obligation n'est assortie d'aucune sanction. Pire, l'article 105 du même code prévoit qu'en l'absence de cette formalité, l'intention s'appréciera au regard de l'ensemble des circonstances de la cause.

Ainsi, la fixité ou l'immutabilité du domicile n'est plus vraiment un élément caractéristique du domicile au sens juridique.

§3
LE SEXE

A. Les données du problème

Le sexe de l'être humain est, en principe, une chose invariable. C'est cette fixité qui fait du sexe un élément d'individualisation de la personne. Il fait d'ailleurs partie des éléments qui doivent impérativement être déclarés à l'état civil au moment de la déclaration de naissance. Il existe des cas où, pour des raisons physiologiques ou congénitales (malformation, etc.), les médecins ne sont pas en mesure de déterminer avec précision le sexe d'un enfant, mais des hypothèses de ce genre sont exceptionnelles[43]. Ainsi, en principe, le sexe ne soulève pas de question particulière au regard du droit.

Cependant, en raison des progrès de la science médicale, il est aujourd'hui possible de changer de sexe : c'est le phénomène du transsexualisme.

Le transsexuel est celui qui « se sent victime d'une erreur insupportable de la nature dont il demande la rectification tant physique que civile pour parvenir à une cohérence de son psychisme

43. On parle alors *d'intersexuels.*

et de son corps et obtenir ainsi une réinsertion sociale dans le sexe opposé »[44].

Il est donc clair que, dans l'hypothèse d'un transsexuel, aucune erreur n'a été commise par le service de l'état civil. Il se trouve simplement que, à la suite d'une intervention chirurgicale, le sexe de la personne ne correspond plus à celui qui est inscrit dans son acte de naissance.

On se trouve ainsi devant un dilemme qui met en scène l'un des principes les plus fondamentaux du droit civil français : le principe de *l'indisponibilité de l'état des personnes*. Ce principe veut que toute convention, renonciation ou transaction intervenant sur l'état des personne soit nulle et de nul effet. Si l'état d'une personne est indisponible, il n'est donc pas possible d'en demander la modification suite à un changement *volontaire* du sexe. Ce serait aller à l'encontre du principe de l'indisponibilité. En outre, le transsexuel ne peut pas non plus s'appuyer sur une erreur intervenue dans l'acte d'état civil, puisque par définition, au moment de sa naissance, il avait le sexe qui est porté sur son acte de naissance. Ici, il ne s'agit pas d'une erreur mais d'un véritable *changement d'état*.

Néanmoins, il faut tout de même se rendre à l'évidence que le transsexuel n'a plus l'apparence de son sexe originaire. Cette dissemblance entre son identité civile et son identité physique peut lui causer une gêne importante. Il suffit de penser à toutes les fois où le transsexuel devra présenter sa carte d'identité sur laquelle la mention de son sexe ne correspond plus à la réalité physique.

L'absence de prise en considération par l'état civil du nouveau sexe de l'intéressé n'est-il pas de nature à porter atteinte à l'intimité de la vie privée du transsexuel ? Celui-ci ne veut pas nécessairement revendiquer et porter à la connaissance de tous le changement de sexe dont il a été l'objet.

B. La réponse de la jurisprudence

1. La position restrictive

Le juriste n'a pas que des préoccupations médicales ou de bien-être individuel. Il se soucie également de l'ordre et de l'intérêt social. En effet, si la transcription dans l'état civil du changement volontaire de sexe devait être admise, il faudrait alors reconnaître toutes les conséquences juridiques qui en découlent quant à la vie future de l'intéressé. Une fois le changement de sexe admis, qu'est-ce qui

---

44. Cité par M. Jéol, dans ses conclusions sous Cass. Ass. Plén. 11 décembre 1992, *JCP*.93.II.21991.

empêcherait le transsexuel de se marier avec une personne de son « ancien sexe »[45] ? Qu'est-ce qui les empêcherait alors, une fois mariés, d'adopter un enfant ?

Nous voyons ainsi que les questions en suspens sont très nombreuses.

Pendant longtemps, la jurisprudence française ne laissait au transsexuel que la possibilité de modifier son prénom. Dans le droit fil du droit commun, cela revenait à reconnaître au transsexuel un intérêt légitime à changer de prénom.

Toutefois, les juridictions du fond se sont quelque peu rebellées contre la Haute Juridiction et certaines sont même allées jusqu'à prétendre que le sexe psychologique devait l'emporter sur le sexe physiologique[46].

Face à ces flottements, la première chambre civile de la Cour de cassation est intervenue par quatre arrêts en date du 21 mai 1990[47], pour faire prévaloir le caractère physiologique du sexe sur son aspect psychologique, déclarant qu'en raison du principe de l'indisponibilité de l'état, le fait de se ressentir de l'autre sexe ne permet pas d'en changer, tout au moins au regard du droit civil. L'action en changement d'état du transsexuel était ainsi vouée à l'échec.

2. La position de compromis

Si la Cour européenne des droits de l'homme ne s'en était pas mêlée, la position de la Cour de cassation n'aurait certainement pas subi de changement notable. En effet, mécontents des échecs essuyés devant les tribunaux français, bon nombre de transsexuels ont porté leur cas devant la Commission et, par la suite, devant la Cour européenne des droits de l'Homme[48]. Les demandes de ces

---

45. Il faut avoir à l'esprit que le transsexuel ne change pas de sexe au sens chronologique. Lorsqu'il se marie avec une personne de son « ancien sexe », chromosomiquement, ce sont deux personnes de même sexe qui se marient, même si physiquement cela n'est pas tout à fait vrai.

46. La position de principe de la Cour de cassation en la matière remonte à un arrêt Civ. 16 déc. 1975, *D.*1976.397.

47. *JCP* 90.II.21588, Rapp. Massip, concl. Avocat gén. Flipo. V. aussi M. Gobert, « Le transsexualisme ou la difficulté d'exister », *JCP.*1990.I.3475.

48. La Cour européenne des droits de l'homme située à Strasbourg a été instituée par la Convention européenne de sauvegarde des droits de l'homme. Les États qui ont ratifié cette convention, et notamment la France, ont accepté la compétence de cette Cour. Ils doivent donc se soumettre aux décisions qu'elle prononce dans les domaines prévus par la convention.

(Suite note page suivante)

transsexuels se fondaient sur le respect nécessaire de leur vie privée : l'obligation qui leur est faite de révéler leur changement de sexe allant à l'encontre du respect nécessaire de leur vie privée.

Dans une décision du 25 mars 1992, la Cour leur a donné raison en décidant que les refus de changement de mention de sexe sur les actes de l'état civil constituent une violation de l'article 8 de la convention européenne relatif au respect de la vie privée[49].

A la suite de cet arrêt de la Cour européenne, la Cour de cassation s'est vue contrainte de changer de position. Ce fut l'objet de deux arrêts de l'Assemblée plénière de la Cour de cassation du 11 décembre 1992. La Cour de cassation s'est inclinée devant la position de la Cour européenne[50].

Cette nouvelle position de la Cour de cassation constitue une position de compromis, puisque si elle admet avec la Cour européenne qu'il puisse y avoir un changement de la mention du sexe sur les actes de l'état civil, ce n'est que de façon très limitée. Le changement d'état civil suppose, selon la Cour de cassation, que le changement de sexe réponde à des impératifs thérapeutiques. Il faut, en outre, que l'apparence physique de la personne se soit rapprochée du sexe opposé et qu'elle ait un comportement social conforme à sa nouvelle

---

Il est intéressant de remarquer que, par l'intermédiaire de ce mécanisme, le droit interne a profondément subi l'influence du droit international et spécifiquement celui forgé par la Cour européenne. Les domaines dans lesquels la Cour a réussi à imposer ses vues aux tribunaux internes des États signataires sont de plus en plus nombreux. Le caractère flou des dispositions de la Convention européenne n'a pas empêché la Cour de préconiser des solutions très rigoureuses et précises.

49. La Cour décide que, constituent une violation de l'article 8 de la Convention, les refus opposés à une personne déclarée de sexe masculin à l'officier d'état civil (personne qui, même après traitement hormonal et intervention chirurgicale, continue de présenter les caractéristiques d'un sujet de sexe masculin), de rectifier son acte de naissance et de changer son prénom. Parmi les motifs sur lesquels s'appuie la décision de la Cour, il y en a un qui mérite attention. La Cour déclare que « les inconvénients découlant de la mention du sexe dans de nombreux documents atteignent un degré de gravité suffisant pour entrer en ligne de compte aux fins de l'article 8 ». (CEDH 25 mars 1992, *D.*93.101, note Maugréant ; *JCP.*92.II.21955, note Garé ; *RTDC* 92.540, obs. Hauser).

50. A.P. 11 décembre 1992 (2 arrêts), *JCP.*93.II.21991, concl. M. Jéol, note G. Mémeteau ; GP 15 avril 93, concl. M. Jéol ; *RTDC.*93.97, obs. Hauser. La Cour de cassation considère que « lorsque, à la suite d'un traitement médico-chirurgical, subi dans un but thérapeutique, une personne présentant le syndrome du transsexualisme ne possède plus tous les caractères de son sexe d'origine et a pris une apparence physique la rapprochant de l'autre sexe, auquel correspond son comportement social, le principe du respect dû à la vie privée justifie que son état civil indique désormais le sexe dont elle a l'apparence ; que le principe de l'indisponibilité de l'état des personnes ne fait pas obstacle à une telle modification ».

apparence. Elle doit, enfin, et c'est le corollaire de la condition précédente, ne plus posséder les caractéristiques de son sexe originaire[51].

Ces considérations laissent à penser que la Cour de cassation n'est pas prête à franchir le pas. Il n'est pas question en l'état actuel des mœurs de voir des mariages d'un transsexuel avec une personne de son sexe d'origine ou bien des adoptions d'enfants par un couple dont l'un serait transsexuel[52].

SOUS-SECTION 2
L'ÉTAT CIVIL[53]

L'être humain évolue tout au long de sa vie. Il naît, grandit, se marie, a des enfants, divorce, conclut des contrats de mariage, change de nom, de nationalité, etc. et… décède.

Tous ces événements sont autant de *changements d'état* qui accompagnent la personne tout au long de sa vie. L'état d'une personne est ainsi « l'ensemble des qualités qui fixent sa situation dans les divers groupes sociaux auxquels elle appartient et qui la différencient des autres, du point de vue de la jouissance et de l'exercice de ses droits »[54].

Or, afin que l'ordre règne sur le territoire de l'État, il est tout à fait indispensable qu'une trace de l'ensemble des changements intervenus dans l'état civil des personnes soit gardée. En effet, si cette preuve ne peut pas être fournie, comment les autorités étatiques peuvent-elles savoir qui est marié, divorcé, qui est le fils naturel de qui et qui est décédé, etc. ? Sans l'état civil, comment chacun d'entre nous peut-il faire la preuve de ses droits et de son état ?

La nécessité d'un registre tenu par des autorités publiques et régulièrement mis à jour apparaît tout à fait clairement. En France, ce

51. Cette preuve doit être rapportée au moyen d'une expertise judiciaire : Paris, 13 déc. 1994, *RTDC*.1995.129, obs. Hauser.
52. L'intérêt de la question au point de vue purement juridique est un enseignement que l'on peut tirer avec Chr. Jamin : « Les juges se sont appuyés sur des textes qui ne visaient pas spécifiquement (le transsexualisme) [...] (en se fondant) soit sur des principes généraux du droit qu'ils avaient eux-mêmes forgés (l'indisponibilité de l'état), soit sur un texte (l'article 8 de la convention) qui est particulièrement flou ». V. *Cours* précité, 2e partie, p. 88.
53. B. Teyssié, *op. cit.*, n° 207 et s. ; Ghestin et Goubeaux, n° 205 et s. ; Terré et Fenouillet, n° 215 et s.
54. Bach, p. 165.

registre n'est autre que le *registre de l'état civil*. Il regroupe les écrits dressés par des agents de l'autorité publique et qui sont destinés à recevoir, conserver et publier les événements commandant l'état des personnes[55].

A. La physionomie de l'état civil

L'état civil est un ensemble d'actes, recueillis dans des registres. Une fois consignés, ces actes sont immuables. Toutefois, les registres de l'état civil ne sont pas exempts de toute défaillance.

1. Les actes et registres d'état civil

Les actes d'état civil sont établis, ainsi qu'il vient d'être dit, par des officiers d'état civil. La fonction d'officier d'état civil, naguère du ressort de l'autorité religieuse, relève aujourd'hui des attributions du maire de la commune ou, sur délégation, d'un ou de plusieurs de ses adjoints. La fonction peut même être exercée par un délégué du préfet.

Les actes de l'état civil sont des actes en la forme authentique (puisque rédigés par une autorité publique), inscrits sur des registres tenus en double original[56].

Le rôle de l'officier de l'état civil est d'authentifier l'acte. Les actes de l'état civil sont généralement dressés à l'initiative de l'individu.

Une fois la déclaration concernant l'acte accomplie, l'officier d'état civil ainsi que l'ensemble des personnes ayant pris part à la déclaration signent le registre. En dépit, du caractère solennel de l'acte d'état civil, l'absence d'une des formalités prévues par l'instruction générale de l'état civil, qui constitue le texte fondamental de la pratique administrative en ce domaine, n'entraîne pas *ipso facto* la nullité de l'acte.

55. Les autorités étatiques en question sont appelées des officiers d'état civil. Cette définition résulte de l'arrêt de la chambre civile de la Cour de cassation en date du 14 juin 1983 (*Bull. civ.* I, n° 174).

56. Il ne faut pas croire que le système de l'état civil français est d'une efficacité irréprochable ; en effet, ne sont, en principe, pris en considération que la naissance, le mariage et le décès. D'autres renseignements sont notés en marge des registres *(mentions marginales)*, mais dans l'ensemble, les renseignements restent parcellaires et dispersés.

2. La défaillance des actes d'état civil

Cette défaillance se constate essentiellement dans deux hypothèses, soit que l'acte de l'état civil est inexistant, soit, qu'il est entaché d'une erreur.

La première hypothèse est celle où aucun acte d'état civil n'a été dressé dans les délais prévus par la loi, ou bien encore celle où l'acte a été perdu par cas fortuit, à la suite d'un incendie, par exemple. Pour pallier cette absence, le jugement du Tribunal de grande instance peut prononcer un *jugement supplétif,* jugement qui permet d'établir un état, lorsque l'on ne peut s'en prévaloir, par le moyen d'un acte.

Le jugement supplétif pourra être obtenu lorsque l'intéressé rapportera la preuve de ce que le registre n'a pas été tenu, a été perdu ou est inaccessible pour des raisons relevant d'un cas de force majeure. Par ailleurs, il devra également faire la preuve par tous moyens de l'état qu'il réclame

Dans la seconde hypothèse, l'erreur glissée dans l'acte d'état civil peut être rectifiée par une décision judiciaire. Cette décision émane du parquet lorsqu'il s'agit d'une simple erreur matérielle due à une inadvertance. Dans le cas où l'erreur est plus importante, la décision émane du président du Tribunal de grande instance.

La rectification ne porte que sur l'acte : aucun élément de fond de l'acte n'est en cause dans l'acte. Elle est généralement due à une erreur (par exemple de transcription) mais ne constitue pas une demande de changement d'état.

B. Les fonctions de l'état civil

1. L'état civil, moyen de publicité

La fonction de publicité attachée aux actes de l'état civil revêt deux caractéristiques. En premier lieu, les éléments importants de la vie de l'être humain doivent faire l'objet d'une publication sous diverses formes qui vont de l'affichage à la Mairie, jusqu'à l'insertion d'une annonce dans un journal spécialisé. Cependant, ce n'est pas là que réside la véritable fonction de publicité des actes d'état civil.

En second lieu, les actes et registres d'état civil peuvent être consultés sous certaines conditions, en se conformant à des formes particulières. En raison de la difficulté qu'il y aurait à manipuler les documents originaux, la consultation s'effectue non pas directement mais par la délivrance de copies ou d'extraits d'actes de l'état civil effectuée par les services compétents de la mairie[57].

2. L'état civil, procédé de preuve

En tant qu'acte authentique, les actes de l'état civil font preuve de leur contenu jusqu'à inscription de faux. En effet, le fait qu'ils soient établis par un officier public leur confère une force probante plus importante qu'aux autres actes, et les place au même rang que les actes notariés (art. 13, d. 3 août 1962).

Toutefois, cette force probante particulière est limitée aux constatations faites par l'officier lui-même. Toutes les déclarations qui n'ont pu être directement constatées par l'officier d'état civil font foi, jusqu'à la preuve du contraire.

La force probante des actes de l'état civil est d'autant plus grande qu'elle est opposable à tous.

En principe, les actes de l'état civil constituent le mode exclusif de preuve en matière d'actes de l'état civil. Nous avons vu que, dans certaines conditions, les naissances, mariages et décès peuvent être prouvés par tous moyens[58].

SECTION 2
LA PERSONNALITÉ IMPARFAITE

Nous allons examiner sous cette rubrique l'ensemble des situations dans lesquelles la personne dispose d'une personnalité qui, soit pour des raisons physiologiques, soit pour des raisons juridiques, est imparfaite.

Deux hypothèses sont à envisager selon la source de cette imperfection. C'est ainsi que l'on peut être en présence d'une imperfection naturelle ou d'une imperfection juridique.

---

57. La copie est la reproduction intégrale de l'acte ; l'extrait n'en est que la reproduction partielle. Les copies ne peuvent être délivrées qu'à certaines personnes seulement (l'intéressé, ses ascendants, ses descendants et son tuteur, ainsi que le procureur de la République). L'idée fondamentale qui sous-tend cette restriction est de garder un certain secret sur la filiation des personnes, ce qui n'est guère conciliable avec la publicité des actes de l'état civil. La copie intégrale de l'acte de décès peut être délivrée à tout tiers qui en fait la demande.

58. C'est ce qui résulte de l'article 46 du Code civil, lorsque les registres ont été perdus par cas fortuit, v. *supra*, p. 166.

§1
LES IMPERFECTIONS NATURELLES[59]

En principe, la personnalité existe à partir de la naissance de l'être humain et ce jusqu'à sa mort. Il sera ici question des zones d'incertitude qui accompagnent la naissance et la mort de l'homme et du sort de la personnalité à ces moments d'incertitude.

A. La personnalité et la naissance

En principe, la personnalité « naît » à la naissance de l'enfant. Ce principe reçoit des exceptions.

1. La personnalité avant la naissance[60]

La personnalité apparaît au moment de la naissance. Est-il pour autant possible d'affirmer que le fœtus ou l'embryon n'ont aucune personnalité juridique ? La réponse à cette question renvoie à des interrogations fondamentales d'ordre philosophique et les conséquences qui en découlent sont d'une importance capitale pour la société dans laquelle nous vivons.

Peut-on dire qu'un enfant est une personne avant même qu'il soit né ? Beaucoup le pensent. Si l'on devait suivre les tenants de cette thèse, plusieurs conséquences graves en résulteraient : l'avortement serait à bannir ; les moyens de procréation assistée (fécondation *in vitro* par exemple) ne pourraient plus être utilisés puisqu'ils ont pour corollaire la sélection et l'abandon des « embryons en surnombre ».

A l'inverse, si l'on considère que la personnalité n'existe « qu'à partir du premier souffle », l'embryon ou le fœtus n'auront alors que le statut d'objets (de choses). Les problèmes ci-dessus évoqués trouvent ainsi leur solution. Conséquence supplémentaire, étant des objets, ils devraient également être susceptibles de commercialisation.

Le droit français a choisi la voie médiane. En raison de leur nature particulière, les embryons et les fœtus ne peuvent être regardés comme une chose. Ils ne sont pas non plus une personne, le point de départ de la personnalité étant marqué par la naissance[61].

---

59. Teyssié, *op. cit.*, n° 12 et s. ; Terré et Fenouillet, n° 19 et s.
60. V. sur l'ensemble de la question, X. Labbée, *Condition juridique du corps humain avant la naissance et après la mort*, PUF, 1990.
61. C'est la position adoptée par la loi du 29 juillet 1994, que suit la jurisprudence : Civ. 1re, 9 janv. 1996, *D.*1996.376, note Dreyfus-Netter.

Se conformant à cette conception, la loi de 1975 sur l'interruption volontaire de grossesse dispose qu'un avortement n'est pas répréhensible dès lors qu'il est fondé sur un motif thérapeutique, ou pratiqué avant la dixième semaine de la conception de l'enfant, à la demande d'une femme dans un état de détresse.

La réalité sociologique prend le pas sur le raisonnement juridique. Il est vrai qu'on admet que la personnalité juridique puisse rétroagir au jour de la conception[62], mais ce serait imposer une trop lourde charge aux femmes en détresse que de leur refuser l'avortement au nom de ce principe. Le compromis consiste ainsi à prévoir une limite au-delà de laquelle l'avortement est rendu illicite.

La question est réglée de la même façon dans le domaine de la bioéthique. Le droit français considère ainsi que la convention par laquelle une personne accepte de porter l'enfant d'un autre est nulle et de nul effet (art. 16-7 C. civ. issu de la loi du 29 juillet 1994).

2. Le moment précis de l'apparition de la personnalité

Pour que la personnalité existe, il faut que l'enfant naisse vivant et viable.

L'enfant est *vivant* s'il dispose des fonctions essentielles lui permettant d'avoir une existence autonome par rapport à sa mère. En sens inverse, l'enfant mort-né ou qui meurt au moment de l'accouchement n'acquiert pas la personnalité au sens juridique du terme.

L'enfant *viable* est celui qui est né normalement constitué, de sorte qu'il pourra continuer à vivre. Il doit disposer des organes essentiels à l'existence. L'enfant qui naît mais qui n'est pas viable, ne peut acquérir la personnalité juridique (art. 74-1 C. civ.)[63].

En revanche, peu importe la durée de sa vie : l'enfant né viable et vivant acquiert la personnalité juridique, ne serait-ce que pour quelques instants.

Ce principe reçoit une exception coutumière et traditionnelle dérivant d'un ancien adage connu sous le nom *infans conceptus*[64],

---

62. Cela résulte du droit civil, v. *Infra*, paragraphe suivant.

63. Cf. C. Philippe, *La viabilité de l'enfant nouveau-né, D.*1996.29 ; une circulaire du 29 juillet 1993 définit la notion de viabilité.

64. L'adage latin sous sa forme complète est le suivant : *Infans conceptus pro nato habetur quoties de somodis ejus agitur.*

selon lequel l'enfant simplement conçu est réputé né à chaque fois que son intérêt l'exige[65].

Cet adage est calqué sur l'intérêt de l'enfant ; innocent, il mérite une protection juridique renforcée. L'application de cet adage soulève une difficulté supplémentaire, celle de la détermination de la date exacte de la conception. En effet, si l'on prévoit que l'enfant simplement conçu peut bénéficier d'un certain nombre de droits, encore faut-il savoir à quel moment l'enfant est conçu. Or, la date de la conception est généralement impossible à fixer directement.

Pour mettre fin à cette difficulté, le législateur a posé une présomption[66], fixant deux bornes dans le temps au 300e et au 180e jour avant la date de la naissance effective. Cette période est appelée « période légale de la conception » ; l'enfant peut avoir été conçu à n'importe quel moment à l'intérieur de cette période légale.

La jurisprudence montre une très grande souplesse et considère que l'enfant doit pouvoir fixer sa date de conception à n'importe quel moment de la période légale, dès lors qu'elle est conforme à son intérêt. La loi du 3 janvier 1972 a consacré cette solution jurisprudentielle dans l'article 311 al. 2 du Code civil.

B. La personnalité et la mort

En principe, la personnalité disparaît avec la mort. La détermination de ce moment ne suscite, en règle générale, aucune difficulté particulière.

Lorsque la mort est certaine, c'est-à-dire au moment de l'arrêt complet et irréversible des fonctions vitales, le décès est constaté à la date et à l'heure précises auxquelles il a eu lieu. Ces informations servent ensuite de base à l'officier d'état civil pour établir l'acte de décès.

Deux éléments viennent compliquer nos explications. Premièrement, il y a une survivance de la personnalité juridique au-delà de la mort. Ensuite, il existe des cas d'incertitude quant au décès d'une personne[67].

---

65. L'enfant simplement conçu peut recueillir une succession ou une donation à la seule condition qu'il soit né vivant et viable (art. 725 C. civ.) ; la jurisprudence étend cette règle à d'autres domaines du droit, chaque fois que l'intérêt de l'enfant l'exige (Ch. Réunies 8 mars 1939, *DC*.41.J.37, note Juilliot de la Morandière ; *S*.41.I.125, note Batiffol pour une rente d'accident de travail).

66. Notion que nous avons déjà présenté, *supra*, p. 132.

67. Cf. Le Breton, *Le droit, la médecine et la mort, D*.1994.167. À propos de la définition légale de la mort, v. *GP*.1988.1.300 et s. ; pour le bénéfice d'une assurance-vie : Civ. 1re, 7 janv. 1997, *RTDC*.1997.398, note Hauser.

1. Survivance de la personnalité au-delà la mort

La disparition de la personnalité n'est pas absolue. Il n'est ainsi pas rare que l'on admette que les effets de la personnalité du défunt se prolongent quelque peu après sa mort.

L'exécution des dernières volontés du défunt consignées dans son testament constitue la forme la plus évidente de la prolongation de la personnalité. Ses héritiers sont considérés comme les continuateurs de sa personne.

Enfin, le cadavre fait lui-même l'objet d'un certain respect. Il n'est certes plus une personne mais « une chose ». Néanmoins, il s'agit d'une chose hors du commerce (non susceptible de faire l'objet de contrats commerciaux). Le droit réglemente également de façon très stricte les questions de prélèvements et de dons d'organes[68].

2. L'absence et la disparition

Dans certaines situations, l'existence d'une personne est douteuse parce qu'elle est absente depuis longtemps. La famille est sans nouvelle d'elle, de sorte que l'on se demande si la personne est morte ou vivante.

La loi organise deux régimes pour les cas d'incertitude sur l'existence de la personne : il s'agit de *l'absence* et de *la disparition.*

a. L'absence

Au sens juridique du terme, l'absence est l'état d'une personne dont on ne sait pas si elle est morte ou vivante. Ce régime est régi par les articles 112 et suivants du Code civil.

Le régime juridique de l'absence est celui du pari sur la vie (dans une première phase) et, le temps passant, de l'admission de la mort (dans une deuxième phase).

• La première phase est celle de la *présomption d'absence*. Cette phase débute « lorsqu'une personne a cessé de paraître au lieu de son domicile ou de sa résidence sans que l'on ait eu de nouvelles »[69]. Ce texte n'impose pas de condition particulière de délai.

---

68. Les prélèvements d'organes sont régis par la loi du 22 décembre 1976 qui institue une présomption de volonté de la part du défunt, sauf volonté contraire. Si le défunt n'a donc pas expressément refusé le prélèvement d'organes, il est censé l'avoir accepté. Pour une étude approfondie de la question, v. Byk, *Transplantation d'organes et droit : une greffe réussie ? Expérience française, contexte européen, JCP.*1997.I.4026.
69. Article 112 C. civ.

La présomption d'absence doit être judiciairement déclarée. Toute personne qui y a intérêt ou le Ministère public peut saisir le juge des tutelles. Ce dernier prend alors les mesures nécessaires pour organiser l'administration des biens du *présumé absent.* A cette fin, il désigne un membre de la famille ou un tiers qu'il charge de la représentation de ses intérêts (art. 113 C. civ.). Le Ministère public est chargé de veiller à la protection des intérêts du présumé absent.

La période de présomption d'absence prend fin avec le retour de l'intéressé ou par la preuve, par tous moyens, de son décès.

Si aucun de ces événements ne se produit, le juge prononce, à l'issue d'une période de 10 ans, un jugement déclaratif d'absence qui constitue la deuxième phase de la procédure d'absence[70].

• Les conditions sont ici beaucoup plus rigoureuses que celles qui président à la déclaration de la présomption d'absence. Le jugement déclaratif émane du tribunal de grande instance de la dernière résidence de l'absent.

La requête en déclaration d'absence est publiée afin que l'intéressé puisse en être prévenu. Le jugement est rendu un an au moins après la publication de la requête[71].

Le jugement est publié selon les mêmes formes que la requête. Son dispositif est porté sur le registre des décès du lieu de la dernière résidence de l'absent et en marge de son acte de naissance.

Le jugement déclaratif d'absence a la même valeur qu'un acte de décès et en tient lieu. Ainsi, les mesures d'administration provisoire prévues pendant la période de présomption d'absence tombent et les biens sont dévolus aux héritiers. De même, l'ensemble des conséquences familiales du décès se produisent dans les relations avec le conjoint et les enfants à naître[72].

En cas de réapparition de l'absent, le jugement déclaratif peut être annulé à la demande du Procureur de la République ou de tout intéressé. L'absent réapparu reprend alors possession de ses biens dans l'état où ils se trouvent[73]. En cas de fraude dans l'obtention du

70. Lorsque le juge de tutelles n'a pas été saisi pour prononcer la présomption d'absence, le délai permettant d'obtenir le jugement déclaratif d'absence est doublé : il est alors de 20 ans.

71. Pour ne pas allonger inutilement les délais, la loi permet d'ailleurs que la requête soit publiée un an avant l'expiration du délai de 10 ou de 20 ans.

72. Notamment, le conjoint peut se remarier à partir de cette date.

73. Ou le prix des biens qui ont fait l'objet d'une vente.

jugement déclaratif d'absence, l'auteur de la fraude devra restituer, outre les biens, les revenus qu'il en a tirés pendant la période d'absence[74].

Néanmoins, dans tous les cas, le mariage de l'absent reste dissout. Le conjoint de l'absent réapparu reste marié à son nouveau conjoint.

b. La disparition

La disparition est l'état d'une personne dont on a la quasi-certitude qu'elle est morte. Son cadavre n'a cependant pu être retrouvé.

L'article 88 C. civ. dispose que le régime de la disparition s'applique à la personne disparue « dans des circonstances de nature à mettre sa vie en danger, lorsque son corps n'a pu être retrouvé »[75].

L'acte de décès ne peut, en principe, être dressé qu'au vu du cadavre de la personne. Or, dans l'hypothèse qui nous intéresse, celui-ci fait justement défaut.

Une requête est adressée par le Procureur de la République ou par tout intéressé au tribunal de grande instance du lieu de la disparition en vue de faire constater celle-ci. Après enquête, le tribunal rend un jugement déclaratif de décès qui tient lieu d'acte de décès[76].

Au regard des tiers, le jugement déclaratif produit toutes les conséquences d'un décès.

En cas de réapparition extraordinaire de l'individu, les mêmes dispositions qu'en cas d'absence seront appliquées.

§2

LES IMPERFECTIONS DE DROIT

Avant d'aborder ce sujet, il convient de préciser la notion de *capacité* de la personne et ses différentes facettes.

La capacité est l'aptitude qu'a une personne à être sujet de droits et d'obligations, c'est-à-dire à acquérir, à jouir et à exercer des droits.

74. Il sera, bien entendu, également condamné à des sanctions autres d'ordre civil ou pénal.
75. Il s'agit de naufrages, de catastrophes naturelles, d'accidents d'avions, etc. Cette hypothèse englobe celle où la mort est certaine mais où le corps n'a pu être retrouvé.
76. Art. 91 C. civ.

Cette aptitude est l'un des attributs de la personnalité. Il détermine ce que peut faire un individu dans le domaine juridique[77].

Pour des raisons très diverses, certaines personnes ne disposent pas des facultés nécessaires à la prise de décision, surtout lorsqu'il s'agit de décisions pouvant gravement ou durablement compromettre leur avenir ou l'avenir d'autrui. Le droit prend acte de cet état de fait et n'accorde pas à ces individus l'ensemble des attributs de la personnalité : il restreint leur capacité dans le but de les protéger. On dit de ces personnes, qu'elles son frappées d'*incapacité*. C'est à l'étude sommaire de ces incapacités qu'est consacré le paragraphe suivant.

A. La classification selon le fondement de l'incapacité

Les incapacités peuvent répondre à deux impératifs : dans certains cas, on empêche l'incapable de participer au commerce juridique parce qu'il risque d'agir à l'encontre de ses propres intérêts ; l'objectif est alors de le protéger. Dans d'autres cas, on l'empêche d'intervenir parce qu'il risque de porter préjudice à autrui ; l'objectif est alors de protéger les autres des méfaits que pourrait causer l'incapable.

La première catégorie vise essentiellement les mineurs et les personnes dont les facultés mentales sont altérées[78].

Les incapables de la seconde catégorie sont des personnes à l'égard desquelles il est permis d'avoir une certaine méfiance. C'est pourquoi, dans des domaines particuliers, des incapacités spéciales les frappent : c'est ainsi qu'un malade ne peut gratifier son médecin par son testament (art. 909 C. civ.). On craint effectivement que le médecin ne soit tenté de faire pression sur le malade. Cette méfiance engendre une incapacité à recevoir[79].

---

77. Sur l'ensemble de la question, v. Terré et Fenouillet, n° 1196 et s. ; Teyssié, *op. cit.*, n° 350 et s. ; Hauser, *Réflexions sur la protection de la personne de l'incapable,* Mél. P. Raynaud, 1985, p. 227 et s.

78. Faisait également partie de cette catégorie, la femme mariée jusqu'en 1942 ; celle-ci devenait incapable par le seul fait de son mariage. Le législateur entendait simplement la protéger en édictant une incapacité spéciale. Cette incapacité n'existe plus.

79. C'est ainsi également que, dans certains cas les gérants de société peuvent être frappés d'interdiction d'exercer une activité commerciale, lorsque par leur faute de gestion leur entreprise est tombée en « faillite », ou bien qu'un mandataire ne peut acheter de son mandant le bien qu'il est chargé de vendre (Rennes 6 janv. 1959, *D.*59.II.273).

B. La classification selon l'étendue de l'incapacité

Deux techniques sont utilisées selon la plus ou moins grande importance des restrictions imposées à l'incapable.

• Les *incapacités de jouissance* privent « l'incapable de certains droits ou de certaines activités juridiques »[80]. Elles sont assez rares dans la mesure où elles édictent une privation de droit. L'incapable ne trouve jamais le droit visé dans son patrimoine.

Ces incapacités sont contraires au principe de l'article 8 C. civ., selon lequel « tout Français jouira des droits civils »[81]. En tout état de cause, elles ne sont jamais générales mais visent toujours une matière particulière.

• Les *incapacités d'exercice* sont de portée plus restreinte. L'incapable frappé d'une incapacité d'exercice retrouve le droit en question dans son patrimoine mais, pour différentes raisons, ne peut l'exercer. Ces incapacités sont, en principe, générales.

L'incapacité d'exercice est susceptible de degrés : selon les cas, l'incapable peut être représenté ou assisté. Ses agissements nécessitent parfois simplement une autorisation préalable.

La représentation dessaisit totalement l'incapable au profit d'un tiers désigné par le juge ou par la loi[82].

L'assistance est une technique plus légère. Elle permet à l'incapable de commercer à condition d'avoir toujours une tierce personne à ses côtés pour l'assister[83].

Dans le cas où une autorisation est exigée, la tierce personne ne doit pas nécessairement être présente lors de la conclusion de l'acte[84].

Selon la gravité de l'acte, ces techniques peuvent parfois être assorties d'un élément de formalisme supplémentaire, une homologation par le juge des tutelles de l'acte passé.

80. Y. Buffelan Lanore, n° 331 et s.

81. L'exemple de l'interdiction pour le médecin de recevoir par testament de son malade est un exemple d'incapacité de jouissance.

82. Les parents, les autres administrateurs légaux ou le tuteur. C'est le procédé utilisé pour les mineurs et les aliénés. V. pour les questions d'ordre bancaire, s'agissant notamment d'un mineur non émancipé : F. Rizzo, Les opérations bancaires du mineur non émancipé, Revue juridique Personnes et famille, avril 2000, p. 6.

83. Cette technique concerne les majeurs en curatelle qui ne sont pas complètement écartés de l'administration de leurs biens.

84. Par exemple, les articles 148 et 159 du C. civ. exigent l'autorisation des parents, des grands-parents ou du conseil de famille pour le mariage du mineur.

Les attributs de la personnalité

Certains droits sont les attributs de la personnalité même. Ces attributs créent des *droits* pour l'être humain du seul fait de son existence et obligent les tiers à les respecter.

Ces droits sont d'une nature toute particulière. En effet, alors que les autres droits créés par l'activité humaine sont acquis, les droits découlant des attributs de la personnalité sont, eux, innés. Ils sont attachés à la personne humaine. L'homme en dispose du seul fait de sa qualité de personne[1].

Ces droits attachés à la personne humaine se subdivisent généralement en deux catégories :

• Une première catégorie de droits a trait aux rapports existant entre l'individu et l'État : ce sont les droits attachés à la personnalité humaine et qui proviennent de sa qualité de *citoyen*. On parle généralement des droits de l'homme[2]. Ces droits de l'homme constituent autant d'obligations pour l'État et pour les corps constitués. C'est, en quelque sorte, un contrepoids à l'omnipotence de l'appareil étatique.

L'analyse de cette catégorie de droits relève plutôt des études de droit public, et plus précisément du domaine des libertés publiques.

• La deuxième catégorie des attributs de la personnalité concerne les rapports des individus entre eux. Chaque individu est en droit

1. Sur la dignité de la personne humaine, v. B. Edelman, *La dignité de la personne humaine, un concept nouveau, D.*1997.chr.185 ; B. Mathieu, *La dignité de la personne humaine : quel droit ? quel titulaire ? D.*1996.chr.282 ; sur la question générale du droit de l'Homme, v. Teyssié, n° 21 et s. ; Terré et Fenouillet, n° 42 et s.
2. C'est pour cette raison que la déclaration de 1789 est qualifiée de *Déclaration des droits de l'homme et du citoyen*.

d'imposer à tout autre individu le respect d'un certain nombre de droits. On le voit bien, la question relève ici du domaine du droit privé, car elles portent sur les rapports entre particuliers. Ces droits attachés à la personnalité, sont tout simplement appelés les *droits de la personnalité*. C'est à leur étude que ce chapitre est consacré[3].

Parmi tous les droits attachés à la personnalité, nous en analyserons deux qui constituent les droits dont la protection est la plus développée dans la jurisprudence française. Ils ont d'ailleurs servi d'exemple pour les autres matières dans lesquelles des droits de la personnalité ont été progressivement reconnus. Il s'agit du droit au *respect de la vie privée* et du droit à *l'image*[4].

SECTION 1
LE DROIT AU RESPECT DE LA VIE PRIVÉE

Le droit au respect de la vie privée est reconnu par des textes de source internationale et interne[5].

Cette pléthore de textes sur le sujet montre bien qu'il y a là matière à réflexion pour le juriste. L'on pourrait même penser que ces

3. L'étude des droits de la personnalité est assez récente. V. Perreau, « Les droits de la personnalité », *RTDC*.1909.51.

4. D'autres aspects de la vie humaine peuvent donner lieu à des droits dont la reconnaissance est indispensable au bon fonctionnement des rouages de la société. Il en va ainsi de la reconnaissance du droit à l'honneur (v. Bernard Beigner, *L'honneur et le droit* [1993]), du droit au respect du corps de l'être humain et de la liberté de conscience et d'opinion qui doit être reconnue à l'être humain.
Notre étude se limitera cependant à ces deux formes de droit, puisque les techniques mises au service du respect des autres droits sont largement calquées sur celles utilisées pour le droit au respect de la vie privée et le droit à l'image.

5. C'est ainsi que l'article 12 de la Déclaration universelle des droits de l'Homme dispose que « nul ne sera l'objet d'immixtions arbitraires dans sa vie privée ». L'article 8 de la Convention européenne de sauvegarde des droits de l'Homme et des libertés fondamentales fait écho à ce texte, en prévoyant que « toute personne à droit au respect de sa vie privée et familiale ».
En droit français interne, l'article 9 du C. civ. dispose que « chacun a droit au respect de sa vie privée. Les juges peuvent, sans préjudice de la réparation du dommage subi, prescrire toutes mesures, telles que séquestres, saisies et autres, propres à empêcher ou faire cesser une atteinte à l'intimité de la vie privée ; ces mesures peuvent s'il y a urgence être ordonnées en référé ». Sur l'ensemble de la question, v. B. Beigner, *Vie privée et vie publique, in* Le Public et le privé, Arch. de Philosophie du Drfoit, t. 41 (1997), p. 163 ; Réflexions sur la ptotection de la vie privée, *Droit de la famille,* 1997, chr., p. 11 ; P. Kayser, *La protection de la vie privée par le droit, protection du secret de la vie privée,* 3e éd., 1995.

textes ne constituent, sous forme écrite, que la traduction de principes généraux coutumiers remontant à la nuit des temps. L'importance de ces principes généraux n'a été ressentie que récemment avec la valeur accrue accordée à la personne humaine et à la nécessité de sa protection.

§1

LE CONTENU DU DROIT AU RESPECT DE LA VIE PRIVÉE

A. La définition juridique de la « vie privée »

Les textes internes et internationaux ne définissent pas ce qu'est la vie privée. Une définition générale a été proposée par la doctrine : la vie privée recouvrerait le domaine de la vie personnelle et familiale, par opposition à la vie publique, qui serait le domaine des activités d'ordre professionnel et social.

Cette définition générale ne peut convenir dans tous les cas, parce que les activités hybrides sont nombreuses. Plusieurs activités sociales de l'être humain se mêlent à sa vie privée ; il devient ainsi difficile de faire la part des choses[6]. En outre, la notion de vie privée est une notion évolutive. Admettre une définition figée de la vie privée reviendrait à l'enserrer dans un carcan rigide incompatible avec la nature particulière de cette notion.

C'est la raison pour laquelle la jurisprudence a très vite eu à s'interroger sur les éléments caractéristiques de la vie privée, afin de définir les critères d'application du régime protecteur de celle-ci.

Une distinction peut alors se dessiner.

• Certains éléments font partie de la vie privée de façon *absolue*.

La jurisprudence mentionne ainsi les faits ayant trait à *la vie et aux relations affectives d'une personne*.

L'appartenance de cet élément au domaine de la vie privée présente un caractère absolu, puisque les règles protectrices s'appliquent à propos de toute personne. Le caractère connu ou méconnu de la personne qui a fait l'objet des révélations est sans importance.

6. Notamment lorsque la personne est en dehors de ses activités professionnelles, par exemple en vacances, mais qu'elle apparaît dans des lieux publics, par exemple sur une plage, dans une salle de théâtre, etc. Il n'est pas facile de savoir si l'on se trouve dans le cadre de sa vie privée ou de sa vie publique. La question est encore plus délicate s'agissant de la vie privée ou publique des personnages publics (homme politique, stars du cinéma, personnalités connues, etc.)

Ce caractère absolu s'attache, semble-t-il, à l'état de santé, l'état de grossesse[7], ou encore, au lieu du domicile de la personne[8].

• Dans d'autres hypothèses, les faits doivent être appréciés de manière relative. Tout dépend de la *personne* qui est visée par les révélations et des *circonstances concrètes* dans lesquelles les faits se sont déroulés.

C'est ainsi que les personnages publics disposent d'un cercle d'intimité plus restreint. Cela ne veut pas dire pour autant qu'ils en sont privés[9].

En outre, la révélation faite au grand public sur une personne connue alors qu'elle était dans l'accomplissement d'un acte normal de sa vie quotidienne, est en principe illicite.

• Il existe, enfin, certains faits qui ne font jamais partie de la vie privée. Il s'agit, par exemple, des renseignements purement patrimoniaux sur une personne[10]. Encore que les organismes officiels peuvent se voir opposer un refus de communication de ce type de renseignements dès lors qu'ils ne démontrent pas la nécessité des dits renseignements par la sauvegarde de leurs droits[11].

---

7. On parle du noyau dur de la vie privée. V. en ce sens, Paris 27 février 1981, *Isabelle Adjani, D.S.* 1981. 457, note Lindon. À propos du compromis entre secret médical et le respect dû à la vie privée, v. Cass. 1re, 16 juillet 1997, SA éd. Plan c/ Cts Mitterand, JCP 1997, éd. G, II.22964, obs. E. Derieux.

8. Constitue une atteinte à la vie privée le seul fait de se renseigner sur le domicile d'une personne (Civ. 1re, 6 mars 1996, *D.*1997.7, note Ravanas). Mais le secret du lieu du domicile ne doit pas entraver la bonne marche de la justice lorsqu'il s'agit de faire exécuter un jugement devenu définitif devant un tribunal (Civ.1re, 30 juin 1992, *JCP*.93.II.22001). En effet, ce qui est prohibé, c'est la révélation du lieu du domicile à un large public. S'agissant des personnes morales que nous étudierons *infra,* p. 187 et s., un arrêt de la Chambre criminelle de la Cour de cassation décide que leur siège social peut être protégé contre les intrusions des journalistes (Cass. crim. 23 mai 1995, D. 1995, inf. rap., p. 222).

9. V. Not. Paris 26 mars 1987 et TGI Paris 4 mars 1987, *JCP*.87.II.20467, note E. Agostini (Michel Sardou et Johnny Hallyday).

10. « Le respect dû à la vie privée de chacun n'est pas atteint par la publication de renseignements d'ordre purement patrimonial ne comportant, comme en l'espèce, aucune allusion à la vie et à la personnalité de l'intéressé », Civ. 1re, 28 mai 1991, *D.*1992. 213, note P. Kayser. V. aussi Civ. 1re, 21 oct. 1993, *D.*1994.594, note Picod ; Versailles, 17 mai 1995, *D.*1996.909, note Ravanas ; comp. avec Civ. 1re, 19 déc. 1995, *Bull.*I.479 ; *D.*1997.158, note Ravanas. En revanche, il semble que lorsque ce genre d'informations est révélé en accompagnement à des détails de la vie affective d'une personne ou d'un couple, cela porte atteinte à la vie privée : TGI Paris, 19 fév. 1997, *Jurisdata* 040315).

11. V. en ce sens, Civ. 1re, 19 déc. 1995, cité note précédente.

B. Le régime juridique du droit au respect de la vie privée

1. Les sanctions civiles et pénales de l'atteinte à la vie privée

L'article 9 C. civ., remanié par la loi de 1970, offre un panel de sanctions assez impressionnant. Ces sanctions peuvent être considérées selon qu'elles interviennent *a priori* ou *a posteriori*.

a. Sanctions *a priori*

Ce sont des sanctions qui visent à empêcher la divulgation d'une information auprès du public. C'est de loin la forme de sanction la plus appropriée, parce qu'elle intervient avant que le mal ne soit fait.

L'article 9 C. civ. prévoit, à cette fin, que « les juges peuvent [...] prescrire toutes mesures, telles que séquestre, saisies et autres, propres à empêcher ou faire cesser une atteinte à l'intimité de la vie privé ; ces mesures peuvent, s'il y urgence, être ordonnées en référé ». C'est ce dernier membre de phrase qui vise les mesures préventives. En effet, dans des circonstances exceptionnelles, le juge peut être saisi dans les conditions du référé[12], et neutraliser le mal à la base.

Les mesures qui peuvent intervenir dans de telles situations sont :

– la saisie : c'est-à-dire la mise sous mains de justice d'un objet (livres, journaux, enregistrements audio ou vidéos, films, etc.). Eu égard à la gravité de cette mesure et à l'atteinte importante qu'elle porte à la liberté d'expression, la jurisprudence exige qu'elle ne soit utilisée que dans des cas extrêmes où aucune autre forme de réparation ne peut convenir[13].

– le séquestre : qui est un dépôt d'origine judiciaire d'un objet, le temps que le litige soit réglé. Les mêmes précautions sont à observer ;

– les censures : de films, de livres, d'articles sont également une modalité d'exercice de ce pouvoir par le juge[14].

12. Procédure permettant la saisine urgente du juge qui peut ordonner, à titre provisoire, toutes mesures imposées par les circonstances.
Les décisions prises par le juge dans le cadre d'une procédure de référé peuvent être remises en cause soit à la demande de l'une des parties, soit à l'initiative du magistrat lui-même en présence de circonstances nouvelles.

13. Cela est d'ailleurs vrai aussi bien pour la saisie que pour le séquestre ou la suppression des passages d'un livre pour lesquels la jurisprudence exige le caractère intolérable des faits incriminés : TGI Paris 15 avr 1987, *D*.87.551, note Hassler. V. également, Paris, 13 mars 1996, *aff. du « grand secret »*, *JCP*.1996.II.22632.

14. V. pour la censure de certains passages d'un livre, Paris 14 mai 1975, *D*.75.687, note Lindon.

b. Sanctions *a posteriori*

Celles-ci interviennent une fois que le mal est fait. Il faut alors se demander dans quelle mesure elles peuvent être réparatrices.

Parmi ces sanctions, les dommages-intérêts sont les plus importants. Ils servent à réparer le tort ou le préjudice qui est causé à la victime du fait de la divulgation des événements concernant sa vie privée. C'est une sanction civile par équivalent : il est trop tard pour revenir en arrière, on ne peut que réparer moyennant le paiement d'une somme d'argent[15].

Pour que les dommages-intérêts puissent être accordés, il faut et il suffit que l'atteinte à la vie privée soit démontrée[16]. La jurisprudence admet même que les dommages-intérêts puissent avoir une valeur *punitive* (plus importante que le préjudice subi).

En dehors des dommages-intérêts, une sanction souvent prévue par la jurisprudence est d'ordre « publicitaire »[17]. Il s'agit alors soit de la publication *in extenso* du jugement de condamnation, soit de la publication d'un encart rectificatif.

Des mesures de censure peuvent également être prévues *a posteriori*.

Enfin, il existe des sanctions pénales, à savoir des amendes et des peines de prison, prévues par les articles 368 et s. du Code pénal.

2. L'abandon des sanctions à la suite du consentement de la personne

Aucune sanction ne peut être infligée à l'encontre d'une personne qui publie les événements de la vie privée de quelqu'un avec son consentement.

Cette affirmation ne pose aucun problème lorsque le consentement est écrit ou tout au moins donné sous une forme expresse. Mais ce consentement peut-il être tacite ?

Les juges qui dégagent en la matière les solutions au cas par cas, procèdent à une distinction subtile. Alors même que le consentement peut être tacite, il doit se déduire indubitablement des circonstances de fait qui entourent l'affaire. Ce consentement ne peut, en aucun cas, être présumé et surtout, il doit être considéré comme devant être accordé au cas par cas. Le corollaire en est qu'un consentement donné pour une révélation d'un fait particulier à une personne particulière ne

15. V. en ce sens, Paris 19 juin 1987, *JCP*.88.II.20957, note Auvret.
16. Sans qu'il soit nécessaire de démontrer un préjudice distinct ou même l'existence d'un lien de causalité : Civ. 1re, 5 nov. 1996, *JCP*.1997.II.22805, note Ravanas.
17. L'expression est de Ch. Jamin, *Cours* précité, 2e partie, p. 101 ; v. par exemple, TGI Paris, 17e Ch. corr., 13 janv. 1997 ; *JCP* 1997, éd. G, II.22845.

vaut que pour ce fait particulier et vis-à-vis de cette personne particulière[18].

Enfin, le fait qu'une personne (généralement connue) ait toléré l'intrusion de la presse dans sa vie privée pendant un certain temps n'implique pas de sa part une renonciation à se prévaloir de l'atteinte à l'intimité de sa vie privée pour l'avenir[19].

§2

CONFLIT ENTRE LE DROIT AU RESPECT DE LA VIE PRIVÉE ET CERTAINES LIBERTÉS

L'intimité de la vie privée met l'accent sur l'être humain en tant que tel. Mais, il y a souvent d'autres impératifs qui doivent également être pris en considération. L'un d'entre eux retiendra tout particulièrement notre attention, parce qu'il risque de rentrer en conflit avec le droit au respect de l'intimité de la vie privée : il s'agit de la liberté d'expression et d'information.

L'hypothèse est la suivante : si l'on voulait sauvegarder totalement l'intimité de la vie privée, l'information et l'expression n'auraient plus d'existence. Il convient donc d'essayer de trouver un compromis entre ces deux réalités : faire en sorte que la liberté d'expression et d'information ne soit pas réduite à néant, sans pour autant sacrifier l'intimité de la vie privée.

Ce débat est d'actualité et concerne surtout deux catégories de personnes, les personnalités politiques et les personnalités du monde de l'art et du spectacle.

On s'en doute, le compromis est difficile à atteindre. La jurisprudence privilégie la liberté d'information dans certaines hypothèses :

– En principe, les informations qui ont déjà été rendues publiques, notamment par l'intéressé lui-même, peuvent être

18. Ainsi, si une star connue révèle de son propre chef un événement de sa vie privée au magazine X qui le publie, cette autorisation ne vaudra que pour le magazine X. Un magazine Y ne peut s'en prévaloir pour publier les mêmes faits. La redivulgation de renseignements relatifs à la vie privée est soumise à autorisation spéciale : Paris, 27 janv. 1989, *JCP.* 89.II.21325 (1re esp.).

19. Ainsi les très nombreuses déclarations d'un artiste de variétés à propos de sa vie sentimentale ne peuvent agir que sur l'étendue du préjudice subi et non sur le principe d'une atteinte à sa vie privée : Paris 28 fév. 1989, *JCP.*1989.II.21325 (2e esp.), note Agostini.

redivulguées sans que celui-ci puisse s'y opposer de façon discrétionnaire. Néanmoins, tout dépend des circonstances dans lesquelles cette redivulgation intervient. En tout cas, il n'existe pas un *droit à l'oubli* pour les faits divulgués dans le passé[20]. Tout au plus, l'auteur devra-t-il respecter, dans la relation de ces faits, un devoir « de prudence et d'objectivité »[21].

– les exigences de l'histoire peuvent également légitimer la diffusion de certains événements de la vie des personnes, pourvu que cette narration soit faite de façon objective. En effet, il est difficile de contraindre l'historien au silence sur les aspects de la vie des anciens d'un pays. Tout au plus, pourrait-on exiger de lui une certaine réserve. Cette réserve sera d'ailleurs d'autant plus importante que les personnalités en cause seront proches de nous dans le temps[22].

SECTION 2
LE DROIT À L'IMAGE

§1
LE CONTENU DU DROIT À L'IMAGE

Le droit à l'image s'attache à tout sujet, qu'il soit vivant, mort, connu ou inconnu[23]. Il peut même concerner une chose du moment qu'elle présente certaines particularités qui nécessitent la protection de son image[24].

20. Civ. 1re, 20 novembre 1990, JCP.91.II.21903 et la note. Faut-il encore que le rappel des faits plusieurs mois, voire plusieurs années plus tard, corresponde à un souci d'ordre éthique, historique ou scientifique (Montpellier, 8 avril 1997, Jurisdata n° 034039).

21. En outre, les exigences de l'information du public, notamment s'agissant de l'actualité télévisuelle, ne peuvent mettre en échec la nécessaire présomption d'innocence dont la protection est désormais assurée grâce à l'article 9-1 du C. civ. institué par la loi du 4 janvier 1993. Pour deux illustrations de cette affirmation, TGI Paris, 7 juil. 1993 et Rouen, 20 sept. 1993, *JCP.*1994.II.22306, et la note.

22. Toute la difficulté réside dans la notion d'histoire, Civ. 1re, 10 oct. 1995, *Empereur de Chine, JCP.*1997.II.22765, note Ravanas.

23. En effet, il ne peut être soutenu que le droit au respect de l'intimité de la vie privée et donc le droit à l'image prend fin à la date du décès ou qu'il disaparaît au moment du décès : TGI Paris, 13 janv. 1997, D. 1997.255 ; Paris, 9 juillet 1980, *D.S.*1981.72, note Lindon, à propos de la photographie de la dépouille mortelle de Jean Gabin.

24. Généralement c'est la personne du propriétaire de cette chose que l'on vise à protéger à travers la protection de l'image de la chose. Ainsi, il s'agit toujours de droits de la *personnalité.*

Au regard des modes de reproduction, la jurisprudence est très large et prend en considération toute les formes possibles et imaginables (photo, vidéo, film, mais aussi dessin ou peinture).

Le fondement de cette protection est incertain. La doctrine majoritaire le rattache au respect de la vie privée. D'ailleurs, de nombreuses décisions retiennent que « le droit au respect de la vie privée permet à toute personne, fût-elle artiste de spectacle, de s'opposer à la diffusion sans son autorisation de son image, attribut de sa personnalité »[25].

Cependant, la jurisprudence protège l'image en tant que telle dans des circonstances qui ne mettent pas en cause la vie privée de la personne. Elle énonce ainsi que « peu importe que la personne se trouve dans un lieu public, dès lors qu'elle apparaît isolément grâce au cadrage réalisé par le photographe », son image est protégée[26]. Ce faisant, elle semble reconnaître un fondement autonome au droit à l'image.

Cette incertitude tient également au fait que le droit à l'image renferme un caractère patrimonial. Il peut être cédé ou rapporter des rémunérations au propriétaire de l'image.

§2
LE RÉGIME JURIDIQUE DU DROIT À L'IMAGE

La protection du droit à l'image s'effectue sensiblement par recours aux mêmes moyens que ceux utilisés en matière d'atteinte à la vie privée.

Ainsi, les sanctions civiles et pénales que nous avons mentionnées dans la précédente section[27], s'appliquent également ici (saisie, modification de l'image rendant le sujet méconnaissable, allocation de dommages-intérêts, publication du jugement ou droit de réponse dans le cadre de la loi du 29 juillet 1881).

Le droit à l'image est également susceptible de certaines limites :

– Si le sujet donne son accord en vue de la reproduction et de la diffusion, il ne pourra plus se plaindre sur le fondement de l'atteinte du droit à l'image[28]. Cette autorisation peut être explicite ou tacite. Elle

25. V. notamment, Paris 25 oct. 1982, D.1983.363, note Lindon.

26. Paris, 11 avr 1987, *GP*.87.1.138 ; 27 sept 1988, *GP*.89.1.191, note Frémond.

27. V. *supra*, p. 181.

28. Cette autorisation est toujours nécessaire : v. par ex., Civ. 1re, 5 mars 1997, *RTDC*.1997.397, note Hauser, pour un avocat photographié avec le maire de Nice.

n'est pas nécessaire lorsque la photo est prise dans un lieu public et que la personne ne constitue pas le sujet principal de la photo.

– Comme pour le respect de la vie privée, l'information du public nécessite parfois une mise à l'écart du droit à l'image. Ainsi, lorsqu'une photo est prise dans un lieu public et que le sujet principal de celle-ci est une personne déterminée, il n'y a pas atteinte au droit à l'image, si la photo a été prise pour les besoins de l'actualité[29].

29. Le sujet ne peut se plaindre que lorsque sa photo a fait l'objet d'une utilisation autre qu'informative, par exemple pour un objet commercial : Paris 3 avril 1987, D.87.somm.384 ; v. également TGI Aix 24 nov. 1988, JCP.89.II.21329, note Henderycksen ; RTDC.90.126, note Patarin. Dans un tel cas, le sujet a droit à une rémunération, ce qui montre l'aspect patrimonial du droit à l'image.

TITRE DEUXIÈME

Les personnes morales

La notion même de personne morale appelle quelques observations préalables. En effet, en raison du caractère abstrait de cette notion et de la diversité de ses formes, la nature juridique de la personne morale a divisé la doctrine[1].

• Selon certains auteurs, la personnalité morale est une création artificielle et fictive. Cette thèse, dite de la *fiction* (théorie classique), fait des personnes morales des groupements d'individus ou de biens créés en vue d'un objectif, économique ou non, et auxquels leurs membres transfèrent un patrimoine qui devient ainsi autonome (de celui de leurs membres).

S'agissant d'entités fictives, leur volonté est limitée à celle de leurs membres, et leur existence est soumise à une autorisation étatique. Elles tirent ainsi leur force de l'autorité de la loi.

Cette théorie est vivement critiquée depuis la fin du XIXe siècle.

• A cette même époque, deux courants opposés de pensée ont vu le jour. Le premier, celui de la *négation* de la personnalité morale, va à l'encontre de la notion même de personne morale. Le fait de fonder un groupement d'individus ou de biens ne donnerait pas naissance à une personnalité distincte. Ainsi, la personnalité morale ne serait, pour certains, qu'une propriété collective, pour d'autres, un simple lien contractuel[2].

---

1. Ph. Malaurie, *La notion juridique de la personne morale,* Rep. Defrénois, 1990, p. 1068 ; Terré et Fenouillet, n° 241 et s. ; Teyssié, *op. cit.,* n° 478 et s. ; Paillusseau, « Le droit moderne de la personnalité », *RTDC.*1993.705 ; v. également, Trav. de l'Association H. Capitant, T.45, 1996, *Les groupements.*
2. Les tenants de cette thèse sont notamment : Ihering et Planiol proposant la théorie de la propriété collective, de Vareilles-Sommières défendant celle du lien contractuel.

• Parallèlement à cette théorie, se sont développées les théories dites *réalistes* qui se sont d'ailleurs affinées tout au long du XXe siècle[3]. Les tenants de cette thèse affirment que la personnalité morale n'est pas une fiction mais une réalité. En effet, ces auteurs constatent que la personne morale est dotée de ses organes de décision propres et d'une volonté collective, transcendant celle de chacun de ses membres[4]. La conséquence pratique de cette théorie est la liberté de création des personnes morales. La loi ne fait que constater l'existence de la personne morale, elle ne la crée pas[5].

Aujourd'hui, les tenants de la thèse de la réalité *technique* insistent davantage sur la notion d'intérêt juridiquement protégé et affirment que « toute personne morale existe parce qu'un intérêt plus large que ceux d'un individu impose son existence juridique »[6].

Il résulte de cette théorie que la personnalité morale est une réalité technique : elle est créée dans un but particulier et pour protéger un intérêt particulier. En dehors de ce domaine, elle est inexistante.

Nous excluons de notre champ d'investigation les personnes morales de droit public que sont l'État, les collectivités et les établissements publics, toutes investies d'une mission de service public, afin de nous intéresser aux personnes morales de droit privé.

Nous analyserons la classification des personnes morales avant de nous intéresser à leur régime juridique.

3. F. Terré, n° 352 et s.
4. Les tenants de cette thèse sont notamment : Maurice Hauriou, Gény ou Savatier. La Cour de cassation a admis cette théorie par un arrêt du 28 janvier 1954 à propos du Comité d'établissement (*D*.54.217, note Levasseur). En raison de lois intervenues postérieurement à cette décision, l'on pourrait se demander si cette jurisprudence conserve toujours son actualité. Il semble, en tout état de cause, que la réalité de la personne morale ne puisse être remise en question. La jurisprudence, dans des décisions récentes, continue de considérer que la personnalité morale n'est pas une création de la loi (v. A propos des CHSCT, Soc. 17 avr. 1991, *JCP*.91.n° 21).
5. C'est sous l'instigation de cette théorie que la loi du 1er juillet 1901 a admis la liberté d'association.
6. Ch. Atias, *Droit civil, les personnes, les incapacités* (1985), n° 137.

CHAPITRE 1

La classification des personnes morales

SECTION 1
LES GROUPEMENTS DE PERSONNES

Il s'agit de groupements d'individus, ou même de personnes morales constitués en vue d'atteindre un but précis. Ce but pourra être lucratif ou non, ce qui conditionne la nature de la personne morale.

§1
LES PERSONNES MORALES À BUT LUCRATIF : LES SOCIÉTÉS[1]

A. Les sociétés commerciales

1. Les sociétés de personnes

La société de personnes est un groupement d'individus tenus indéfiniment et solidairement sur l'ensemble de leur patrimoine.

La forme la plus répandue de société de personnes est la *société en nom collectif*. Elle est généralement composée de commerçants qui se connaissent et se font confiance.

Les créanciers de la société agissent directement contre celle-ci et non contre chacun des associés[2].

1. Les sociétés civiles et commerciales sont régies par les dispositions suivantes : les articles 1832 et s. C. civ., la loi du 24 juillet 1966 et divers autres textes spéciaux.
2. C'est là une des manifestations de la personnalité morale.

2. Les sociétés de capitaux

Il s'agit d'un groupement de personnes dans lequel chaque membre est représenté par un certain nombre de parts ou d'actions qui représentent sa responsabilité maximale au sein de la personne morale. Contrairement aux sociétés de personnes, les membres de sociétés de capitaux ne sont tenus des dettes sociales qu'à la hauteur de leur investissement[3], représenté par le nombre de parts ou d'actions dont ils sont propriétaires.

Trois formes de sociétés de capitaux peuvent être dénombrées : la société anonyme, la société à responsabilité limitée et l'entreprise unipersonnelle à responsabilité limitée. Les différences essentielles entre ces formes de sociétés sont au nombre de deux : la société anonyme est une société importante[4] dont les *actions* sont librement cessibles à toute tierce personne.

La société à responsabilité limitée est une société de plus petite taille[5], souvent familiale, dont les *parts sociales* ne sont pas librement cessibles à des tiers. La société reste ainsi fermée.

L'entreprise unipersonnelle à responsabilité limitée est constituée par une seule personne qui affecte alors une partie de ses biens à son activité commerciale[6].

B. Les autres formes de sociétés

Il en existe essentiellement deux :

• les sociétés civiles, c'est-à-dire celles qui n'ont pas un but commercial (généralement immobilières, ou consacrées à l'activité d'une profession libérale). Leur régime se rapproche beaucoup de la société en nom collectif.

---

3. Par exemple, si une personne a acheté pour dix mille francs d'action d'une société anonyme, les créanciers de ladite société ne pourront jamais la poursuivre au-delà de cette somme.
4. Avec un capital social minimum de 250 000 francs et 7 membres au minimum, qu'on appelle *actionnaires*. Il est question actuellement que le capital minimum de la société passe à 500 000 francs.
5. Une SARL peut être constituée entre deux personnes minimum avec un capital social de 50 000 francs. Les membres sont appelés des *associés*. Le capital social minimum pour ce genre de société pourrait prochainement être augmenté à 100 000 francs.
6. Elle est d'une création récente. Avec l'entreprise agricole à responsabilité limitée, l'E.U.R.L. constitue une modalité d'affectation d'une masse de biens. Elles ont été mises en place par la loi du 11 juillet 1985.

• Les sociétés en participation ne sont pas immatriculées au registre du commerce et ne bénéficient pas, à ce titre, de la personnalité juridique. Elles peuvent avoir un objet civil ou commercial.

§2

LES PERSONNES MORALES À BUT NON LUCRATIF : LES ASSOCIATIONS

Les associations se distinguent des sociétés en ce qu'elles ne cherchent pas à *partager des bénéfices*. Le but poursuivi dans le cadre d'une association est généralement d'ordre charitable, culturel, sportif, politique ou autre, mais en tout état de cause, pas commercial.

Les associations se divisent en trois catégories selon leur capacité de jouissance.

A. Les associations non déclarées

Il s'agit d'un contrat d'association conclu entre plusieurs personnes sans qu'il soit porté à la connaissance de l'administration[7]. Elle n'a pas de personnalité juridique, alors même que grâce à la liberté d'association reconnue par la loi du 1er juillet 1901, son existence est licite. Ainsi, l'association a une existence réelle entre les associés mais elle n'est pas opposable aux tiers.

Curieusement, alors même qu'une telle structure ne peut agir en justice, elle peut être attraite devant les tribunaux lorsque l'intérêt des tiers l'exige.

B. Les associations déclarées

Ce sont les associations qui bénéficient de la « petite personnalité ». La formalité à accomplir est une simple *déclaration* à la Préfecture du département du lieu du siège.

Une telle association ne peut acquérir de biens à titre gratuit (sous forme de legs ou de donations). Elle ne peut pas non plus acheter des immeubles sauf s'ils sont nécessaires au but poursuivi.

C. Les associations reconnues d'utilité publique

Les associations qui existent depuis un certain temps et qui comptent plus de deux cents membres peuvent, en en faisant la

7. En l'occurrence, le service des Associations de la préfecture de chaque département.

demande auprès de l'Administration[8], obtenir « la grande personnalité », c'est-à-dire la reconnaissance d'utilité publique.

La procédure d'obtention de cette reconnaissance est lourde et complexe. La reconnaissance est accordée par décret après avis du Conseil d'État. L'association bénéficiera alors d'une personnalité parfaite, pourra acquérir des biens à titre gratuit, et acheter des immeubles. De plus, à cette reconnaissance d'utilité publique sont attachés plusieurs avantages fiscaux, ce qui restreint le nombre des autorisations.

SECTION 2
LES MASSES DE BIENS

Certains auteurs considèrent l'EURL comme une masse de biens. Nous avons préféré la traiter avec les autres formes de société, puisque la loi lui reconnaît les caractéristiques d'une véritable société commerciale. C'est pourquoi il ne nous reste plus ici qu'à parler d'une seule forme de masse de biens que connaît le droit français, à savoir *la fondation.*

La fondation a connu peu de succès en France, principalement en raison de la procédure lourde que la loi a choisie pour permettre sa création. La fondation a été définie par la loi du 23 juillet 1987 (modifiée en 1990) comme un « acte par lequel une ou plusieurs personnes physiques ou morales décident l'affectation irrévocables de biens, droits ou ressources à la réalisation d'une œuvre d'intérêt général et à but non lucratif ».

L'affectation de biens à un but désintéressé peut ainsi s'accompagner ou non de la création d'une personne morale. C'est la situation de la création d'une personnalité morale que nous envisageons. La procédure de constitution de la fondation ressemble à celle de la reconnaissance d'utilité publique en matière d'associations. La seule différence réside dans l'existence d'une dotation originaire. C'est le décret de reconnaissance d'utilité publique qui confère à la fondation sa personnalité juridique.

La technique de la fondation est, depuis 1990, utilisée par les entreprises commerciales pour des opérations de *mécénat.*

8. En l'occurrence auprès du ministère de l'Intérieur.

CHAPITRE 2

Le régime juridique des personnes morales

SECTION 1
CONSTITUTION

La création d'une personne morale exige généralement l'accomplissement de certaines formalités.

Dans un premier temps, la volonté des fondateurs se manifeste à travers la rédaction de l'acte de naissance de la société, appelé *statuts*. Ces statuts doivent être déposés auprès de l'autorité compétente, accompagnés de l'ensemble des pièces nécessaires à l'immatriculation de la société.

Une deuxième phase voit entrer en scène l'Administration qui soit constate l'existence et le caractère complet des documents présentés, soit prend une part active en autorisant, agréant ou approuvant la constitution de la personne morale.

Enfin, la création est toujours accompagnée de mesures de publicité ayant pour objectif de porter la création de la personne morale à la connaissance du public, lui rendant ainsi opposable son existence.

SECTION 2
FONCTIONNEMENT

Les personnes morales ont un nom (appelé *dénomination* ou *raison sociale*), un domicile (appelé *siège social*) et une nationalité.

Au regard de leur capacité, les personnes morales sont strictement limitées par la règle de la spécialité. Les actes accomplis par une personne morale ne sont valables que s'ils ressortissent à son objet social, c'est-à-dire au but pour lequel elle a été constituée. En dehors de cet objet, la personne morale n'a pas la capacité de traiter.

En outre, les personnes morales ont, en principe, toujours la capacité d'ester en justice, ou d'être poursuivies en justice.

La personne morale exerce ses droits par l'intermédiaire d'*organes* qui la représentent. Ces organes sont très diversifiés et changent pour chaque type de personne morale. Les organes d'une personne morale sont généralement composés par ses membres. Ces organes ont la capacité d'engager la responsabilité de la personne morale. Tous les rapports de celle-ci vis-à-vis des tiers passent par ces organes.

SECTION 3
DISSOLUTION DE LA PERSONNALITÉ MORALE

Il existe plusieurs manière pour une personne morale de cesser d'exister :

– statutairement : les statuts de la société peuvent avoir prévu un terme pour la personne morale, parce que sa mission n'a qu'une durée limitée. Au terme de ce délai, la personne morale disparaît. Il en va également ainsi lorsque l'objet de la personne morale disparaît.

– volontairement : les associés peuvent décider de mettre fin à une personne morale en raison, par exemple, d'une mésentente entre les membres, ou pour tout autre motif légitime.

– par la volonté du juge : dans le cas où le fonctionnement normal de la société n'est plus possible, ou en cas de liquidation judiciaire, le juge saisi à cet effet peut déclarer la dissolution de la personne morale.

La personnalité juridique est maintenue pour les besoins de la liquidation de la personne morale (art. 1844-8 C. civ.). Les biens et les créances du groupement étant liquidés, le solde (qu'on appelle également *boni* de liquidation) est versé entre les mains des membres ou, dans le cas des groupements à but non lucratif, dévolu à un groupement ayant des buts similaires. S'agissant d'une fondation, les biens sont restitués aux fondateurs ou à leurs héritiers, sauf s'il en a été décidé autrement dans l'acte de fondation.

TROISIÈME PARTIE

LES BIENS

Lors de la classification des droits subjectifs, nous avons analysé la notion de patrimoine[1]. Il faut maintenant essayer de définir les biens. A vrai dire, il s'agit là d'une notion ambiguë parce qu'ambivalente.

Un bien est une *chose* qui est susceptible d'*appropriation.* Il reste à définir ce qu'est une chose et ce que recouvre la notion d'appropriation. C'est en donnant ces définitions que l'ambivalence de la notion ressort.

• Dans une première acception, la chose désigne les objets matériels qui servent à l'homme, « soit qu'elles puissent satisfaire directement ses besoins (une maison pour se loger, une automobile pour se déplacer, un pain pour manger), soit qu'elles permettent par leur valeur d'échange, d'acquérir d'autres choses qui, elles, répondront directement à ses besoins »[2]). Ces choses prennent alors le nom de *choses corporelles*, c'est-à-dire des choses que l'on peut appréhender par nos sens physiques.

Les choses corporelles s'opposent aux choses *incorporelles.* Ces dernières sont des *droits* portant aussi bien sur des choses corporelles [3] que sur des choses immatérielles[4].

Ainsi, le mot « bien » désigne en même temps les objets et les droits portant sur ces derniers.

---

1. *Supra*, p. 116
2. Bach, p. 361.
3. Par exemple, le droit subjectif d'une personne sur son immeuble est un droit réel qui constitue en même temps une chose incorporelle.
4. Il faut penser à l'auteur qui écrit un livre. Il dispose d'un droit portant non pas sur les pages qu'il vient d'écrire, mais sur le contenu qui y est développé. Il s'agit là d'un droit incorporel, qu'on désigne par le vocable de droit d'auteur.

• Cependant toute chose ne constitue pas pour autant un bien. Pour recevoir cette qualification, la chose doit encore être susceptible d'appropriation.

Or, certaines choses ne présentent pas d'utilité économique. Il en est ainsi des *choses communes* qui n'appartiennent à personne et dont l'usage est commun à tous (l'air, l'eau de la mer, etc.).

Dans notre société mercantile, la question est plus souvent résolue dans le sens inverse : la chose devient « bien » dès lors qu'elle présente une utilité économique. Le droit s'arrange alors pour la rendre susceptible d'appropriation, souvent par l'intermédiaire de techniques juridiques complexes.

Le « droit des biens » constitue ainsi l'ensemble des règles organisant l'attribution de divers droits sur les choses et la répartition des « fruits » qui en proviennent.

TITRE PRÉLIMINAIRE

La classification des biens

CHAPITRE 1

La distinction entre les meubles et les immeubles

SECTION PRÉLIMINAIRE
QUELQUES ÉLÉMENTS HISTORIQUES

§1
LES ORIGINES

L'article 516 C. civ. dispose que « tous les biens sont meubles ou immeubles ».

La constatation est d'ordre physique et relève de la nature des biens.

Certains biens ont, en effet, une assiette fixe, qui empêche leur transport (les terrains, les bâtiments, etc.). D'autres peuvent être déplacés. Les premiers sont appelés des *immeubles* et les seconds des *meubles*.

Cette différence naturelle des deux formes de biens a eu une incidence très marquée sur leur régime juridique. En réalité, cette différence a une origine essentiellement historique.

L'ancien droit considérait les biens immeubles comme les biens au vrai sens du terme. Dans la pensée économique, politique et sociale de l'époque, ce qui faisait la richesse d'une personne, c'était ses biens immeubles, au premier rang desquels viennent les fonds de terre.

L'immeuble est caractérisé par sa fixité, par sa valeur également, mais surtout par le pouvoir politique et par l'assise sociale qu'il confère. Il est permanent, peut être transmis, est productif de fruits (au sens juridique du terme) et de revenus.

A cette même époque, les meubles étaient plus rares et considérés comme des choses de peu de valeur.

Avec le temps, l'immeuble prend de la valeur. Il n'est donc pas étonnant qu'un adage de l'époque disposât : « *Res mobilis res vilis* »[1].

Dans cet esprit, l'ancien droit consacrait le principe de la conservation des immeubles dans la famille. Il en résultait que les meubles pouvaient seuls répondre des dettes de la personne. Les immeubles, quant à eux, furent soumis à des règles protectrices.

Ce principe avait une conséquence importante sur le plan juridique, conséquence qui, encore aujourd'hui, spécifie le régime des biens en droit français. La conservation dans la famille et la nécessité de protection des biens immeubles entraînèrent un régime juridique très contraignant, ce qui eut pour conséquence *leur difficulté de circulation.*

§2
L'ÉVOLUTION

L'esprit de l'ancien droit en la matière trouva son prolongement dans le Code civil qui consacra, avec un peu d'allègement et de normalisation, le même régime.

C'est ainsi que, de nos jours, on se retrouve avec la distinction des meubles et immeubles, qui constitue le fondement de notre droit civil et qui crée des régimes exagérément différents pour chaque type de biens, alors même que dans la réalité, l'opposition n'est plus aussi radicale. Le droit a, en quelque sorte, « pris du retard » sur la réalité sociale et économique.

Quelle est la raison de cet anachronisme ? La réponse vient d'emblée : la valeur du bien mobilier a changé, aussi bien matériellement que psychologiquement. Plusieurs domaines d'évolutions ont contribué à cet état de fait.

• Une évolution des mentalités d'abord : le bien immobilier n'occupe plus, dans les esprits, le premier rang. L'une des raisons pourrait être qu'aujourd'hui, il est plus facile de devenir propriétaire d'un bien immobilier. Mais la raison essentielle semble venir de ce que certaines personnes disposent d'une fortune mobilière plus importante que leur fortune immobilière.

• Une évolution des objets mobiliers ensuite : surtout avec l'apparition des biens et droits mobiliers incorporels. La valeur du bien n'est plus alors intrinsèque, mais tient à ce que l'objet ou le droit

1. Bien meuble, bien de peu de valeur.

représente. Les actions d'une société, les SICAV, toute forme de droits sociaux, etc. sont des meubles qui peuvent représenter des valeurs pécuniaires inestimables.

On est alors loin de l'adage de l'ancien droit.

Ainsi, le régime actuel du Code civil apparaît quelque peu en décalage par rapport à la réalité de la vie économique.

SECTION 1
LES IMMEUBLES ET LES DROITS IMMOBILIERS

§1
L'IMMEUBLE PAR NATURE

Il s'agit de tous les biens qui, par leur structure, sont immobiles.

On range dans cette catégorie le sol, ce qui s'y rattache, et les plantations (art. 518 et s. C. civ.). S'y ajoutent les bâtiments, les constructions en tous genres dépendant organiquement du sol, quelque soit d'ailleurs leur forme ou leur utilisation. Ce qui importe, c'est leur fixité. Le sous-sol fait également partie de la catégorie des immeubles par nature.

§2
L'IMMEUBLE PAR DESTINATION

Les immeubles par destination sont nommément désignés à l'article 524 du C. civ. Ce texte considère comme des immeubles, les objets mobiliers que le propriétaire d'un fonds y a placés pour son service[2].

Les meubles ainsi *immobilisés* vont suivre le sort de l'immeuble qu'ils servent. Cette unification des meubles et des immeubles s'effectue pour prendre en considération l'unité économique qui relie les deux biens. L'un sans l'autre ne peut être économiquement exploitable. Ainsi, l'usine sans machine-outil ou l'exploitation agricole sans animaux ou ustensiles sont incomplets.

2. Dans un fonds agricole, il s'agira des animaux et ustensiles nécessaires à l'exploitation du terrain. Dans une usine, cela pourrait consister dans des machines ou outils servant industriellement.

Après avoir déterminé les cas dans lesquels un meuble peut être immobilisé, nous nous intéresserons aux conditions et aux conséquences de l'immobilisation.

A. Cas d'immobilisation des biens meubles

1. L'affectation au service et à l'exploitation d'un fonds

Le propriétaire des meubles et de l'immeuble affecte les biens meubles à l'exploitation économique d'un fonds. Peu importe la destination (agricole, commerciale ou industrielle) du fonds en question[3]. Le critère essentiel de l'immobilisation est le caractère nécessaire du meuble affecté au service de l'immeuble.

Le lien qui s'établit est un lien d'accessoire au principal. Mais il ne faut pas croire qu'un lien matériel ou physique est nécessaire. Seuls comptent l'intention du propriétaire et le service auquel le meuble est effectivement affecté[4].

2. L'attache à perpétuelle demeure

L'immeuble peut également être affecté à un fonds ou à un immeuble. L'immobilisation résulte ici d'un lien volontaire et définitif créé par le propriétaire du fonds entre son immeuble et un bien meuble qui lui appartient. A l'inverse de la situation précédente, le lien doit être matérialisé et visible[5].

B. Conditions et effets de l'immobilisation

L'immobilisation par destination suppose que les deux biens aient le même propriétaire. Ainsi, lorsqu'une personne est propriétaire

---

3. C'est par un raisonnement analogique que la juriprudence a étendu le domaine de l'article 524 C. civ., qui ne prévoyait pas l'hypothèse des activités industrielles et commerciales. Le texte de cet article a d'ailleurs été remanié très récemment pour inclure dans son champ d'application les animaux au même titre que des objets que le propriétaire du fonds y a palcés pour le service et l'exploitation de celui-ci. Cette modification a été introduite par l'art. 24 de la loi du 6 janv. 1999.
4. Une jurisprudence récente considère pourtant que la seule volonté est impuissante (Civ. 1re, 26 juin 1991, *JCP.1*992.II.21825, note Barbiéri) ; Un élément matériel doit ainsi s'adjoindre à l'élément intentionnel, Paris, 16 avril 1996, *D.*1997.18, note A. Robert.
5. L'art. 525 C. civ. donne certains exemples de meubles attachés à perpétuelle demeure : meuble scellé dans l'immeuble, ou dont la dissociation entraîne nécessairement la détérioration de celui-là ; tableau, glace ou autre objet ornemental dont le support est intégré à la boiserie du mur ; les statues placées dans une niche aménagée (même en l'absence d'attache matérielle). V. pour un exemple jurisprudentiel : Civ. 1re, 5 mars 1991, *Bull.* I, n° 81.

d'un fonds et qu'elle loue le matériel lui servant à l'exploiter, il ne peut y avoir immobilisation.

Parce qu'elle met en cause les droits des tiers et du crédit, la technique d'immobilisation n'est autorisée que dans les hypothèses expressément prévues par la loi, c'est-à-dire dans les deux cas prévus ci-dessus.

Les conséquences de cette immobilisation sont importantes.

En raison de l'application de la théorie juridique de l'accessoire, les meubles immobilisés échappent au régime juridique des meubles. Leur traitement suit celui des immeubles.

En conséquence, lors de la vente du fonds, les meubles sont vendus comme partie intégrante de l'immeuble, sauf si les parties ont convenu du contraire[6].

En outre, les meubles immobilisés sont soumis au régime de la saisie immobilière[7] et la garantie réelle constituée sur l'immeuble s'étend à eux [8].

Par exception, le propriétaire pourrait décider de vendre les biens meubles séparément. On considère alors que les meubles qui étaient immobilisés sont redevenus des biens mobiliers.

§3

LES DROITS IMMOBILIERS

Les droits étant des biens incorporels, ils sont également soumis à la distinction entre les meubles et immeubles. Le principe est que les droits sont mobiliers, sauf un certain nombre qui, par exception, sont considérés comme immobiliers.

Les droits réels immobiliers sont des droits qui portent sur un immeuble en tant que tel et qui se confondent à ce titre avec lui[9].

6. V. Civ. 23 mai 1984,. *Bull. Civ.* III, n° 104.

7. La saisie de l'immeuble auquel ils sont affectés s'étend aux meubles. La procédure est celle d'une saisie immobilière, plus complexe et plus coûteuse que celle d'une saisie mobilière.

8. Cette garantie, appelée *hypothèque*, est un procédé qui permet au propriétaire de constituer une sûreté ou une garantie sur son bien immobilier (y compris les immeubles par destination), de façon à pouvoir, par exemple, emprunter de l'argent à une banque. Si le propriétaire refuse de rembourser la somme empruntée, le prêteur pourra faire vendre en justice le bien donné en garantie et se faire payer sur la valeur recueillie de la vente (art. 2118 C. civ.).

9. Sont assimilées aux biens immeubles, les actions en justice qui peuvent avoir un caractère immobilier ; il s'agit des actions permettant la restitution d'un immeuble, qui permettent de faire reconnaître son droit de propriété sur un immeuble et, en conséquence, se le faire restituer (article 526 C. civ.).

L'article 525 C. civ. ne cite au titre des droits immobiliers que l'usufruit et les servitudes qui constituent des démembrements du droit de propriété[10]. Il ne fait cependant aucun doute que le droit de propriété est un droit immobilier lorsqu'il porte sur un immeuble. A cela, il faut également ajouter les droits réels accessoires : les sûretés[11].

SECTION 2
LES MEUBLES ET LES DROITS MOBILIERS

Le principe est facile à exposer : tout ce qui n'est pas immeuble est meuble. Autrement dit, les meubles constituent le principe, les immeubles l'exception. Cela signifie également que tout nouveau bien sera de plein droit répertorié dans la catégorie des meubles, sauf si un texte spécifique vient lui reconnaître la qualification d'immeuble. Ainsi, la catégorie « meuble » est une catégorie ouverte, alors que la catégorie « immeuble » est une catégorie fermée.

§1
LES MEUBLES PAR NATURE

Sont meubles par nature les choses qui sont susceptibles de se transporter d'un lieu à un autre, soit par leur propre moyen, soit par l'application d'une force étrangère. C'est la définition que donne l'article 528 C. civ. des meubles par nature[12].

Il est intéressant de constater que les meubles par nature peuvent avoir été des parties d'un immeuble par nature dont ils ont été dissociés. C'est le cas, par exemple, d'une brique qui provient d'un immeuble qu'on démolit (les gravats ou les briques sont alors des meubles), d'une pierre qui provient d'une carrière, d'une fresque que l'on détache du mur d'une église[13].

---

10. Nous les analyserons, *infra*, p. 237.
11. Hypothèque, antichrèse ou privilèges.
12. Depuis une loi du 6 janvier 1999, le texte de l'art. 528 C. civ. a été complété par le vocable « animaux », de sorte que les meubles par nature sont soit des « corps » soit des « animaux ».
13. Quand bien même cette hypothèse a posé beaucoup de problèmes aux juridictions : A.P. 15 avril 1988, *Fondation Abbegg*, *RCDIP*.89 100 ; *D*.1988.325, concl. Cabannes ; note J. Maury.

§2

LES MEUBLES PAR ANTICIPATION

Les meubles par anticipation sont, en quelque sorte, le pendant des immeubles par destination. Ce sont des biens qui sont attachés au sol mais qui sont destinés à en être détachés. Actuellement, ils sont donc des immeubles par nature, mais par le fait même qu'ils n'acquièrent leur véritable valeur qu'après leur séparation du sol, le droit crée une fiction qui consiste à les considérer comme des meubles avant l'heure.

L'exemple le plus cité nous vient du monde agricole : les récoltes pendantes par branches (c'est-à-dire les fruits) ou racines (comme le blé).

L'intérêt de cette anticipation est que la vente sera effectuée comme en matière mobilière, ce qui facilite les démarches du vendeur et de l'acheteur.

§3

LES DROITS MOBILIERS

Cette catégorie de biens meubles est appelée meuble par détermination de la loi (art. 527 C. civ.). En font principalement partie les droits réels mobiliers[14]. Y sont également répertoriés tous les droits personnels, c'est-à-dire les créances mobilières à l'égard d'une personne.

Une catégorie très importante de droits mobiliers concerne les biens incorporels que sont les droits de propriété littéraire, artistique et industriel[15].

Les parts sociales et actions de sociétés constituent également une autre forme de meubles incorporels.

---

14. Le droit de propriété, lorsqu'il porte sur un meuble corporel, se confond avec l'objet même du droit. Il devient alors meuble corporel.

15. Ce sont notamment le droit sur les marques, modèles, dessins, sur l'œuvre artistique, sur les brevets, le droit d'auteur. Leur régime est réglementé par diverses lois et conventions internationales, et leur étude relève d'une matière autonome, la propriété littéraire, artistique et industrielle.

CHAPITRE 2

Les autres distinctions entre les biens

Parallèlement à la classification fondamentale entre meuble et immeuble, il existe plusieurs autres sortes de classifications. Celles-ci sont choisies selon le but recherché, puisque dans chaque circonstance un aspect des biens est privilégié.

Le présent chapitre sera consacré à l'examen de ces différents types de classifications.

SECTION 1
BIENS CORPORELS ET INCORPORELS[1]

Ce sont des choses qui ont une consistance matérielle et sont, à ce titre, susceptibles d'appropriation physique[2].

Les biens corporels présentent une spécificité : le droit de propriété qui porte sur ce genre de biens se confond avec le bien lui-même.

Les droits incorporels sont les droits qui ne s'exercent pas sur des objets matériels ou physiques. Ils se conçoivent ainsi par la raison et non par le sens physique.

1. Cf. Atias, n° 366 et s. ; v. M. Fabre-Magnan, Biens meubles, en détermination de la loi ou meubles incorporels, J. Cl. civ., art. 527 à 532, fasc. 20, spéc. n° 20 et s.
2. Une distinction subtile est faite en cette matière entre *les res nullius* et les *res derelictae*. Il s'agit de biens qui ont vocation à être appropriés, mais qui ne le sont pas. Les *res nullius* sont des biens sans maître, c'est-à-dire des biens qui ne font pas encore l'objet d'un droit de propriété. Les *res derelictae* sont des biens qui ont eu un maître, mais dont le propriétaire a fait disparaître sur eux son droit de propriété. Il s'agit de biens abandonnés avec l'intention de l'être. Ils doivent ainsi être distingués des biens perdus ou volés.

En règle générale, ces droits sont le produit de l'activité créatrice, que ce soit artistique ou industrielle, mais aussi commerciale.

C'est ainsi que la *clientèle* d'un commerçant constitue un élément incorporel de ses biens professionnels[3]. Pour gagner et fidéliser une clientèle, le commerçant devra mettre en œuvre certains moyens (un local, une enseigne, un nom commercial, etc.). Généralement, cet ensemble de moyens devient, en soi, un bien incorporel d'importance, le *fonds de commerce*[4].

En dehors de la clientèle, le droit protège l'émanation de l'esprit de l'être humain à travers les droits de propriété intellectuelle, artistique ou industrielle[5].

• Ainsi, en est-il du droit d'auteur, c'est-à-dire du droit dont dispose le créateur sur son œuvre (l'auteur d'un livre, le compositeur d'une musique, le créateur d'un logiciel informatique) ; il lui est réservé un *monopole d'exploitation* pendant toute sa vie, mais également après sa mort pour ses héritiers, et un droit moral, sorte de droit de regard sur son œuvre qui ne peut subir aucune modification sans son consentement.

• Les inventions sont également susceptibles d'être protégées. Elles le sont généralement par l'intermédiaire d'un brevet. En déposant un brevet, l'inventeur se réserve la possibilité d'une exploitation exclusive pendant vingt ans. Le dépôt s'effectue à l'Institut National de la Propriété Industrielle (I.N.P.I.)[6].

• La dernière catégorie de droits incorporels qui peuvent être protégés est celle de la marque, des dessins et des modèles. La marque est un signe distinctif dont le but est d'attirer une certaine clientèle qui achètera alors un produit relevant de cette marque grâce à la réputation que la marque a pu se ménager et à l'intérêt qu'elle suscite.

Il existe également un système de dépôt prévu selon le schéma

3. Sur la notion de clientèle, v. Beigner, *D.*1994.161 ; Zénati, *RTDC.*1991.561 et *RTDC.*1994.640.

4. Cet élément fait partie intégrante de ce qu'on appelle le fonds de commerce du commerçant qui contient en outre le droit au bail, les éléments de stock, etc. Sur le fonds de commerce, v. Le Floch, *Le fonds de commerce, essai sur le caractère artificiel de la notion et de ses limites actuelles,* LGDJ, 1986.

5. Sur cette catégorie de droits, v. Gauthier, *Propriété littéraire et artistique,* 2e éd., 1996.

6. Sur cette question, v. J.M. Mousseron, *Traité des brevets,* Paris, 1984.

des brevets. Le régime juridique des marques, dessins et modèles, moins complexe, est également moins protecteur que celui du dépôt de brevet.

SECTION 2
DISTINCTION DES BIENS SOUS LE RAPPORT DE LEUR EXISTENCE

§1
LES CHOSES CONSOMPTIBLES OU NON

Il existe certain biens dont on ne peut user qu'en les consommant. Cette consommation peut être matérielle ou juridique[7].

Les biens non consomptibles présentent la caractéristique inverse. Ils ne disparaissent pas par l'usage. L'intérêt de la distinction réside essentiellement dans le régime des restitutions. La restitution d'un objet consomptible ne peut se faire que par équivalence et jamais en nature. Les choses non consomptibles peuvent au contraire être restituées en nature.

§2
LES CHOSES FONGIBLES OU NON

• La fongibilité est le caractère des choses qui sont interchangeables entre elles. Elles peuvent indifféremment se remplacer. Les choses fongibles sont également désignées sous le nom de *choses de genre*.

Les personnes qui font le commerce des choses fongibles ne s'intéressent pas au fait de savoir si c'est tel ou tel objet qui leur est vendu. Ce qui les intéresse, c'est de connaître la *quantité* de la chose[8].

Les choses non fongibles encore appelées *corps certains*, s'opposent aux choses fongibles, en ce que leurs caractéristiques

7. La consommation matérielle concerne les biens qu'on appelle « les biens de consommation », généralement des articles d'alimentation. La consommation juridique consiste généralement dans l'aliénation du bien dont on dispose (penser à l'exemple de l'argent qui ne peut être utilisé que s'il est dépensé).

8. Par exemple, lorsque l'on achète un litre de lait, c'est la quantité de lait qui intéresse la personne. Le litre de lait peut être interchangé contre un autre litre de lait pourvu que la quantité ne change pas.

intrinsèques et particulières sont irremplaçables. Quand on achète une maison, c'est telle maison en particulier que l'on vise, et non *une* maison *parmi d'autres*.

Les deux catégories que nous opposons ne sont pas pour autant aussi étanches qu'il n'y paraît. En effet, une chose de genre peut devenir un corps certain par son *individualisation*. Lorsque l'on achète une tonne de blé, on achète une chose de genre. Lorsque ce blé a été conditionné dans des sacs prêts à être livrés, il a été individualisé et devient ainsi un corps certain.

• L'utilité de cette distinction apparaît lorsque la chose périt par cas fortuit. Le risque de cette perte sera mis à la charge du débiteur de la chose ou de son créancier selon la nature fongible ou non de celle-ci.

Si la chose est fongible, elle est remplaçable : le risque incombe alors au débiteur[9].

En revanche, la substitution d'un corps certain est impossible puisque, par définition, il s'agit d'une chose irremplaçable. La restitution ou le remplacement ne peuvent plus être exigés du débiteur. Le risque de la perte pèse ainsi sur le créancier[10].

---

9. Une personne doit livrer 100 tonnes de viandes de bœuf et la cargaison prend feu pour une cause inconnue, la viande est perdue. La personne est tenue de remplacer la cargaison.

10. Un musée emprunte un tableau à un autre. Le tableau est volé. Le musée emprunteur ne peut plus restituer la chose.

TITRE PREMIER

Le droit de propriété

CHAPITRE 1

La définition du droit de propriété

SECTION 1
DÉFINITION NÉGATIVE DU DROIT DE PROPRIÉTÉ

Avant d'être défini, le droit de propriété doit d'abord être délimité. Il convient donc de distinguer la notion de propriété de certaines notions voisines que sont la possession et les démembrements de propriété.

§1
PROPRIÉTÉ ET POSSESSION

L'article 2228 du Code civil considère qu'il y a « possession lorsqu'il y a détention ou jouissance d'un droit que nous tenons ou nous exerçons par nous-mêmes, ou par un autre qui la tient ou qui l'exerce en notre nom ».

Cette définition n'est pas conforme à la réalité. En effet, il existe une profonde différence entre détention et possession. La distinction entre la propriété et la possession tient au fait que la première est une notion de droit alors que la seconde est une notion de fait.

A. La notion de possession

« Avoir la possession d'une chose, c'est se comporter à son égard comme si l'on en était le propriétaire ; c'est exercer les attributs du droit de propriété, alors même qu'on n'est pas propriétaire »[1].

1. Bach, p. 397. V. sur la notion de possession : F. Chabas, *Leçons de droit civil, Les biens,* 8e éd., 1994, n° 1409 et s. ; Jourdain, *Droit civil, Les biens,* Dalloz, 1995, n° 12 et s. ; F. Zénati, Pour une rénovation de la théorie de la propriété, *RTD Civ.* 1993, 305.

C'est la raison pour laquelle la possession est considérée comme un fait. Toutefois, la loi attache à ce fait des conséquences de droit : le possesseur est, sous certaines conditions, protégé par la loi.

De cette définition sommaire, il ressort qu'il ne faut pas confondre la possession avec la détention ou avec la propriété apparente.

1. La possession, la détention et la propriété apparente

a. La possession et la détention

Le Code civil distingue deux sortes de possession, la première à titre de propriétaire (art. 2230 et 2239 C. civ.) et la seconde pour autrui (art. 2230, 2231 et 2236 al. 2 C. civ.). Il semble qu'il faille donc faire la distinction entre la possession qui correspond à ce que le Code civil appelle possession à titre de propriétaire et la *détention précaire* qui vise l'hypothèse de la possession pour autrui.

Le détenteur à titre précaire est celui qui exerce une maîtrise sur la chose. Il n'a, toutefois, nullement l'apparence de propriétaire et ne sera, de fait, jamais propriétaire. Il s'agit, par exemple, du locataire qui habite l'appartement ou du dépositaire d'une chose qui la détient pour le compte d'autrui.

Le possesseur, en revanche, se reconnaît comme seul propriétaire et agit en tant que tel.

Pour départager ces deux situations, l'article 2230 C. civ. pose une règle de présomption : « on est toujours présumé posséder pour soi et à titre de propriétaire [...] », sauf preuve contraire car il s'agit d'une présomption simple.

Le détenteur précaire peut légitimement exercer ses droits pendant la durée de la détention mais il devra, à l'issue de cette période, restituer l'objet au véritable propriétaire. L'on voit ainsi que le détenteur exerce, généralement en vertu d'un acte juridique, un pouvoir de droit alors que le possesseur ne dispose que d'un pouvoir de fait[2].

b. La possession et la propriété apparente

L'aspect extérieur du comportement du possesseur et celui du propriétaire apparent sont tout à fait identiques : ils agissent tous deux comme s'ils étaient propriétaires de la chose.

2. Sur ce pouvoir, v. F. Alt-Maes, « Une évolution vers l'abstraction : de nouvelles applications de la détention », *RTDC*.1987.21.

Ce qui oppose le propriétaire apparent au possesseur réside dans le fait qu'un propriétaire apparent n'est jamais propriétaire alors que le possesseur peut également être propriétaire de la chose.

De fait, ces deux institutions répondent à des préoccupations très différentes. La notion de propriétaire apparent vise à protéger les intérêts des tiers qui peuvent avoir traité avec une personne en ayant la croyance légitime qu'il s'agissait du propriétaire de la chose. Lorsque la croyance du tiers peut réellement être considérée comme légitime, la loi tire les conséquences juridiques de l'acte conclu[3].

Telle n'est pas la préoccupation de la possession qui ne s'intéresse qu'indirectement aux rapports avec les tiers. L'essentiel de la question concerne ici les rapports entre la personne du possesseur et le bien possédé[4].

2. Les éléments constitutifs de la possession

a. Le *corpus*

Le *corpus* constitue l'élément matériel de la possession. Il se définit comme une maîtrise de fait exercée sur la chose.

Cette maîtrise sur l'objet possédé se traduit par un certain nombre d'actes matériels que le possesseur accomplit et qui constituent, à l'égard des tiers, l'apparence de la propriété[5].

La précision *in fine* de l'article 2228 C. civ.[6] a son importance. Elle montre que le *corpus* ne doit pas nécessairement être le fait du possesseur en personne. Un tiers peut posséder pour le compte d'autrui qui sera seul considéré comme bénéficiaire des effets juridiques de la possession[7].

---

3. Une personne achète un objet rare à une autre qu'elle croyait être le propriétaire. Si cette croyance est considérée comme légitime, la vente ainsi effectuée sortira tous ses effets.

4. Civ. 1re, 3 avril 1963, *JCP*.1964.II.13502, note J. Mazeaud ; *D*.1964.306, note Calais-Auloy. La propriété apparente est, en tout cas, un effet de la loi : Civ. 1re, 22 juil. 1986, *D*.1987.somm.13.

5. Par exemple en utilisant une voiture, un stylo, etc., en l'habitant lorsqu'il s'agit d'un appartement ou tout autre acte qu'accomplirait un propriétaire.

6. « [...] que nous tenons ou nous exerçons par nous-mêmes, ou *par un autre qui la tient ou qui l'exerce en notre nom* ».

7. Ainsi, dans les rapports entre l'employeur et son salarié, celui-ci peut être possesseur d'un outil de travail pour le compte de l'employeur. C'est l'employeur qui sera juridiquement le possesseur de l'objet en question. Le même exemple se vérifie entre mandant et mandataire. Ce dernier ne fait que représenter le mandant. Le mandant est le véritable possesseur. Cela est également vrai du nu-propriétaire et l'usufruitier, Civ. 3e 21 mars 1984 (1re esp.), *JCP*.86.II.20640, note E.-S. de la Marnière.

b. L'*animus*

L'*animus* est la volonté chez le possesseur de se comporter en propriétaire, c'est-à-dire d'exercer pour soi son pouvoir sur une chose sans avoir des comptes à rendre.

C'est un état psychologique qui consiste à s'affirmer comme propriétaire d'une chose.

C'est aussi cet élément psychologique, l'état d'esprit du propriétaire qui manque au détenteur précaire. Un locataire, un salarié ne se comportent jamais comme le propriétaire de la chose : ils détiennent pour autrui. Il leur manque l'*animus domini.*

B. Le régime juridique de la possession

1. Acquisition et perte de la possession

a. Acquisition de la possession

La possession peut être acquise par différents moyens. Pour qu'elle puisse exister, il faut que les deux éléments constitutifs de la possession soient réunis sur la tête d'une même personne.

• L'appréhension spontanée de la chose avec l'intention d'en devenir le propriétaire est le moyen le plus commun de l'acquisition de la possession[8].

• La transmission résulte de la remise de la chose par un ancien possesseur, qui transmet alors en même temps le *corpus* et l'*animus*.

• L'acquisition de la possession peut enfin s'effectuer par interversion de titres. Ce sont les cas prévus par l'article 2238 C. civ.[9].

b. Perte de la possession

De façon symétrique, la perte de la possession résulte de celle de l'un ou l'autre de ses éléments constitutifs. Il faut noter que la perte de l'un quelconque de ces deux éléments suffit.

Il peut s'agir de la perte du *corpus* seul. Le possesseur n'a alors plus aucun pouvoir sur la chose : l'absence de maîtrise équivaut à

8. Une telle appréhension peut d'ailleurs être de bonne foi (prise de possession d'une chose que l'on croit être sienne) ou de mauvaise foi (soustraction frauduleuse, vol., usurpation).

9. C'est par exemple le cas d'un détenteur qui acquiert le bien d'un tiers possesseur, non propriétaire. Il y a interversion du titre, si le détenteur est de bonne foi et qu'il se comporte comme le vrai propriétaire (ex. un locataire qui achète l'appartement qu'il avait pris à bail à un possesseur qu'il croyait être propriétaire).

l'absence de possession. Dans le cas où le possesseur aurait été évincé en raison d'une usurpation, il pourra se défendre en engageant une action en justice appelée *action possessoire*. Ainsi, le possesseur pourra éviter que son *corpus* ne soit interrompu, de façon à permettre à la possession de sortir ses effets.

Le possesseur pourra également perdre l'*animus* seul. Il s'agit là d'un acte volontaire : le possesseur ne se comporte plus comme le propriétaire de la chose[10].

2. Caractères de la possession

Pour pouvoir sortir l'ensemble de ses effets, la possession doit revêtir certaines caractéristiques qui la renforcent. En effet, pour être efficace[11], la possession doit être continue, non interrompue, paisible, publique, non équivoque, et à titre de propriétaire.

Ces caractéristiques sont généralement analysées sous leur forme négative : on dit alors que la possession doit être exempte de certains vices.

• la discontinuité : des actes accomplis de manière épisodique ne sauraient constituer le *corpus* de la possession. L'appréciation du caractère plus ou moins long de l'intervalle de temps séparant deux actes dépend des circonstances concrètes de chaque situation.

• l'interruption pure et simple : elle anéantit le temps pendant lequel la possession a perduré si elle s'étend au-delà d'un an (art. 2244 C. civ.). C'est par exemple le cas lorsque le possesseur est cité en justice par le propriétaire dans le cadre d'une action en revendication. Le possesseur se transforme alors en simple détenteur[12]. Le délai repart alors à zéro.

• la violence (s'oppose au caractère paisible) : lorsque le possesseur s'est emparé du bien par la force, sa possession ne sera pas considérée comme utile. Il s'agit d'un vice temporaire, dans la mesure où une possession initialement violente peut devenir paisible et donc utile, dès lors que la violence aura cessé (article 2233 al. 2).

---

10. C'est le cas du vendeur qui consent à conserver le bien vendu à l'acheteur pour son compte pendant un délai convenu. Il est simple détenteur précaire, il a perdu sa qualité de possesseur.

11. Nous verrons, *infra* p. 227 et s., en quoi consiste exactement l'efficacité de la possession.

12. V. *infra*, à propos de l'influence de l'interruption sur l'usucapion.

• la clandestinité (s'oppose à la publicité) : la possession ne peut être opposée aux tiers si elle a été dissimulée à leurs yeux. Les agissements furtifs d'un prétendu possesseur rendent ainsi la possession suspecte[13].

• l'équivoque : la possession est considérée comme équivoque, lorsque les actes du prétendu possesseur sont susceptibles de plusieurs interprétations. Ce vice affecte surtout l'*animus*, puisque l'on ne sait guère si le prétendu possesseur a agi sur le fondement de la possession ou à un autre titre[14].

• la précarité (s'oppose à la détention à titre de propriétaire) : c'est le vice qui affecte la possession, lorsque le prétendu possesseur détient la chose mais sans *animus domini*. Ce sont les hypothèses dans lesquelles la chose est détenue pour un autre.

3. Effets de la possession

a. Les effets généraux de la possession

• La présomption de propriété : Contrairement au détenteur, le possesseur jouit d'une apparence de propriété. La loi attache à cette apparence une présomption, celle de la propriété.

La force de cette présomption diffère selon que l'objet de la possession est meuble ou immeuble :

1. Dans l'hypothèse d'un immeuble, la présomption sert essentiellement à renverser la charge de la preuve. Le possesseur est toujours défendeur dans le procès en revendication, il n'a rien à prouver. C'est à celui qui allègue l'absence de droit du possesseur, d'en rapporter la preuve.
2. En revanche, lorsqu'il s'agit d'un meuble, l'article 2279 du C. civ. confère au possesseur de bonne foi l'acquisition instantanée de la propriété.

• L'acquisition de propriété : la possession peut conduire à l'acquisition de la propriété, mais seulement par l'effet du temps (30 ans en droit commun).

---

13. V. notamment, Paris 5 fév. 1966, *JCP*.66.IV.99. On peut penser par exemple à un empiétement progressif et imperceptible sur le terrain du voisin.V. également : Civ. 1re, 11 juin 1991 , *RTDC*.1992.595.

14. C'est ainsi par exemple lorsque le prétendu possesseur est en même temps indivisaire (il est propriétaire d'une partie du bien), ou parce qu'il cohabite avec le propriétaire.

• Les actions possessoires : le possesseur, même de mauvaise foi, est investi des actions possessoires. Ces actions tendent à protéger les possesseurs sans s'interroger sur leur véritable titre. Elles ont été introduites par une loi de 1975 et modifiées par un décret de 1979[15]. En raison de la règle de l'article 2279 C. civ., les actions possessoires sont limitées au domaine immobilier.

Trois types d'actions sont à la disposition du possesseur :

1. la *complainte*, qui permet à un possesseur de se maintenir en possession, lorsqu'il est troublé par des tiers qui formulent des prétentions sur l'objet de la possession.
2. La *dénonciation de nouvel œuvre*, qui permet de se prémunir contre un trouble futur et éventuel[16].
3. La *réintégrande*, qui permet à un possesseur évincé ou dépossédé par la violence, de se faire remettre en possession.

b. Les effets particuliers de la possession de bonne foi

La bonne foi se définit comme la croyance erronée que le possesseur a de sa qualité de propriétaire. Cette erreur peut d'ailleurs être de droit ou de fait. La bonne foi est toujours présumée, et celui qui allègue la mauvaise foi doit la prouver (art. 2268 C. civ.).

Deux effets essentiels résultent de la bonne foi du possesseur. Ils en constituent, en quelque sorte, la « contrepartie ».

• Conservation des fruits : ce principe ressort de l'article 549 C. civ. qui dispose que le possesseur « fait les fruits siens »[17]. L'idée de faveur est ici très présente, puisque, en principe, le possesseur qui n'est pas le propriétaire n'a pas droit aux fruits de la chose.

Cette règle concerne tous les fruits perçus, consommés ou non.

---

15. C'est la loi du 9 juillet 1975 qui a introduit dans le Code civil un chapitre intitulé « de la protection possessoire », comportant les nouveaux articles 2282 et 2283 du C. civ. Le décret du 28 mars 1979 les a réintroduit dans le Code de procédure civile aux articles 1264 à 1267 NCPC. Ces actions ne peuvent cependant être engagées par un détenteur contre celui dont ce dernier tient son droit (Civ. 1re, 11 juil. 1984, *JCP*.1984.IV.301) ni entre copropriétaires (Civ. 1re, 6 mars 1991, *D*.1991.355).

16. Cette action se présente généralement sous forme d'interruption d'un agissement du tiers qui est susceptible d'entraîner des troubles.

17. « Les fruits sont les produits périodiques qu'une chose fournit sans altération ni diminution sensible de sa substance » (Ch. Jamin, *Cours* précités, 3e partie, p. 62). Ils se subdivisent en fruits naturels (qui sortent naturellement de la chose sans l'entremise d'autrui), fruits industriels (le résultat de l'action combinée de la nature et de l'homme) et fruits civils (qui résultent de la rémunération versée au propriétaire ou au possesseur pour l'utilisation de la chose, en cas de location par exemple). La caractéristique essentielle du fruit consiste dans sa périodicité.

Cependant, la perception des fruits s'arrête à partir du moment précis où la bonne foi du possesseur est remise en cause, par exemple par la revendication du vrai propriétaire.

• La bonne foi entraîne dans tous les cas une acquisition plus rapide de la propriété. Toutefois, les conditions de cette acquisition sont différentes selon qu'il s'agit de meubles ou d'immeubles. Pour le possesseur de bonne foi d'un meuble, l'acquisition de la propriété est instantanée[18]. S'agissant d'un immeuble, la possession fait acquérir la propriété si elle se prolonge dans le temps. Le délai de droit commun n'est plus exigé. Il est abrégé à 10 ou 20 ans[19]. Cette abréviation profite au possesseur qui se porte acquéreur *a non domino*, c'est-à-dire qui acquiert le bien d'un non-propriétaire et le protège de la difficulté de vérifier l'origine de propriété du bien acheté.

§2
LA PROPRIÉTÉ ET SES DÉMEMBREMENTS

Le chapitre suivant sera consacré à l'étude des démembrements de la propriété. L'objet de ce paragraphe se limite ainsi à dégager brièvement leurs traits caractéristiques afin de les distinguer du droit de propriété.

Le droit de propriété se compose de trois attributs : le droit d'user de la chose (l'*usus*), le droit d'en recueillir les fruits (le *fructus*) et le droit d'en disposer (l'*abusus*)[20].

Les divers attributs de la propriété peuvent être démembrés, c'est-à-dire transférés à un tiers par l'intermédiaire d'un acte. Ainsi, deux ou plusieurs personnes disposent de fragments d'attributs du droit de propriété sur un seul et même bien.

Le droit de propriété n'a alors plus la même physionomie, puisque le rapport d'exclusivité qu'elle crée s'exerce à plusieurs. Les démembrements du droit de propriété apparaissent chaque fois qu'il y a création d'un droit réel principal sur le bien appartenant à autrui[21].

18. C'est le principe posé par l'article 2279 C. civ. que nous venons d'évoquer ci-dessus.

19. Le délai est de 10 ou 20 ans selon que le propriétaire du bien est ou non domicilié dans le ressort de la Cour d'appel dans l'étendue duquel l'immeuble est situé (art. 2265 C. civ.).

20. Nous développerons ces attributs au chapitre suivant, il ne s'agit là que d'un simple exposé liminaire ; v. *infra*, p. 227 et s.

21. Il en existe plusieurs formes. Nous en étudierons les deux plus importantes : l'usufruit (*infra*, p. 239 et s.) et la servitude (*infra*, p. 241 et s.). L'*emphytéose* est un bail de très longue durée (99 ans) qui confère à son titulaire un droit réel sur l'immeuble d'autrui. Le *droit de superficie* est le droit de propriété reconnu sur les édifices et plantations reposant sur un terrain appartenant à autrui.

Dans toutes les hypothèses de démembrement, nous sommes en présence d'une situation hybride, sauf dans le cas du droit de superficie. Aucun démembrement ne peut être assimilé à un droit de propriété. Il s'agit de formes particulières de droits réels qui coexistent sur le même bien.

SECTION 2
DÉFINITION POSITIVE DU DROIT DE PROPRIÉTÉ

Le droit de propriété est l'un des droits les plus protégés en France. La Constitution française le considère même comme l'un des piliers de la République[22]. Le Code civil y consacre un titre entier qui commence par l'article 544. Ce texte dispose : « la propriété est le droit de jouir et disposer des choses de la manière la plus absolue, pourvu qu'on n'en fasse pas un usage prohibé par les lois ou par les règlements ».

Les différents éléments de cette définition mettent en lumière les caractéristiques essentielles du droit de propriété.

§1
CARACTÈRES DU DROIT DE PROPRIÉTÉ

Le droit de propriété est un droit absolu, exclusif et perpétuel. Chacun de ces termes mérite d'être défini avec précision.

A. Le caractère absolu du droit de propriété

Le droit de propriété est un droit quasi-souverain.

Il est opposable à tous en sa qualité de droit réel : il ne peut être ignoré d'aucune personne. Ainsi, le titulaire du droit de propriété peut le faire respecter par quiconque tente de le violer et il reçoit à cet effet les garanties accordées par la loi.

Ce principe a plusieurs corollaires :

1. Tous les actes juridiques accomplis par le propriétaire sont opposables à tous. Ceux-ci ne peuvent les ignorer.
2. Le droit de propriété confère à son titulaire droit de *préférence* et droit de *suite*. Une explication s'impose. Le droit de préférence consiste pour le propriétaire à être préféré

22. V. R. Legeais, *Le Conseil constitutionnel français, protecteur du droit de propriété,* Mél. Flattet, Payot, 1985, p. 61 et s. ; Luchaire, *Socialisme, propriété et Constitution,* Mél. Duverger, 1987, p. 128 et s. La Cour de cassation reconnaît expressément ce caractère constitutionnel.

sur toute autre personne qui pourrait formuler des prétentions sur une chose. Le droit de suite permet au titulaire d'agir en revendication entre les mains de tout tiers pour réclamer la chose qui lui a été enlevée.

3. Le caractère absolu du droit de propriété heurte le droit et la sécurité des tiers, lorsque le droit du propriétaire ou les actes qu'il accomplit sont occultes. Il apparaît ainsi nécessaire de pouvoir avoir connaissance de l'existence du droit de propriété. C'est ainsi que le législateur a mis en place un système très sophistiqué de publicité foncière en vue de l'information des tiers pour les immeubles. En ce qui concerne les meubles, la mesure de publicité est assurée par la possession. En effet, la règle de l'article 2279 C. civ. reconnaît valeur de titre à une possession de bonne foi. Quelle mesure de publicité plus efficace, en effet, que la maîtrise physique de la chose ?

De nos jours, le caractère absolu du droit de propriété est en net déclin. La propriété, et surtout la propriété immobilière, souffre d'une multitude de restrictions légales, réglementaires ou encore, ce qui est encore plus curieux, conventionnelles.

B. Le caractère exclusif du droit de propriété

Une fois appropriée la chose appartient au propriétaire seul. Le droit de propriété confère ainsi un pouvoir exclusif et privatif à une personne : le bien se trouve sous son pouvoir et échappe au pouvoir de tout autre. Ce principe connaît des exceptions.

Outre les hypothèses de démembrement de droit de propriété, l'archétype de l'exception en la matière est bel et bien l'indivision. L'indivision est la situation dans laquelle plusieurs personnes se trouvent être titulaires du droit de propriété sur une même chose. Dans une telle hypothèse, le caractère exclusif du droit de propriété est exercé en commun par l'ensemble des coïndivisiaires. Cette situation qui ne peut perpétuer ses effets, a été considérée par la loi comme une situation provisoire : chacun des coïndivisiaires peut donc, à tout moment, demander le partage pour prendre sa part de l'indivision et exercer son pouvoir de façon autonome[23].

23. La règle dispose que personne ne peut être obligé de rester en indivision. Cette protection reconnue aux coïndivisaires a été consacrée à plusieurs reprises par le Conseil constitutionnel (v. not. 4 juil. 1989, *RTDC*.1990.519) et par la Cour de justice des Communautés européennes (v. 22 oct. 1991, *Bull.CJCE*, n° 1871, p. 2).

C. Le caractère perpétuel du droit de propriété

Le caractère perpétuel d'un droit résulte essentiellement de deux aspects. D'une part, ce caractère implique que le droit se perpétue à travers les générations (caractère héréditaire ou transmissible du droit). D'autre part, il nécessite que les éléments et changements extérieurs ne puissent pas en affecter l'existence (caractère imprescriptible et inviolable du droit). Ces caractères sont réunis dans le droit de propriété.

• Transmission par hérédité : le trait caractéristique essentiel du droit de propriété est qu'il ne s'éteint pas par le décès de son titulaire. Il se transmet donc de génération en génération, à cause de mort.

• Absence d'influence d'éléments extérieurs : il s'agit essentiellement du temps et de l'intervention des autorités étatiques.

En ce qui concerne l'intervention de l'élément temporel, la doctrine qualifie la propriété de droit *imprescriptible*. En réalité, il convient d'apporter un tempérament à cette affirmation puisqu'un tiers possesseur de bonne foi d'une chose pendant un laps de temps suffisamment long, peut en acquérir la propriété par le truchement de la prescription acquisitive. Ainsi, le droit de propriété ne se perd pas par le non-usage, mais un tiers pourrait *acquérir* des droits sur la chose d'autrui.

L'intervention de l'autorité publique s'observe de plus en plus dans le cadre d'opérations intitulées *expropriation pour cause d'utilité publique*. Alors même que le droit de propriété est inviolable, l'autorité publique peut, s'il existe une raison d'intérêt général et à la condition de dédommager préalablement le propriétaire visé, exproprier le bien d'un particulier (art. 545 C. civ.). En dépit du fait que cette procédure soit peu usitée, cette faculté de l'autorité publique relativise de beaucoup le caractère inviolable du droit de propriété[24].

24. A.P. 23 juin 1972, *D.*1972.705, concl. Lindon ; *JCP.*1973.II.17331, note Goubeaux et Jegouzo ; *RTDC.1*973.147, obs. Bredin. Civ. 1re, 2 juin 1993, *D.*1993.somm.306, note Robert. V. la jurisprudence étonnante de la Ch. commerciale de la Cour de cassation, quant à la préférence qu'elle accorde à la notion de bref délai (consacrée par l'art. 215 de la loi du 25 janv. 1985 sur les procédures collectives) sur le caractère imprescriptible du droit de propriété : Com. 9 mai 1995, *D.1*996.somm.215.

§2 LES PRÉROGATIVES CONFÉRÉES PAR LE DROIT DE PROPRIÉTÉ

A. L'*usus* ou le droit d'usage

Le propriétaire peut accomplir des actes d'usage sur la chose. Ces actes sont relatifs à l'utilisation au jour le jour de la chose. L'utilisation peut d'ailleurs être le fait direct du propriétaire lui-même ou celui d'un tiers à qui le propriétaire a accordé l'autorisation d'usage. Cette autorisation revêt une importance particulière en matière de droit de propriété intellectuelle, littéraire et artistique.

B. Le *fructus* : le droit de percevoir les fruits et les produits

Le propriétaire dispose du pouvoir de jouir de la chose. Il peut ainsi en percevoir les fruits et les produits[25]. Le principe résulte de l'article 546 C. civ. qui dispose que « la propriété d'une chose, soit mobilière, soit immobilière donne droit sur tout ce qu'elle produit et sur ce qui s'y unit accessoirement, soit naturellement, soit artificiellement ». Les fruits et les produits sont considérés comme des *accessoires* de la chose. Cette règle est la transcription de l'adage « l'accessoire suit le principal ».

Selon une partie de la doctrine[26], le *fructus* ne constitue qu'une forme particulière de l'*usus*, car l'utilisation d'une chose implique naturellement l'acquisition des fruits qu'elle produit. Selon ces auteurs, les trois caractéristiques du droit de propriété sont réductibles à l'*usus*.

C. L'*abusus* : le droit de disposer de la chose

1. Définition

En pratique, ce droit signifie que le propriétaire a le droit de faire ce qu'il veut de son bien. Ainsi, le propriétaire peut même aller

25. Les produits d'un bien s'opposent aux fruits. Ils s'agit de tout ce qui provient de la chose sans périodicité et en altérant sa substance (matériaux provenant d'un carrière, arbres provenant d'une forêt, etc.). La distinction entre fruits et produits est importante s'agissant de l'usufruitier qui récolte, en principe, les fruits mais non le produit, v. *infra*, p. 239 et s. La volonté du propriétaire peut influencer la qualification de ce qui provient d'une chose et transformer ainsi un produit en fruit : si le propriétaire décide de mettre une carrière en exploitation régulière par exemple, ce qui en provient est considéré comme des fruits en raison précisément de cette régularité

26. V. Ghestin, *Droit civil*, *Introduction* ; Jamin, *Cours* précité, 3ᵉ partie, p. 74.

jusqu'à modifier la substance de sa chose ou même la détruire[27]. Il n'existe aucune limite à son pouvoir[28].

Le droit de disposer de la chose recouvre un autre aspect plus important et qu'il ne faut confondre avec le premier. Au point de vue juridique, disposer d'un bien consiste à le mettre dans *une situation juridique nouvelle*. Le propriétaire a, pour ce faire, le droit de passer sur la chose tout acte juridique qu'il juge nécessaire.

L'*aliénation*, c'est-à-dire l'anéantissement de son droit de propriété par son transfert à autrui, est l'une des formes d'exercice du droit de disposer. Il y a alors extinction du droit de propriété dans le patrimoine du propriétaire et création de ce même droit dans celui d'une autre personne[29].

L'*abandon* constitue une autre forme du pouvoir de disposition. Il y a alors extinction du droit de propriété dans le patrimoine du propriétaire mais sans création d'un nouveau droit de propriété : la chose se transforme en une *res derelictae*.

Enfin, la *constitution d'un droit réel* sur la chose est considérée comme un acte de disposition[30].

2. Distinction entre actes conservatoires, d'administration et de disposition

Conserver un bien, c'est maintenir le patrimoine dans son état actuel. Administrer un bien, c'est le gérer en le faisant fructifier. Il s'agit d'actes radicalement opposés à la disposition qui, elle, consiste à accomplir des actes aboutissant à un changement d'état juridique de la chose.

Il arrive, pour diverses raisons, qu'il y ait séparation entre les trois types d'actes, la conservation et l'administration du bien étant alors confiées à une tierce personne[31]. L'administrateur n'est autorisé à exercer qu'une parcelle des pouvoirs du propriétaire : il ne peut que

27. Exemples : tuer un animal, épuiser une mine, etc.

28. Exceptée celle de ne pas abuser de son droit, c'est-à-dire de ne pas causer des préjudices en exerçant son droit de propriété avec une intention de nuire ou avec une légèreté blâmable : v. *infra*, p. 234 ; v. également Bach, p. 459.

29. L'exemple le plus fréquent de l'aliénation est la vente (mutation à titre *onéreux*). Mais il peut s'agir également d'une donation que l'on désigne sous le vocable de mutation à titre *gratuit*.

30. Constitution d'une servitude, d'un usufruit, d'une hypothèque, etc.

31. C'est souvent le cas dans une hypothèse que nous avons déjà examinée, celle du mineur ou de l'incapable. Les parents ou le tuteur sont alors les administrateurs des biens de celui-ci.

conserver et administrer le bien, c'est-à-dire accomplir les actes permettant de maintenir en l'état le patrimoine ou les actes normaux d'exploitation. L'administrateur ne peut ainsi accomplir les actes graves qui altèrent ou qui sont susceptibles d'altérer dans l'avenir le droit de propriété de la personne dont l'administration lui a été confiée. L'administrateur ne peut pas compromettre seul le patrimoine du propriétaire[32].

32. Le critère paraît simple ; l'épreuve des situations de fait montre qu'il en est tout autrement en pratique : il existe beaucoup de situations de frontière où il est difficile de faire la distinction entre acte de disposition et acte d'administration. Exemple : donner à bail un immeuble peut être considéré comme un simple acte d'administration, mais s'il est de durée importante et que les droits reconnus au locataire sont importants, il devient un acte de disposition. Sur l'ensemble de la question, v. Leduc, *L'acte d'administration en droit privé, nature et fonctions,* Th. Bordeaux-I, 1991.

CHAPITRE 2

Le régime du droit de propriété

SECTION 1
LES MODES D'ACQUISITION DE LA PROPRIÉTÉ

§1
LES MODES ORIGINAIRES D'ACQUISITION

A. L'acquisition de la propriété par la possession

La possession a pour effet l'acquisition du droit de propriété[1].

On parle alors d'*usucapion* ou de prescription acquisitive puisque l'acquisition du droit de propriété est soumise à l'écoulement du temps[2].

Toutes choses sont susceptibles d'être usucapées, à l'exception de celles qui sont hors du commerce[3].

Pour être complet sur ce sujet, deux questions doivent être examinées.

---

1. Cette idée a déjà été développée, *supra*, p. 218 et s. On ne fait ici que développer les conséquences en matière d'acquisition du droit de propriété.

2. La prescription consiste en tout changement intervenant dans l'état du droit par le seul effet de l'écoulement du temps.

3. C'est ce qui résulte de l'art. 2226 C. civ. Les choses hors du commerce sont celles qui ne sont pas susceptibles de donner lieu à des actes juridiques. L'exemple le plus connu est le corps humain, pour lequel le principe d'intégrité ne souffre aucun acte juridique qui pourrait l'en priver (art. 16-3 C. civ.).

1. Le calcul du délai de prescription[4]

Le délai commence à courir le lendemain de la prise de possession et s'achève avec l'accomplissement du dernier jour.

• Certaines règles permettent de prendre en considération le délai pendant lequel une autre personne a possédé. Par exemple, s'agissant d'héritiers (ayants cause universel ou à titre universel), ils continuent la possession de celui dont ils ont hérité (leur auteur), puisqu'ils sont censés continuer la personne du défunt. Ce n'est pas le cas de celui qui achète un bien (ayant cause à titre particulier) qui doit prescrire par lui-même. Cette hypothèse est appelée la jonction de possession.

• L'interruption fait perdre à la possession ses effets. Il y a interruption lorsque la chose est perdue ou bien qu'une contradiction est opposée au possesseur[5].

• Enfin, afin de protéger certaines catégories de personnes qui, par exemple, ne peuvent pas agir en justice, on admet une suspension du délai de prescription acquisitive[6].

2. La règle particulière de l'art. 2279 C. civ.[7]

L'article 2279 C. civ. dispose : « En fait de meuble, la possession vaut titre ».

Ce texte recouvre deux aspects tout à fait complémentaire :

– s'agissant du fond du droit, l'article 2279 C. civ. pose le principe selon lequel la prescription acquisitive est instantanée en matière mobilière, même si l'acquéreur a acquis *a non domino*[8], du moment qu'il était de bonne foi.

– s'agissant des règles de preuve, ce texte pose une règle de présomption : le possesseur est présumé avoir acquis sa chose d'un propriétaire en vertu d'un titre translatif de propriété ; il est donc être propriétaire de la chose.

4. Cf. Zenati, *op. cit.,* n° 318 et s.
5. Par exemple par l'introduction à son encontre d'une action en revendication.
6. C'est notamment le cas pour les mineurs, les incapables et les conjoints (art. 2252 et s.).
7. Cf. Zénati, *op. cit.,* n° 165 et s. ; Jourdain, *op. cit.,* n° 389 et s.
8. C'est-à-dire d'un non-propriétaire.

Cette règle ne s'applique qu'aux meubles susceptibles d'une possession physique, c'est-à-dire les meubles corporels. Les meubles et droits incorporels en sont, en principe, exclus[9].

En ce qui concerne les effets de l'article 2279 C. civ., ce texte met le possesseur à l'abri de la revendication du propriétaire, à la seule condition qu'il ait été de bonne foi lors de la prise de possession. Toutefois, si le propriétaire a cessé de posséder par suite de la perte ou du vol de la chose, il conserve son action en revendication contre le voleur ou contre toute autre personne qui l'aurait acquise (art. 2279 al. 2 C. civ.). Là encore, la bonne ou mauvaise foi du possesseur influence directement le délai pendant lequel l'action en revendication pourra être engagée : trente ans à l'encontre du possesseur de mauvaise foi (qui connaissait la perte ou le vol lors de l'acquisition de la possession), trois ans à l'encontre du possesseur de bonne foi.

B. L'acquisition de la propriété par l'occupation

L'occupation est un mode d'acquisition originaire de la propriété. Elle consiste à s'approprier une chose qui ne l'avait pas été auparavant.

En matière immobilière, elle n'a plus qu'un intérêt historique. L'occupation consistait, en effet, pour une personne (l'occupant) à affirmer sa maîtrise sur une terre nouvelle. Aujourd'hui, les articles 713 et 539 du C. civ. déclarent que l'ensemble des biens non appropriés (« biens sans maître ») appartiennent à l'État.

En matière mobilière, l'acquisition par occupation conserve toujours un certain intérêt à l'égard des *res nullius* [10] et *res derelictae*[11].

---

9. Exceptionnellement, certains meubles corporels sont exclus du champ d'application de l'art. 2279 C. civ. Ce sont les meubles appartenant au domaine public d'une part, et les meubles immatriculés, c'est-à-dire les navires, les aéronefs, d'autre part.

10. L'exemple le plus courant est celui des poissons de rivières et gibier libre, *res nullius* par excellence, qui deviennent propriété du pêcheur ou du chasseur par l'occupation (la pêche ou la chasse). Cela résulte de l'art. 715 C. civ.

11. En cas d'abandon volontaire, l'occupation sort pleinement ses effets. Cela peut concerner les épaves par exemple. Sous réserve de ce qui vient d'être dit à propos de la bonne foi du possesseur, lorsque l'abandon a été involontaire, l'occupation peut également faire acquérir la propriété.

En ce qui concerne les trésors, l'article 716 C. civ. fait une distinction entre ceux découverts dans son propre fonds, qui appartiennent en totalité au propriétaire du fonds (occupation, mais surtout accession), et ceux découverts dans le fonds d'autrui dont la moitié appartient à l'inventeur (celui qui a découvert le trésor) et dont l'autre revient au propriétaire du fonds.

C. L'acquisition de la propriété par l'accession[12]

L'article 546 C. civ. dispose que « la propriété d'une chose [...] donne droit [...] à ce qui s'y unit accessoirement, soit naturellement, soit artificiellement ». Les règles d'accession sont plus complexes s'agissant des biens immeubles.

1. En matière immobilière

L'accession naturelle provient du mouvement des éléments matériels du fonds (généralement provoqué par celui des eaux) et des animaux. C'est sur le fondement de l'accession que l'article 524 C. civ. considère « les pigeons des colombiers, les lapins des garennes et les ruches à miel » comme immeubles par destination.

Les articles 556 et s. C. civ. règlent le sort des dépôts produits par les cours d'eau sur les fonds riverains : ce sont les alluvions et relais. Ces dépôts appartiennent au propriétaire du sol. En cas d'avulsion[13], la portion de terre transportée devient propriété du propriétaire du fonds vers lequel la parcelle de terre a été transportée.

L'accession artificielle est le résultat de l'agissement de l'homme. C'est le fait d'établir des plantations et des constructions sur un fonds de terre. Même dans le cas où le matériau servant à l'implantation de la construction n'appartiendrait pas au propriétaire du sol, la construction qui en est le résultat s'incorpore au sol et appartient, par l'effet de l'accession, au propriétaire du sol.

La théorie de l'accession s'applique uniquement aux ouvrages nouveaux et non à l'entretien et à l'amélioration apportés aux ouvrages existants qui sont couverts par la théorie des impenses.

2. En matière mobilière

La matière présente peu d'intérêt pratique. Elle correspond au cas où deux meubles appartenant à des personnes différentes ont été réunis. Mais, en raison de la présomption de l'art. 2279 C. civ., au lieu d'invoquer l'accession, la personne serait mieux venue d'invoquer la possession[14].

---

12. Sur cette question, v. Zénati et Th. Revet, *Les biens,* PUF, 2e éd. 1997, n° 162.
13. Transport d'une parcelle de terre par l'effet de mouvement de l'eau.
14. La jurisprudence refuse la possibilité d'invoquer l'accession en matière de meubles incorporels : Civ. 3e, 13 janv. 1993, *D.*1993.IR.90.

Il existe dans le Code civil des articles qui envisagent la situation mais qui posent, de leur propre aveu, des règles de simple équité[15].

§2
LES MODES DÉRIVÉS D'ACQUISITION

A. Les modes dérivés conventionnels

Le mode conventionnel est celui qui dépend de la volonté des parties. Deux personnes concluent un accord aux termes duquel il est convenu que le bien est transféré du patrimoine de l'une à celui de l'autre. On parle alors d'un acte juridique qui peut être un acte unilatéral ou un contrat.

1. Acte juridique unilatéral translatif de propriété

L'acte juridique unilatéral est celui par lequel une personne transfère à une autre la propriété d'une ou de plusieurs choses par le seul effet de sa volonté. L'exemple le plus courant est le testament par lequel une personne règle sa succession de son vivant en attribuant les biens qui lui appartiennent à ses futurs héritiers.

La transmission s'effectue alors à titre gratuit et à cause de mort.

2. Contrats translatifs de propriété

La différence entre un contrat et un acte unilatéral réside dans le fait que celui-là est formé par la manifestation de volonté d'au moins deux personnes, alors que celui-ci est le résultat d'une seule volonté.

Il existe deux types de contrats : les contrats unilatéraux et les contrats synallagmatiques.

a. Contrats unilatéraux

Les contrats unilatéraux sont des actes dans lesquels une seule personne s'oblige. La donation en est la forme la plus courante. Le donateur transfère la propriété d'un bien au donataire qui l'accepte sans lui verser de contrepartie. Il s'agit donc d'un acte *à titre gratuit*.

---

15. Ce sont les articles 565 à 577 du C. civ. Le mécanisme de l'accession n'a été généralement appliqué par la doctrine qu'aux biens corporels. Mais rien n'interdit en théorie de l'appliquer aux biens incorporels : pour une application en matière de fonds de commerce, v. Paris, 5 mars 1992, *Petites Affiches,* 29 déc. 1993, n° 156, p. 21, note D.R. Martin. Sur l'ensemble de la question, v. Ch. Paulin, *Droit d'accession relative aux classes mobilières, J. Cl. civ.,* art. 565 à 577, fasc. 105, n° 20 et s.

b. Contrats synallagmatiques

Il s'agit cette fois d'actes renfermant des obligations à la charge de deux ou plusieurs parties au contrat. Chacune des parties promet une chose à l'autre en contrepartie de l'exécution par cette dernière de sa propre obligation. On le comprend : les obligations des deux parties au contrat synallagmatique sont *interdépendantes*. Le corollaire de cette affirmation est que si l'une des parties n'exécute pas ses obligations l'autre partie est en droit de suspendre l'exécution des siennes (art. 1184 C. civ.).

Le contrat translatif de propriété par excellence est le contrat de vente. Contre le paiement d'un prix convenu par l'acheteur, le vendeur prend l'engagement de lui transférer la propriété d'un bien convenu.

La propriété est transférée par le seul consentement des parties.

Une distinction importante existe ici entre les meubles et les immeubles. Le transfert de propriété sur les meubles intervient sans recours à la publicité[16]. En revanche, l'aliénation d'immeubles n'est opposable aux tiers, qu'autant qu'elle a été publiée à la conservation des hypothèques.

B. La transmission par succession

La succession est dite *ab intestat* lorsque le défunt n'a pas laissé de testament réglant les effets pécuniaires de son décès. On a alors recours aux règles du Code civil pour déterminer les personnes qui sont aptes à succéder, ainsi que la répartition des biens entre ceux-ci.

La propriété est, dans un tel cas, transmise aux héritiers par la force de loi. La propriété de l'ensemble de biens du défunt est transférée à titre gratuit et universel. La loi accorde ainsi un effet de droit (le transfert de propriété) à un fait juridique (le décès).

16. Sauf dans certains cas particuliers s'agissant de meubles immatriculés ou certains meubles dont le régime juridique est spécial, comme les véhicules automobiles ou le fonds de commerce.

SECTION 2
L'ÉTENDUE ET L'EXERCICE DU DROIT DE PROPRIÉTÉ

§1
L'ÉTENDUE DU DROIT DE PROPRIÉTÉ

A. La propriété du dessus

L'article 552 al. 2 C. civ. dispose que « le propriétaire peut faire au dessus toutes les plantations et constructions qu'il juge à propos ».

Dans le prolongement de ce texte, le propriétaire est présumé être propriétaire de toutes constructions élevées sur son terrain.

Négativement, le propriétaire bénéficie d'une protection quasi-absolue et peut empêcher tout passage ou empiétement sur son terrain.

La vie dans le centres urbains s'accommode mal de cet absolutisme du droit du propriétaire. C'est la raisons pour laquelle, en matière de propriété immobilière, il existe des règles d'urbanisme définissant avec précision quelles sont le conditions de construction possibles. Ces réglementations administratives apportent des restrictions souvent très importantes aux prérogatives du propriétaire, allant même jusqu'à déclarer certains terrains inconstructibles.

De même le progrès technique apporte une limite certaine au droit de propriété[17].

B. La propriété du dessous

Le propriétaire d'un terrain est également propriétaire du sous-sol et de tout ce qu'il contient. Ainsi, tout objet ancien retrouvé dans le sous-sol d'un terrain appartient au propriétaire[18].

En ce qui concerne les empiétements en sous-sol, le propriétaire peut s'y opposer et même demander à ce que l'empiétement cesse par exemple par la démolition de l'ouvrage qui dépasse[19].

---

17. Il suffit de penser aux pylônes pour câbles électriques ou lignes de chemins de fer qui traversent le terrain d'autrui.

18. Sous réserve des réglementations concernant l'inventeur (*supra*, p. 229 note 11) et les règlements de police relatifs aux recherche archéologiques et à la prospection des produits miniers qui limitent sensiblement la possibilité de procéder à des fouilles sur son terrain.

19. Par exemple, pour les fondations d'un pavillon qui empiètent sur le sous-sol du voisin : Civ. 3e, 8 nov. 1978, *Bull. civ.* III, n° 340 ; 3 fév. 1982, *D.*83.IR.14, obs. Robert.

§2
L'EXERCICE DU DROIT DE PROPRIÉTÉ

L'exercice du droit de propriété est limité par une multitude de réglementations. Cela concerne essentiellement la propriété immobilière sur laquelle l'État revendique un droit de regard.

Une directive générale, leitmotiv de l'ensemble de cette réglementation, veut que l'exercice du droit de propriété ne puisse pas causer de préjudices à des tiers.

Cette théorie a donné lieu à deux applications jurisprudentielles importantes que nous examinerons ici : l'abus du droit de propriété et les troubles de voisinage.

A. L'abus du droit

La jurisprudence considère le fait d'abuser de son droit de propriété comme une faute, engageant par là même la responsabilité de son auteur.

L'intention du propriétaire importe beaucoup dans la détermination du régime juridique de l'abus du droit :

• Selon la théorie classique, le propriétaire commet un abus du droit lorsqu'il utilise les prérogatives qui lui sont conférées par le droit de propriété, non pas pour *satisfaire ses intérêts*, mais dans le seul but de *nuire à une tierce personne*.

L'affaire la plus citée en la matière a été l'affaire Clément-Bayard[20]. Les tribunaux sont très stricts et considèrent que, même en l'absence d'intention manifeste de nuire, la preuve de celle-ci peut relever du fait que le propriétaire a choisi la solution la plus désavantageuse pour autrui entre toutes les solutions dont il disposait[21].

• En dehors même de toute intention de nuire, l'abus du droit peut également résulter d'une simple négligence ou imprudence[22].

20. Req. 3 août 1915, *DP*.1917.I.79, où des carcasses de bois de 16 mètres de haut surmontées de tiges de fer pointues n'avaient été édifiées que dans l'unique but de nuire à Clément-Bayard, et n'avaient aucune utilité pour la personne qui les avait établies.

21. V. en ce sens, Paris, 28 oct. 1941, *JCP*.1942.II.1899, note E. Becqué.

22. Le propriétaire qui a répandu sur son terrain du produit toxique et qui a négligé de le protéger contre les incursions d'animaux appartenant à des tiers (T civ. Nevers, 18 mars 1952, *GP*.1952.II.322).

En outre, le non-respect d'une loi ou d'un règlement qui s'applique à la propriété, constitue en soi un abus du droit de propriété.

B. Les troubles de voisinage[23]

Les troubles causés aux voisins d'un fonds en raison des troubles causés du fait du propriétaire du fonds doivent être réparés.

Cette théorie, d'origine également jurisprudentielle, se distingue de la théorie de l'abus du droit : il ne s'agit pas ici d'une application de la responsabilité civile. En effet, tous les dommages causés aux voisins ne sont pas nécessairement réparables. Le sont uniquement ceux qui dépassent les troubles *normaux*, autrement dit ce que « la coutume oblige à supporter entre voisins »[24].

La réparation par allocation de dommages-intérêts à celui qui souffre de troubles anormaux doit tenir compte des circonstances de lieu et de temps ainsi que de l'époque de la décision.

Les applications jurisprudentielles sont multiples[25].

23. Cf. Chabas, *op. cit.*, n° 1341 et s.

24. Chevallier et Bach, p. 400 ; Buffelan-Lanore, p. 415. La notion de trouble de voisinage est apparue dans les années 1970 et a progressivement acquis une certaine autonomie par rapport au droit de propriété. Cf. Civ. 3e, 4 fév. 1971, *JCP*.1971.II.16781, note Lindon ; v. pour un exemple récent : Riom, 7 sept. 97, *JCP*.1997.II.22625.

25. Quelques exemples : plantation d'une fougère : Civ. 1re, 20 janv. 1964, *Bull. civ.* I, n° 34 ; le fonctionnement d'une usine : Civ. 3e 3 novembre 1977, *Bull. civ.* III, n° 367 ; Civ. 2e, 16 octobre 1991, *Bull. civ.* II, n° 261 ; bruit excessif lors de l'atterrissage et du décollage d'avions : Civ. 2e 8 mai 1968, *JCP*.68II.15595, note de Juglart et Civ. 3e, 8 juil. 1992, *Bull. civ.* III, n° 245 ; Bruits et odeurs : Caen, 10 mai 1994, *Jurisdata* n° 044931.

... Les troubles de voisinage

TITRE DEUXIÈME

Les démembrements de la propriété

L'usufruit

• L'usufruit est prévu par les articles 578 et suivants du Code civil[1].

Il autorise l'usufruitier à percevoir les fruits de la chose, mais non ses produits, puisqu'il doit conserver la substance de la chose, sans pouvoir l'altérer.

Le droit d'usage et de jouissance appartenant à l'usufruitier peut s'exercer par des actes juridiques mais également par des actes matériels. Ainsi, les actes conservatoires et les actes d'administration sont sans doute du domaine du pouvoir de l'usufruitier. En pratique, l'usufruit est rencontré dans trois hypothèses : la rente viagère, la donation avec réserve d'usufruit et l'usufruit du conjoint survivant (art. 767 C. civ.)[2].

• L'usufruit peut être constitué soit par la force de la loi, soit par la volonté de l'homme, à titre onéreux ou à titre gratuit. Dans ce dernier cas, un acte juridique constate son existence.

Les principes concernant la prescription acquisitive sont également applicables en matière d'usufruit, qui peut ainsi être usucapé.

• L'obligation essentielle qui pèse sur l'usufruitier est celle de conserver la substance de la chose. C'est pourquoi, lors de l'entrée en possession de l'usufruitier, un inventaire est effectué afin que soit établie avec précision la substance de la chose.

Pendant l'usufruit, l'usufruitier est tenu de jouir de la chose en bon père de famille, à savoir acquitter toutes les charges qui se

1. Pour une étude détaillée de l'institution, cf. Chabas, *op. cit.*, n° 1647 et s. ; Jourdain, *op. cit.*, n° 62 et s. ; Atias, n° 113 et s.
2. Pour la définition de ces types d'actes, v. *supra*, p. 225.

prélèvent sur les revenus, qui sont appelées les charges *usufructuaires*[3].

A l'issue de l'usufruit, le nu-propriétaire est en droit d'attendre la restitution du bien en nature[4]. Lorsque l'usufruitier a apporté des améliorations ou élevé des constructions sur le bien qui constitue l'objet de l'usufruit, il ne peut attendre une indemnisation du nu-propriétaire à ce titre (art. 599 al. 2 C. civ.). En effet, il est exactement dans la même situation que le propriétaire et tout se passe comme s'il avait effectué ses ouvrages pour son propre compte.

• L'usufruit est d'essence temporaire. Il s'éteint à la mort de l'usufruitier et ne se transmet pas à ses héritiers. Ce caractère temporaire imprime à cette institution certaines de ses spécificités. Par exemple, l'usufruit s'éteint par le non-usage trentenaire (art. 617 C. civ.). De même, il peut être constitué au profit de personne morale, mais ne peut alors excéder 30 ans (art. 619 C. civ.).

Enfin, l'usufruit peut s'éteindre par la déchéance de l'usufruitier s'il manque à son obligation d'user de la chose en bon père de famille.

---

3. L'article 605 du C. civ. met cependant à la charge du nu-propriétaire les dépenses de grosses réparations définies par l'article 606 C. civ.

4. L'usufruit est possible sur des choses consomptibles. La restitution se fait alors en valeur.

Les servitudes

• La servitude est une charge imposée à un fonds, généralement un terrain (art. 637 C. civ.). Un fonds *dominant* tire alors une utilité ou un usage d'un fonds *servant*[1].

Les servitudes existent dans des situations très variées. On les regroupe sous deux rubriques selon les obligations qu'elles imposent :

1. servitudes *positives* : qui confèrent une prérogative particulière au propriétaire du fonds dominant (servitude de passage par exemple).
2. servitudes *négatives* : qui imposent une interdiction au propriétaire du fonds servant, visant à empêcher l'exercice par lui de certaines de ses prérogatives (servitude de ne pas bâtir).

• Les servitudes se regroupent en trois catégories selon leur source :

1. Les servitudes légales : qui peuvent être d'utilité publique ou privée. Les servitudes légales obéissent à la règle du *numerus clausus*. Leur composition est ainsi figée. Il s'agit essentiellement des mitoyennetés (art. 653-673 C. civ.), du recul de certaines constructions (art. 674 C. civ.), des vues sur les propriétés voisines (art. 675-680 C. civ.), des distances pour les plantations (art. 671-673 C. civ.).
2. Les servitudes naturelles : « qui dérivent de la situation naturelle des lieux », comme nous indique le Code civil. Ce sont essentiellement, les servitudes des eaux (art. 640-645 C.

1. Pour une étude détaillée de cette institution, v. Chabas, *op. cit.*, n° 1702 et s. ; Jourdain, *op. cit.*, n° 300 et s. ; Atias, n° 129 et s. ; Buffelan-Lanore, n° 1036 et s.

civ.), le droit au bornage et à la clôture (art. 646-648 C. civ.), la servitude de passage en cas d'enclave (art. 682 à 685-1 C. civ.).

3. Les servitudes conventionnelles : en dehors même des situations prévues par la loi, « il est permis aux propriétaires d'établir sur leurs propriétés, telles servitudes que bon leur semble [...], pourvu que ces services n'aient d'ailleurs rien de contraire à l'ordre public » (art. 648 C. civ.).

• La servitude est un droit réel. Le propriétaire du fonds dominant peut ainsi l'opposer *erga omnes* (à tous). En outre, le propriétaire du fonds servant n'a pas d'autres obligations que de subir l'exercice de la servitude[2].

En raison de ce caractère réel, les servitudes sont perpétuelles. Elles s'éteignent lorsque les deux fonds se réunissent entre les mêmes mains[3].

En sens inverse, le non usage de la servitude peut avoir des incidences sur l'existence de la servitude : l'article 706 C. civ. applique, en effet la prescription extinctive aux servitudes (règles de non-usage trentenaire). La jurisprudence est très stricte sur la définition du non-usage et la fait dépendre des circonstances concrètes dans lesquelles s'exerce la servitude[4].

• Le propriétaire du fonds dominant ne doit pas modifier les charges pesant sur le fonds servant ou tout au moins les aggraver. De même, l'étendue de la servitude ne peut, en principe, être modifiée que d'un commun accord[5].

---

2. A moins qu'il ne se soit engagé à une prestation positive, auquel cas il devra par exemple contribuer aux frais d'entretien et de réparation de cette servitude, Civ. 3e, 22 mars 1989, *Bull. civ.* III, n° 71 ; 14 nov. 1990, *Bull. civ.* III, n° 235.

3. On parle alors de confusion.

4. V., pour l'hypothèse d'un passage cadenassé, AP. 28 juin 1996, *JCP*.1996.II.22712, note Mémeteau.

5. V. toutefois, les dispositions de l'art. 701 al. 3 C. civ. qui autorisent une modification de l'assiette de la servitude de façon unilatérale.

EXERCICES CORRIGÉS

Cas pratiques
Commentaires d'arrêts

EXERCICE DE CAS PRATIQUE N° 1

Énoncé :

La famille PROBLEMATIK vient vous consulter pour les deux problèmes suivants :

1 - Une chapelle construite au XIe siècle et située dans un village abandonné depuis le XVIe siècle appartient aux membres de la famille. L'édifice sert de hangar de bois.

En 1953, un professeur au lycée de Perpignan découvre sur les murs des fresques, que l'on tient aujourd'hui pour un chef d'œuvre des « primitifs catalans ». Ces fresques faisaient à cette époque partie intégrante des murs de la chapelle.

L'un des membres de la famille, âpre au gain mais ignorant, donne à un antiquaire le droit de déposer ces fresques pour une somme dérisoire de 300 mille Francs anciens (soit 3000 Francs actuels). L'antiquaire utilise une méthode nouvellement mise au point permettant de décoller les fresques de leur support mural sans les abîmer. Les fresques ainsi arrachées de leur support naturel sont emportées par l'antiquaire.

Les autres membres de la famille qui n'avaient pas donné leur consentement à cette vente attaquent l'antiquaire en restitution. Entre temps, les fresques avaient disparu et l'antiquaire meurt après bien des déboires en 1978.

Quelques temps après, les fresques sont retrouvées auprès d'un musée d'Art et d'Histoire parisien. En effet, les fresques avaient été frauduleusement vendues pour un prix sans commune mesure avec le prix susmentionné, à savoir plus de 600 mille Francs nouveaux.

Les propriétaires veulent procéder à une saisie afin de pouvoir mettre les fresques sous main de justice dans l'attente de l'aboutissement de leur action en revendication.

En supposant que cette action soit possible, ce que vous considérerez comme acquis, les propriétaires vous demandent s'ils doivent procéder à une saisie mobilière ou immobilière. La question est donc

de savoir si, aujourd'hui, les fresques doivent être considérées comme des meubles ou comme des immeubles.
Vous devez motiver dans le détail votre réponse, en comparant notamment l'état des fresques avant et après décollement.

Corrigé sommaire

Lorsque l'on est face à un cas pratique, après lecture attentive, il convient de suivre plusieurs étapes :

1 - Mise en évidence des faits caractéristiques : la première étape consiste à faire la part des choses entre :

– les faits caractéristiques : ce sont les éléments du cas pratique qui peuvent nous fournir des informations déterminantes pour la solution de celui-ci.

– les autres faits : ceux qui n'ont pas de rapports directs avec la solution de l'affaire.

2 - Problème(s) de droit : Une fois sélectionnés les faits caractéristiques vont permettre à l'étudiant de découvrir le ou les problèmes de droit posés dans l'affaire.

Chaque problème de droit doit trouver une solution plus ou moins nuancée.

3 - Solution du cas pratique : Lorsque l'étudiant découvre le problème de droit posé, la plus grande partie de la difficulté est résolue. Il lui suffit alors de s'interroger sur la solution. A ce stade, il ne faut pas nécessairement apporter une solution tranchée. Il convient surtout de discuter les différentes solutions qui paraissent plausibles avant de prendre position sur l'une d'entre elles en donnant les raisons qui font pencher pour telle solution plutôt que pour telle autre.

Il ne faut jamais oublier que plusieurs positions sont souvent défendables dans un cas pratique et que l'essentiel est de bien argumenter sa position au regard des règles et principes juridiques.

4 - Rédaction de la solution du cas pratique : contrairement au commentaire d'arrêt, il n'est pas nécessaire de procéder selon un plan. De deux choses l'une :

– soit le cas pratique comporte une seule question, et alors l'étudiant répondra dans l'ordre aux « sous-questions », posées par celle-ci. Si l'étudiant trouve qu'il y a un plan possible en deux ou trois parties en réponse à la question posée, il peut bien sûr l'adopter.

– soit le cas pratique comporte plusieurs questions, et alors l'étudiant répondra aux questions dans l'ordre où elles ont été posées. Il s'agit, généralement, de l'ordre logique.

Dans l'exemple ci-dessus, les faits caractéristiques sont les suivants :

– fresques faisant partie intégrante d'un mur situé sur la propriété appartenant à la famille ;

- fresques ayant été déposées par un procédé technologique ne font plus partie de ce mur ;
- ces fresques ont été déposées par un membre de la famille sans consultation des autres ;
- action engagée par la famille en restitution des fresques ;
- les fresques ont été revendues nettement plus chères à une galerie d'art.

Le problème de droit posé est classique : celui de savoir si les fresques doivent aujourd'hui être considérées comme meubles ou immeubles. C'est le problème de la *qualification juridique* des fresques détachées. Ce terme est très important. C'est une opération qui s'effectue dans tous les domaines du droit et qui a pour objet de déterminer le régime juridique applicable. L'intérêt pratique ici est de savoir si la procédure choisie doit être celle d'une saisie mobilière ou immobilière. La première étant beaucoup plus simple à entreprendre, la famille a intérêt à ce que les fresques reçoivent *la qualification* de meuble. En revanche, la galerie, qui ne veut pas se dessaisir des fresques, a intérêt à ce que les fresques soient *qualifiées* d'immeubles.

L'analyse du problème juridique doit être menée de la façon suivante avant leur arrachement, les fresques étaient des immeubles par nature car faisant partie intégrante du mur. Après leur arrachement, ces mêmes fresques ont changé de qualification. La situation a fait l'objet d'un arrêt de l'Assemblée Plénière de la Cour de cassation en date du 15 avril 1988 (*D.*1988.325, conclusions Cabanne, note Maury ; *JCP*.1988.I.21066, rapport Grégoire, note Barbieri). Deux positions étaient possibles : la Cour d'appel avait déclaré qu'après arrachement, les fresques étaient devenus des immeubles par destination. Elle n'avait malheureusement guère donné d'explication pour cette qualification. Celle-ci n'est pas heureuse puisque l'on sait, conformément au Code civil, qu'il existe deux catégories d'immeuble par destination : ceux qui sont affectés au service de l'immeuble et ceux qui sont attachés à perpétuelle demeure à celui-ci. Les fresques ne rentrent dans aucune de ces catégories. Pourquoi alors les qualifier d'immeubles par destination ?

C'est également le point de vue de l'Assemblée plénière : pour elle, tout ce qui n'est pas immeuble est meuble par nature. Or, comme les fresques ne peuvent plus, depuis leur arrachement, être considérées comme des immeubles (ni par nature, ni par destination), elles ne peuvent être rangées que dans la catégorie des meubles par nature.

La saisie à opérer est donc une saisie mobilière.

EXERCICE DE CAS PRATIQUE N° 2

Énoncé :

La famille PROBLEMATIK est également tourmentée par un problème pour lequel elle demande votre intervention urgente.

En effet, la famille gère un centre d'hébergement pour handicapés mentaux. Un certain Monsieur Faux TOMATHON leur a demandé l'au-

torisation de tourner un film dans leur établissement concernant la vie des jeunes adultes handicapés mentaux que le centre héberge, intitulé « Décompte de la folie ordinaire ». Monsieur TOMATHON rassure la famille que ce film ne sera projeté qu'en milieu médico-social et n'aura pas une large diffusion.

Or, la famille vient d'apprendre que le film est programmé pour deux passages à des heures d'affluence, sur les chaînes FR3 et sur ARTE. Elle vous demande ce qu'elle peut faire pour éviter que le film soit projeté ou obtenir des dommages-intérêts ?

Vous vous poserez notamment les questions suivantes :

- La famille peut-elle fonder une action sur l'atteinte au respect de la vie privée des handicapés mentaux, sachant qu'en qualité de gestionnaire du centre d'hébergement elle peut valablement les représenter en justice ?

- La famille peut-elle directement demander au juge le retrait du film de diffusion ?

- Si la famille agit après la diffusion du film sur FR3 et sur ARTE, peut-elle demander des dommages-intérêts à Monsieur Faux TOMATHON ?

Corrigé sommaire

Exemple tiré d'un arrêt de la Cour de cassation (Civ. 24 fév. 1993, *Bull. civ.* I, n° 87)

Les faits caractéristiques sont les suivants :

– le film concerne les éléments de le vie de tous les jours des handicapés mentaux,

– la diffusion limitée du film en milieu médico-social,

– le film est programmé pour une large diffusion,

– le film n'est pas encore projeté.

Il convient de répondre aux questions dans l'ordre dans lequel elles sont posées :

– La diffusion d'un film sur les événements de la vie quotidienne d'handicapés mentaux peut-elle être constitutive d'une atteinte au respect de leur vie privée ?

Deux questions se posent :

• Les handicapés mentaux peuvent-ils être considérés comme disposant d'une « vie privée » : la réponse est sans aucun doute positive dans la mesure où il s'agit d'êtres humains bénéficiant à ce titre des droits de la personnalité. Leur vie privée est donc protégeable à ce seul titre.

• La situation dans laquelle ils ont été filmés porte-t-elle atteinte à l'intimité de leur vie privée : cette question peut être discutée dans le sens d'une réponse positive ou négative selon les éléments de fait donnés dans le cas pratique. D'après les éléments du cas pratique, il semble exister une véritable atteinte à cette intimité.

Ainsi, sur la seule base de l'atteinte à l'intimité de la vie privée, la famille peut demander la sanction de l'acte incriminé.

Il existe un autre fondement possible : certains arrêts qui se fondent également sur une utilisation non conforme au contrat conclu de l'image (Nîmes 7 janvier 1988, *JCP*.1988.II.21059, note Pansier ; Civ. 1re 12 juin 1990, *Bull. civ.* I, n° 164).

– La deuxième question concerne les moyens dont dispose le juge pour arrêter la diffusion d'un tel film si celui-ci ne l'a pas encore été. L'article 9 du C civ. parle de tous moyens que le juge pourrait considérer comme appropriés. Le retrait de la diffusion constitue un tel élément, mais le juge dispose d'un pouvoir d'appréciation souverain de la proportionnalité. En effet, il peut considérer qu'une censure de certains passage du film procure une protection suffisante aux handicapés mentaux. Il n'ordonnera pas alors le retrait mais une simple censure.

– La troisième question concerne le cas où l'on est en présence d'une atteinte déjà consommée, autrement dit, lorsque le film est déjà diffusé. La seule réparation possible est alors par équivalent. Qui dit par équivalent, dit versement de dommages-intérêts. Faut-il encore que la famille fasse la preuve du quantum du préjudice subi par les handicapés mentaux du fait d'une large diffusion du film en question.

SYNTHÈSE D'UNE QUESTION DE COURS À PARTIR D'UN ARRÊT

Énoncé n° 1 :

En vous fondant sur l'arrêt de la 3e chambre civile de la Cour de cassation du 13 juillet 1994 (ci-après), exposez les principes régissant l'application de la loi dans le temps en droit français.

ARRÊT

« Sur le moyen unique :

Attendu, selon l'arrêt attaqué (Douai, 20 mai 1992), que lors de l'édification au début du XVIIe siècle de l'immeuble, 19, place Froissart, il a été procédé à la surélévation de trois cheminées de l'immeuble contigu appartenant à M. Dekeuwer ; que la réfection des conduits devant être entreprise en raison de leur état de délabrement, M. Dekeuwer a réclamé à la copropriété du 19, place Froissart la prise en charge des dépenses rendues nécessaires pour leur entretien ;

Attendu que M. Dekeuwer fait grief à l'arrêt de le débouter de cette demande, alors, selon le moyen, que les lois qui gouvernent les droits réels sont d'application immédiate ; que l'article 658 du Code civil, dans sa rédaction issue de la loi du 17 mai 1960, s'applique à toutes les créances d'entretien consécutives à l'exhaussement du mur mitoyen, dès lors que cette créance

est née postérieurement à la loi 1960 ; qu'en l'espèce les créances de réparations d'entretien, dont M. Dekeuwer demandait remboursement au propriétaire du fonds voisin, étaient nées postérieurement à la loi du 17 mai 1960 si bien que le nouvel article 658 du Code civil, s'appliquait ; qu'en déboutant M. Dekeuwer de sa demande, la cour d'appel a violé l'article 658 du Code civil, dans sa rédaction issue de la loi du 17 mai 1960, par refus d'application ;
Mais attendu qu'après avoir exactement retenu que la loi du 17 mai 1960 s'appliquait aux mitoyenneté préexistantes, toute surélévation, survenue après sa promulgation, d'un mur mitoyen déjà construit faisant naître le droit à réparation prévu par l'article 658 du Code civil, la cour d'appel a relevé, à bon droit, que la loi nouvelle ne pouvait, sans rétroagir, remettre en cause les effets définitivement réalisés de travaux de surélévation exécutés antérieurement à sa promulgation ;
D'où il suit que le moyen n'est pas fondé ;
PAR CES MOTIFS :
REJETTE le pourvoi. »

Corrigé sommaire

La réponse à cette question doit être développée selon le schéma suivant :

L'arrêt de la Cour de cassation se fonde sur la distinction entre la non-rétroactivité et l'effet immédiat de la loi nouvelle. Nous savons, en effet, que l'art 2 C. Civ, pose le principe selon lequel la loi nouvelle doit s'appliquer immédiatement. Mais, pour pouvoir appliquer ce texte, la jurisprudence a fait une distinction entre les effets d'une situation juridique qui se sont apparus sous l'empire de la loi ancienne et qui se perpétuent dans le temps sous l'empire de la loi nouvelle et d'une part, et les effets définitivement réalisés d'une situation juridique déterminée qui eux ne peuvent dépendre que de la loi ancienne.

Appliquer la loi nouvelle à une telle situation ne constitue pas une application immédiate mais une rétroactivité, or la rétroactivité ne peut jamais être implicite.

Donc, la réponse doit prendre cette distinction pour point de départ :

I) Différence entre situation acquise et situation en cours :

Dans une première partie, il convient d'expliquer ce que l'arrêt a voulu dire et l'on fera alors la distinction entre situation acquise et situation en cours au moment de l'entrée en vigueur de la loi nouvelle.

Au moyen de quelques exemples, il convient alors d'expliquer ce que l'on entend par chaque terme. Dans le cas présent est-on en présence d'une situation acquise ou d'une situation en cours ?

II) Le régime juridique de chaque situation :

Dans cette partie, il convient de s'expliquer sur le régime juridique au regard de la rétroactivité, lorsque l'on est en présence d'une situation acquise et, à l'inverse, lorsque l'on contemple une situation en cours.

Pour expliquer la différence des deux régimes, il faut faire la distinction entre rétroactivité et application immédiate. C'est alors qu'il convient d'expliquer le vrai sens de l'article 2 du Cciv.

A partir de là, il convient d'expliquer les cas dans lesquels on assiste à une véritable rétroactivité et les cas qui ne sont que l'application de l'effet immédiat.

Énoncé n° 2 :

Expliquer, en vous fondant sur l'exemple de l'arrêt du 2 mars 1994, la question de la charge de la preuve.

ARRÊT

« Sur le moyen unique, pris en sa première branche :

Vu l'article 1315 du Code civil ;

Attendu que Madame Alberni ayant participé au jeu-concours organisé par la société Midi Libre, son bulletin-réponse, après examen par un correcteur, a été jugé sans faute ; qu'elle a réclamé le premier prix, d'une valeur de 350 000 francs, mais s'est vu opposer un refus, au motif qu'après vérification, l'une des réponses comportait une erreur ; qu'elle a porté plainte pour faux et qu'une expertise a montré que l'erreur affectant cette réponse provenait d'une falsification ; que le juge d'instruction a rendu une ordonnance de non-lieu, l'auteur de ce faux n'ayant pu être identifié ; que Madame Alberni a alors assigné la société Le Midi Libre, qui avait décerné le premier prix à un autre concurrent, en responsabilité contractuelle et en paiement de la somme de 350 000 francs à titre de dommages-intérêts ;

Attendu que, pour rejeter sa demande, la Cour d'appel retient que Mme Alberni ne rapporte pas la preuve que son bulletin soit parvenu dans les locaux du journal exempt de toute falsification ;

Attendu qu'en se prononçant ainsi, alors qu'il incombait à la société Le Midi Libre qui, pour se libérer de son obligation, prétendait que le bulletin-réponse comportait une inexactitude au moment où elle l'avait reçu, d'apporter la preuve que la falsification était antérieure à l'arrivée de ce bulletin dans ses locaux, la juridiction du second degré a violé le texte susvisé ;

PAR CES MOTIFS :

Casse et annule ...... ».

Corrigé sommaire

Le développement du problème de droit posé par l'arrêt peut s'effectuer de la manière suivante, autour de deux idées :

I) La place de l'arrêt dans le panorama général du droit de la preuve

– Comment se situe cette question dans le panorama général du problème de la charge de preuve ? Celui qui allègue un fait doit apporter la preuve de sa prétention. Il s'agit là du principe normal posé par l'article 1315 du

Code civil.

– Ce faisant, l'article 1315 répartit également la question du risque de la preuve. En temps normal le risque de la preuve pèse sur celui qui en a la charge : s'il n'était pas en mesure de prouver sa prétention, il perd le procès.

La raison profonde de cet état de fait est que : c'est le demandeur qui, en introduisant son action en justice, « perturbe » en quelque sorte la bonne marche de la société. C'est la raison pour laquelle il doit être considéré comme défaillant s'il n'est pas mesure de prouver la justesse de sa prétention. La logique est sauve.

II) La question de l'inversion de la charge de la preuve grâce au procédé de « présomption » :

– Il existe, toutefois, des hypothèses où l'on est en présence d'une inversion de la charge de la preuve commandée par la loi. C'est le mode de preuve appelé « présomption légale ». Ce mode de preuve n'existe que parce que la loi le permet et le juge ne peut créer une présomption de sa propre autorité. Il peut simplement inférer ou déduire logiquement des faits inconnus à partir de faits connus ; c'est ce que l'on appelle les « présomptions de fait ou de l'homme » (exemple de la vitesse de voiture déduite des traces de freinage sur la chaussée).

- Dans l'exemple qui nous est fourni, la Cour d'appel ne pouvait pas s'appuyer sur une présomption légale, pour la simple raison qu'il n'en existait pas. Elle ne pouvait pas, non plus, se fonder sur des éléments de fait lui permettant de tirer une conséquence logique des faits dont elle avait connaissance.

Aucune inversion de la charge de la preuve n'était ainsi possible.

EXERCICES DE COMMENTAIRE D'ARRÊT

Énoncé n° 1 :

Commenter l'arrêt de la chambre commerciale de la Cour de cassation en date du 6 avril 1993 ; Directeur général des impôts c. Lovaert, JCP.93.II. 22064, note Nguyen Van Tuong :

ARRÊT

La Cour ; - (...) ; - Attendu, selon le jugement déféré (Trib. Gr. Inst. Angers 19 juill. 1990), que M. Lovaert a demandé la restitution, d'une part, de la taxe spéciale sur les véhicules à moteur d'une puissance fiscale supérieure à 16 CV payée au titre des années 1979 et 1980, d'autre part, de la taxe différentielle instituée par la loi du 30 décembre 1987 payée au titre de l'année 1989 ; qu'il fondait sa demande sur la contrariété de ces taxes au Traité instituant la Communauté économique européenne, établie prétendument par les arrêts de la Cour de justice des Communauté européennes du 9 mai 1985 (Humblot) et du 17 septembre 1987 (Feldain) ; que le tribunal a accueilli ces demandes ; Sur la recevabilité du pourvoi, en ce qu'il est dirigé contre les dispositions du jugement relatives à la taxe spéciale :

Attendu que, par l'arrêt du 9 mai 1985 (Humblot), la Cour de justice des Communautés européennes, après avoir énoncé qu'en l'état actuel du droit communautaire, les États membres restent libres de soumettre des produits comme les voitures à un système de taxe dont le montant augmente progressivement en fonction d'un critère objectif, tel que la puissance fiscale qui peut être déterminée selon différentes modalités et qu'un tel système d'imposition intérieure n'est toutefois légitime au regard de l'article 95 du traité que pour autant qu'il soit exempt de tout effet discriminatoire ou protecteur, a dit pour droit que l'article 95 du Traité interdit de soumettre les voitures dépassant une certaine puissance fiscale à une taxe spéciale fixe dont le montant est plusieurs fois le montant le plus élevé de la taxe progressive qui doit être acquittée pour les voitures n'atteignant pas cette puissance fiscale, lorsque les seules voitures frappées par la taxe spéciale sont les voitures importées, notamment d'autres États membres ; que l'arrêt du 17 septembre 1987 (Feldain) a dit pour droit qu'un système de taxe, qui, d'une part, par l'établissement d'une tranche d'imposition comportant plus de puissance fiscales que les autres, freine la progression normale de la taxe au profit des voitures haut de gamme de fabrication nationale, et, d'autre part, comporte des modalités de détermination de la puissance fiscale défavorable aux voitures importées d'autres États membres, a un effet discriminatoire ou protecteur au sens de l'article 95 du Traité ; qu'en ce qui concerne la détermination de la puissance fiscale, ce dernier arrêt n'a fait que préciser l'interprétation donnée par le premier, d'où il suit que cette interprétation s'imposait pour apprécier l'application du système de taxe en cause aux situations existant antérieurement à ce premier arrêt et qu'il en résultait le droit à restitution des taxes perçues en violation des règles affirmées ; que tel est le cas du système de taxe spéciale appliqué à M. Lovaert en 1979 et 1980 qui comportait la détermination de la puissance fiscale des véhicules dans les conditions déterminées par une circulaire ministérielle du 23 décembre 1977 ; que, dès lors, l'action en restitution de la taxe spéciale engagée par M. Lovaert sur le fondement des arrêts de la Cour de justice du 9 mai 1985 et du 17 septembre 1987 était une action en répétition de l'indu n'entrant pas dans les prévisions de l'article L.199 du Livre des procédures fiscales et que les dispositions du jugement sur cette action étaient susceptibles d'appel ; que le pourvoi est donc irrecevable en ce qu'il est dirigé contre ces dispositions ; - Sur le troisième et le quatrième moyens, réunis, qui sont dirigés contre les dispositions du jugement relatives à la taxe différentielle : - Attendu que le directeur général des impôts fait grief au jugement d'avoir ordonné le remboursement de la taxe différentielle et met en œuvre les moyens reproduits en annexe, tirés d'un défaut de réponse à conclusions et d'une violation de l'article 95 du Traité de Rome et de l'article 20-I de la loi de finances rectificatives pour 1987 ;

- Mais attendu que, selon l'article 34 de la Constitution, le législateur est seul compétent pour fixer les règles relatives à l'assiette des impôts ;
- Attendu que la loi du 30 décembre 1987 se borne à fixer le nouveau barème de la taxe différentielle sur les véhicules à moteur, sans énoncer de règles en ce qui concerne la détermination de l'élément de l'assiette de

cette taxe constitué par la puissance fiscale des véhicules. ; que le Ministre de l'équipement n'avait donc pas le pouvoir de fixer de nouvelles règles sur ce point ; qu'il s'ensuit que la taxe versée par M. Lovaert au titre de l'année 1988-1989 était dépourvue de support légal, dès lors qu'elle avait été établie sur le fondement d'un système de taxe comportant la détermination de la puissance fiscale des véhicules selon les seules dispositions de la circulaire du Ministre de l'équipement du 12 janvier 1988 ; qu'en conséquence, M. Lovaert a droit au remboursement de cette taxe indûment perçue ; que par ces motifs de pur droit, substitués à ceux énoncés par le tribunal, le jugement se trouve justifié en ce qu'il a ordonné le remboursement à M. Lovaert de la taxe différentielle perçue au titre de l'année 1989 ; que les moyens ne peuvent être accueillis.

Par ces motifs : - Déclare irrecevable le pourvoi en ce qu'il est dirigé contre les dispositions du jugement relatives à la taxe spéciale ; - Le rejette en ce qu'il est dirigé contre les dispositions du jugement relatives à la taxe différentielle (...)

Corrigé

Commentaire de l'arrêt de la Chambre commerciale de la Cour de cassation du 6 avril 1993[1]

Parler de l'application de deux textes aussi fondamentaux que le Traité de Rome et la Constitution à propos de la « vignette auto », sujet trivial s'il en est, pouvait paraître incongru il y a encore quelques années. Mais les temps ont changé. Les grands principes constitutionnels ainsi que ceux du droit communautaire sont de plus en plus invoqués au quotidien par les justiciables afin de voir préserver leurs droits et libertés. Telle est la leçon que l'on peut tirer de l'arrêt rendu par la Chambre commerciale de la Cour de cassation le 6 avril 1993, arrêt qui présente en outre cet intérêt de rappeler que les deux textes évoqués (le Traité de Rome et la Constitution) occupent le sommet de la hiérarchie des normes et qu'en conséquence, les normes qui leurs sont inférieures doivent les respecter.

En l'espèce, un contribuable, M. Lovaert, avait payé, d'une part, au titre des années 1979 et 1980, une taxe spéciale sur les véhicules à moteur d'une puissance fiscale supérieure à 16 CV et, d'autre part, au titre de l'année 1989, une taxe différentielle instituée par une loi du 30 décembre 1987, mais dont l'assiette a été fixée par une circulaire du Ministre de l'Équipement du 12 janvier 1988.

Estimant que ces taxes étaient en contrariété avec le Traité de Rome, contrariété dont il prétendait qu'elle résultait de deux arrêts rendus par la Cour de Justice des Communautés Européennes le 9 mai 1985 et le 17 septembre

(1) Ce commentaire a été rédigé par Mademoiselle Sophie Bouretz, Allocataire de Recherche à l'Université de Paris-I (Panthéon-Sorbonne) que nous remercions pour sa contribution.

1987, M. Lovaert a réclamé la restitution de ces taxes. Par un jugement en date du 19 janvier 1990, le Tribunal de Grande Instance d'Angers a fait droit à sa demande.

Contestant le bien fondé de ce jugement, le directeur général des impôts se pourvoit en cassation. Mais la Cour rejette ce pourvoi. Elle décide d'abord, en ce qui concerne la taxe spéciale, que le pourvoi est irrecevable sur ce point dans la mesure où le jugement rendu par le tribunal d'Angers était susceptible d'appel puisque l'action intentée par M. Lovaert sur le fondement des deux arrêts de la CJCE s'analyse en une action en répétition de l'indû, ce qui excluait l'application de l'article L. 199 du livre de procédures fiscales. Ce qui importe ici, ce n'est pas tant la solution elle-même de la Cour de Cassation (c'est-à-dire l'irrecevabilité du pourvoi) que la méthode qu'elle a utilisée pour y parvenir. C'est qu'en effet, la Cour de cassation a fait une application directe à l'espèce, non seulement du Traité de Rome (article 95), mais encore de l'interprétation qu'en donne la CJCE, faisant ainsi prévaloir implicitement l'ensemble du droit communautaire sur le droit interne. C'est pourquoi il nous faudra d'abord reconsidérer la place qu'occupe le droit communautaire dans l'ordre interne (I).

En second lieu, s'agissant de la taxe différentielle, la Cour de cassation juge qu'elle a été indûment perçue. Pour en décider ainsi, la Cour de cassation rappelle que selon l'article 34 de la Constitution le législateur est seul compétent pour fixer les règles relatives à l'assiette des impôts. Elle en déduit que la taxe différentielle était dépourvue de support légal puisqu'« établie sur le fondement d'un système de taxe comportant la détermination de la puissance fiscale des véhicules selon les seules dispositions de la circulaire du Ministre de l'équipement du 12 janvier 1988 ». Ainsi la Cour de cassation a-t-elle entendu protéger le domaine législatif, tel qu'il résulte de l'article 34 de la Constitution, contre les empiétements du pouvoir réglementaire. Cela nous conduira naturellement à nous intéresser à la question de la répartition des compétences entre le pouvoir législatif et le pouvoir réglementaire (II).

■ I. La place du droit communautaire dans l'ordre interne

Il ressort tant de l'esprit que de la lettre du Traité de Rome que celui-ci se caractérise par son applicabilité directe dans les États membres et l'emporte sur le droit interne notamment sur la loi (A). Au-delà du droit communautaire originaire (traités constitutifs) et dérivé (normes élaborées par les organes communautaires), la jurisprudence communautaire elle-même tend à s'imposer dans l'ordre interne (B).

A. - L'applicabilité directe et la supériorité du Traité de Rome sur le droit interne

L'applicabilité directe dans l'ordre interne du Traité de Rome, ainsi d'ailleurs que de l'ensemble du droit communautaire, découle de la nature spécifique de ce droit et du principe général de supériorité des traités sur le droit interne, tel qu'il est posé à l'article 55 de la Constitution.

La Cour de cassation a tiré les conséquences normales de cette superposition des deux ordres juridiques (ordre juridique interne et ordre juridique communautaire), la première fois dans son fameux arrêt Jacques Vabre du 24 mai 1975 : si une loi et une norme communautaire sont en conflit, la seconde, même antérieure, est seule retenue. Par conséquent, le juge français refuse d'appliquer la loi française au motif qu'elle est contraire au droit communautaire. En d'autres termes, le juge opère une sorte de contrôle de « communautarité » de la loi, très comparable au contrôle de constitutionnalité.

Au fond, la position de la Cour de cassation prolonge l'article 55 de la Constitution qui affirme la supériorité des conventions internationales sur les lois. La Cour de cassation se fonde sur deux séries d'argument : d'une part, le Traité de Rome comporte bien des abandons de souveraineté de la part des États membres et institue une véritable supra souveraineté au profit des organes communautaires (notamment de la Commission, de Conseil et de la Cour de Justice des Communautés Européennes) ; d'autre part, les juridictions nationales, étant chargées d'appliquer directement les dispositions qui émanent de ces organes communautaires, ne sauraient faire prévaloir sur elles la loi interne qui occupe, dans la hiérarchie des normes, une place inférieure.

B. - L'intégration de la jurisprudence communautaire dans l'ordre interne

Lorsque le juge interne applique le Traité de Rome ainsi que l'ensemble du droit dérivé, il peut arriver que se pose à lui un problème d'interprétation de ce droit communautaire, tout comme cela peut se produire lorsqu'il applique une norme interne.

Or s'agissant du droit communautaire, il existe une procédure particulière instituée par le Traité de Rome lui-même, dans son article 177 : le recours préjudiciel en interprétation devant la Cour de Justice des Communautés Européennes (CJCE). En effet, selon cette disposition, c'est la CJCE elle-même qui est compétente pour statuer à titre préjudiciel, sur l'interprétation du Traité de Rome ainsi que des actes pris par les institutions de la Communauté (règlements, directives...). Lorsqu'une telle question est soulevée devant une juridiction d'un État membre, celle-ci *peut* ou *doit*, selon les cas, surseoir à statuer et renvoyer à la CJCE le soin d'interpréter les textes communautaires dont dépend sa décision : elle *peut* si les décisions qu'elle rend sont susceptibles d'un recours juridictionnel de droit interne (appel ou pourvoi en cassation) ; elle *doit* si ses propres décisions sont à l'abri d'une telle voie de recours. L'obligation de renvoi pour interprétation ne vaut donc, pour la France, que pour le Conseil d'État et la Cour de cassation.

L'objet d'une telle procédure de renvoi en interprétation devant la CJCE est bien évidemment d'assurer, dans l'ensemble des États membres, l'unité d'interprétation du droit communautaire et par là, son application harmonieuse.

En l'espèce, il s'agissait de savoir si, comme le prétendait M. Lovaert, la taxe spéciale sur les véhicules d'une puissance fiscale supérieure à 16 CV était ou non en contrariété avec le Traité de Rome et plus précisément avec son article 95 qui interdit les pratiques discriminatoires entre les États membres. M. Lovaert soutenait qu'une telle contrariété était établie par deux arrêts rendus par la CJCE : l'arrêt Humblot du 9 mai 1985 et l'arrêt Feldain du 17 septembre 1987.

Pour trancher, la Cour de cassation a repris à son compte l'interprétation de l'article 95 du Traité de Rome telle qu'elle résultait de ces deux arrêts de la CJCE. Après avoir précisé le contenu de l'arrêt de la CJCE du 9 mai 1985, la Cour de cassation ajoute que l'arrêt de la CJCE du 17 septembre 1987 a dit pour droit, quant à lui, qu'un système de taxes qui « comporte des modalités de détermination de la puissance fiscale défavorable aux voitures importées d'autres États membres a un effet discriminatoire ou protecteur au sens de l'article 95 du traité ». Elle ajoute ensuite qu' « en ce qui concerne la détermination de la puissance fiscale, ce dernier arrêt n'a fait que préciser l'interprétation donnée par le premier ». Elle en tire alors cette conséquence importante : « d'où il suit que cette interprétation *s'imposait* pour apprécier l'application du système de taxes en cause... ». Il résulte, implicitement, des termes de l'arrêt rendu par la Cour de cassation que celle-ci n'a pas estimé nécessaire de renvoyer la question d'interprétation de l'article 95 du traité à la CJCE. Pour elle, la jurisprudence de la CJCE étant suffisamment claire et bien établie en la matière, elle s'impose à elle tout comme les autres normes du droit communautaire. De cette interprétation, elle a déduit le caractère irrégulier de la taxe spéciale instituée par le droit interne et admis que M. Lovaert était fondé à en demander la restitution.

Autrement dit, la Cour de cassation a, dans cet arrêt, fait prévaloir le droit communautaire *tel qu'il est interprété par la CJCE*, intégrant ainsi la jurisprudence de cette cour dans l'ordre interne, au même titre que les autres normes du droit communautaire.

Au conflit traité/droit interne qu'a ainsi tranché la Cour de cassation du 6 avril 1993, à propos de la taxe spéciale sur les véhicules, s'ajoutait un autre conflit d'une nature différente puisqu'il s'agissait, à l'occasion cette fois de la taxe différentielle, de contrôler la conformité d'un acte réglementaire à la Constitution et plus précisément à son article 34.

■ II. Le partage des compétences entre le pouvoir législatif et le pouvoir réglementaire

L'affectation de domaines respectivement réservés à la loi et au règlement est l'innovation juridique fondamentale de la Constitution de 1958. Il existe ce que l'on appelle un domaine législatif (réservé au Parlement) et un domaine décrétal (réservé au Gouvernement) dont il conviendra de donner la définition (A).

En outre, il existe divers mécanismes de sanction de ce partage des compétences, notamment, comme nous le verrons, afin que soit protégé le domaine législatif contre les empiétements du pouvoir réglementaire (B).

A. - Définition des domaines respectifs de la loi et du règlement

La répartition des compétences entre le pouvoir législatif et le pouvoir exécutif se trouve essentiellement mise en œuvre par les articles 34 et 37 de la Constitution. L'article 34 fixe, de façon limitative, les matières dans lesquelles le législateur peut intervenir soit, selon la terminologie employée par cet article, pour fixer des « règles », soit pour déterminer des « principes fondamentaux ». Par conséquent, la loi n'ayant plus qu'un domaine assigné (compétence d'attribution), le principe est celui d'une compétence de droit commun du pouvoir réglementaire, comme le précise l'article 34. Cet article dispose en effet que les matières autres que celles qui sont du domaine de la loi ont un caractère réglementaire. Autrement dit, hors du domaine défini à l'article 34, les règles générales sont posées par des décrets.

Il n'en demeure pas moins que dans la mesure où la Constitution a strictement réservé un domaine précis au législateur dans son article 34, si limité soit-il, le pouvoir réglementaire doit respecter cette disposition constitutionnelle et en conséquence, il ne peut en aucun cas intervenir dans le domaine législatif, sauf, bien entendu, pour édicter des règles (appelées décrets d'application) destinées à appliquer les lois, celles-ci ne pouvant pas toujours entrer dans tous les détails. Il y a lieu de rappeler, à cet égard, que la loi parlementaire, en tant que source du droit, doit toujours être considérée comme étant supérieure au règlement dans la hiérarchie des règles juridiques.

Ces principes étant rappelés, il s'agit de les confronter à l'espèce qui nous occupe. Il résulte des éléments du litige, qu'une loi du 30 décembre 1987 est venue fixer le nouveau barème de la taxe différentielle sur les véhicules à moteur (c'est-à-dire de ce qu'on appelle plus couramment « la vignette auto »). Cette loi n'a néanmoins pas précisé quelle devait être l'assiette de cette taxe. Cette assiette, constituée par la puissance fiscale des véhicules, a en réalité été déterminée par le Ministre de l'Équipement par la voie d'une circulaire en date du 12 janvier 1988, circulaire dont on peut relever au passage le caractère réglementaire puisqu'elle ne se contente pas d'interpréter la loi de 1987, mais vient, purement et simplement, la compléter en introduisant des éléments nouveaux dans l'ordonnancement juridique.

Or, la définition de l'assiette des impôts relève bien, selon l'article 34 de la Constitution, du pouvoir législatif. Cet article dispose en effet clairement que « la loi fixe les règles concernant... l'assiette, les taux et les modalités de recouvrement des impositions de toute nature ». D'ailleurs, la compétence du législateur en matière de fixation de l'impôt est également affirmée par l'article 14 de la Déclaration des droits de l'homme de 1789, Déclaration dont on sait qu'elle fait partie intégrante de la Constitution.

C'est donc à bon droit que la Cour de cassation a estimé que le Ministre de l'Équipement n'avait aucune compétence en la matière. En effet, seule une loi aurait pu définir quelle était l'assiette de la taxe différentielle. Or, en l'occurrence, la loi du 30 décembre 1987 se borne, selon les termes de la Cour de cassation « à fixer le nouveau barème de la taxe différentielle sur les véhicules à moteur, sans énoncer de règle en ce qui concerne la détermination de l'élément de l'assiette de cette taxe constitué par la puissance fiscale des véhicules ». Elle en déduit logiquement que « le Ministre de l'Équipement n'avait donc pas le pouvoir de fixer de nouvelles règles sur ce point » et qu'en conséquence « la taxe versée par M. Lovaert au titre de l'année 1988-1989 était dépourvue de *support* légal ».

Ainsi, un règlement, et encore moins une simple circulaire ministérielle (qui, dans la hiérarchie des normes, se situe fort loin de la loi), ne pouvait, sans méconnaître l'article 34 de la Constitution, suppléer à la carence du législateur et définir en ses lieu et place l'assiette de cette taxe.

Mais la Cour de cassation avait-elle réellement compétence pour sanctionner cet empiétement du pouvoir réglementaire dans le domaine législatif ?

B. - La sanction du partage des compétences

Le juge ordinaire, qu'il s'agisse du juge administratif ou du juge judiciaire, ne peut contrôler la constitutionnalité des lois, cette fonction ayant été confiée au seul Conseil Constitutionnel. Dès lors, si le Parlement venait à voter une loi dans un domaine qui n'est pas le sien, le texte pourrait être déféré au Conseil Constitutionnel.

En sens inverse, si un acte réglementaire est en contradiction avec une loi ou une matière réservée à la loi par la Constitution, il peut être annulé ou frappé d'inefficacité juridique, selon les cas.

On sait, en effet, que le juge administratif peut toujours contrôler la légalité (au sens large : conformité à la loi, à la Constitution et aux traités) des règlement, soit par voie d'action (recours pour excès de pouvoir, tendant à l'annulation de l'acte), soit par voie d'exception (exception d'illégalité). A ce titre, il peut déclarer illégal un règlement qui interviendrait dans le domaine législatif et qui, ce faisant, violerait l'article 34 de la Constitution.

Quant aux juridictions judiciaires, c'est de façon plus exceptionnelle qu'elles peuvent être amenées à opérer un tel contrôle. Tout d'abord, elles ne peuvent agir que par voie d'exception. Ensuite et surtout, si le juge répressif peut toujours contrôler la légalité d'un règlement qui sert de fondement à la poursuite, le juge civil ne peut, quant à lui, vérifier la légalité d'un règlement que dans deux séries d'hypothèses :

– d'une part, lorsque le règlement porte atteinte à la liberté individuelle, à l'inviolabilité du domicile privé ou au droit de propriété (Voir, par ex., en ce sens, arrêt Barinstein du tribunal des conflits du 30 octobre 1947) ;

– d'autre part, lorsque le litige porte sur des impôts et taxes indirectes (Voir, par ex., en ce sens, Com., 25 avril 1989).

Tel est précisément le cas en l'espèce : la taxe différentielle constitue bien une contribution indirecte. La Cour de cassation avait donc parfaitement compétence pour statuer sur la légalité de la circulaire litigieuse et notamment pour en contrôler la conformité à la Constitution, en l'occurrence, à son article 34, qui définit son domaine législatif.

■ CONCLUSION SUR LA PORTÉE DE L'ARRÊT

En acceptant d'écarter en l'espèce la circulaire du Ministre de l'Équipement, la Cour de cassation risque de donner à son arrêt une portée qui dépasse largement le présent litige. En effet, même si elle n'a pas formellement déclaré illégal cet acte réglementaire, elle l'a en quelque sorte « effacé » pour décider que la taxe réclamée était dépourvue de support légal et devait donc faire l'objet d'une restitution. Or, ce faisant, la Cour de cassation, laisse grande ouverte la porte à un champ de contestations redoutable : les contribuables qui, comme M. Lovaert, ont payé cette taxe ne vont-ils pas, à leur tour, introduire des recours afin d'en obtenir la restitution ? Le seul moyen d'éviter pléthore de recours serait que le législateur lui-même intervienne en prenant une loi qui régulariserait rétroactivement la situation. C'est d'ailleurs ce qu'il a fait : une loi validant rétroactivement la taxe différentielle vient en effet d'être votée par le Parlement. Il convient de rappeler qu'une loi peut être expressément rétroactive, mais sans que cela puisse, si l'on revient au cas d'espèce, porter préjudice aux contribuables, comme M. Lovaert, dont les droits ont été reconnus par un décision passée en force de chose jugée.

Énoncé n° 2 :

Commenter l'arrêt de la première chambre civile de la Cour de cassation rendu le 23 janvier 1996 :

ARRÊT

La Cour ; - (...) ; *Sur le premier moyen, pris en ses diverses branches :*

Vu les articles 1315, 1892, 1341 et 1347 du Code civil, ensemble l'article 455 du Nouveau Code de procédure civile ;

Attendu que, pour condamner Mme Rahou, en sa qualité d'héritière sous bénéfice d'inventaire de la succession de M. Ahmed Rahou, à payer à M. Benabadji la somme de 45 000 F, avec intérêts, l'arrêt attaqué, infirmatif de ce chef, retient l'existence d'un ordre de virement de cette somme du 5 mai 1983 au profit de M. Rahou, une lettre de celui-ci « d'où il se déduit que celui-ci a un différend financier avec l'hoirie Benabadji », et une attestation d'un tiers témoin de plusieurs visites de M. Benabadji auprès de M. Rahou pour obtenir le remboursement d'une importante somme d'argent et des promesses de celui-ci de régler sa dette ;

Attendu qu'en statuant ainsi, alors que la preuve de la remise de fonds à une personne ne suffit pas à justifier l'obligation pour celle-ci de restituer la somme qu'elle a reçue, la cour d'appel, qui n'a pas constaté l'existence d'un écrit valant reconnaissance de dette par M. Rahou, et ne s'est pas expliquée sur l'existence, parmi les éléments retenus, d'un commencement de preuve par écrit du prêt, n'a pas donné de base légale à sa décision.

Par ces motifs, et sans qu'il y ait lieu de statuer sur le second moyen :

Casse et annule, dans toutes ses dispositions, l'arrêt rendu le 18 novembre 1993, entre les parties, par la Cour d'appel d'Aix-en-Provence ; remet, en conséquence, la cause et les parties dans l'état où elles se trouvaient avant ledit arrêt et pour être fait droit, les renvoie devant la Cour d'appel de Nîmes ; (...).

MM. Lemontey, Prés., Chartier, Cons-rapp., Sainte-Rose, Av. gén., SCP Ghestin, Av. ».

Corrigé

« L'existence juridique d'un fait dépend tellement de sa preuve qu'elle en est sa condition essentielle » (GENY). La preuve reste un sujet classique, mais qui doit supporter les effets pervers de la modernité. En effet, les techniques de communication et de retranscription des informations se multiplient, allant du fax au télex, en passant par les opérations de virements bancaires et les reçus des serveurs automatiques de liquidités. Quelle est la valeur probante de ces écritures électroniques ? valent-ils un écrit au sens de l'article 1341 du Code civil ? À défaut, peuvent-ils constituer un commencement de preuve par écrit selon les dispositions de l'article 1347 du Code civil ? L'arrêt de la première Chambre civile de la Cour de cassation du 23 janvier 1996 apporte en la matière des éléments de réponse dans un domaine certes à la mode, mais d'actualité : le contrat de prêt.

Le litige opposait, en l'espèce, Mme Rahou, héritière de la succession de M. Rahou, à M. Benabadji. Ce dernier exigeait auprès de Mme Rahou le remboursement d'un prêt fait au défunt, en fondant ses prétentions sur un ordre de virement et des témoignages. La Cour d'appel d'Aix-en-Provence a rendu le 18 novembre 1995 un arrêt infirmatif par lequel elle condamne Mme Rahou à payer à M. Benabadji la somme due en vertu du prêt. Mme Rahou forma un pourvoi en cassation contre cet arrêt. La Cour de cassation cassa l'arrêt de la Cour d'appel par une décision du 23 janvier 1996, en lui reprochant, principalement sur le fondement des articles 1315 et 1341, d'avoir retenu l'existence d'un commencement de preuve par écrit qui, en réalité selon elle, faisait défaut.

Le problème de droit résolue par la Cour de cassation porte essentiellement sur les éléments constitutifs du commencement de preuve pa écrit.

L'analyse de cet arrêt peut être divisée en deux parties, correspondant à l'étude des trois éléments constitutifs du commencement de preuve par écrit. Il s'agira de voir, d'abord, si l'écrit émane bien de celui à qui on l'oppose (I). Il faudra, ensuite, vérifier si cet écrit rend vraisemblable les faits allégués (II).

■ I. LE COMMENCEMENT DE PREUVE PAR ÉCRIT : « UN ÉCRIT ÉMANANT DE CELUI À QUI ON L'OPPOSE... » :

On s'intéressera, dans un premier temps, à la notion particulière d'écrit visée à l'article 1347 du Code civil et d'en voir l'application en l'espèce (A). Puis, dans un second temps, on s'efforcera de vérifier si, dans l'arrêt susvisé, l'écrit émanait bien de celui à qui on l'opposait, après avoir expliqué le sens de cette condition (B).

A. - La nature de l'écrit :

L'écrit de l'article 1347 du Code civil n'est pas identique à celui exigé dans le cadre de l'article 1341 du Code civil (1). Ainsi, au regard de l'article 1347 du Code civil, un ordre de virement, tel qu'il est visé en l'espèce, est susceptible de valoir comme écrit (2).

1°) L'article 1347 du Code civil : une exception à l'article 1341 du Code civil :

En principe, un acte juridique dont la valeur est supérieure à 5 000 F ne peut être prouvé que par un écrit (article 1341 du Code civil). Cependant, il est des cas où la preuve n'a pas à être rapportée par écrit. C'est d'abord le cas lorsque l'acte juridique est d'une valeur inférieure à 5 000 F, là, la preuve sera libre. C'est le cas prévu par l'article 1348 en cas d'impossibilité morale de préconstituer un écrit. C'est souvent le cas lorsque l'on contracte avec un membre de la famille proche. Dans ces conditions la preuve peut être rapportée par tous moyens. Plus souvent, et c'est ce qui nous intéresse plus particulièrement, il est possible, lorsque l'écrit de l'article 1341 fait défaut, de prouver cet acte juridique par un commencement de preuve par écrit définie comme un écrit émanant de celui à qui on l'oppose et qui rend vraisemblable les faits allégués (article 1347 du Code civil).

En l'espèce, il s'agissait d'un contrat de prêt, donc d'un acte juridique, dont la valeur était de 43 000 F, donc manifestement supérieure à 5 000 F. Par conséquent, en principe, M. Benabadji, qui soutient que Mme Rahou lui a emprunté de l'argent en vertu de ce contrat de prêt, devrait rapporter la preuve de sa prétention (article 1315 du Code civil) et ce, par un écrit au sens de l'article 1341 du Code civil. Cependant, ne pouvant présenter une telle preuve, il va tenter de démontrer l'existence de ce contrat de prêt par un commencement de preuve par écrit qui ne vaudra preuve parfaite que s'il est complété par un élément supplémentaire tel qu'un témoignage ou une présomption.

Les conditions nécessaires d'un tel commencement de preuve par écrit étaient-elles réunies en l'espèce ?

2°) L'article 1347 du Code civil : un écrit distinct de celui de l'article 1341 du Code civil :

L'écrit exigé par l'article 1341 du Code civil est différent de celui exigé dans le cadre de l'article 1347 du Code civil. En effet, on exige selon l'article 1341 du Code civil, un acte sous seing privé ou un acte authentique, l'acte doit donc revêtir une certaine forme. L'écrit exigé par l'article 1347 du Code civil est plus souple puisqu'il s'agit d'un écrit quelconque. D'ailleurs sur ce point la jurisprudence est plutôt libérale (lettres missives valant comme écrit au sens de l'article 1347 : Civ. 3, 1er avril 1971 ; chèque du débiteur pouvant valoir comme écrit selon l'article 1347 : Civ. 1, 11 avril 1995).

Il s'agissait, dans l'arrêt commenté, d'un ordre de virement en date du 5 mai 1983. Ni la Cour d'appel, ni la Cour de cassation n'ont discuté de cet écrit. Celui-ci existait, au sens de l'article 1647, sur la base de cet ordre de virement. Cet ordre est certes une écriture électronique, mais le droit de la preuve évolue avec son temps et on admet de plus en plus, aujourd'hui, que de telles écritures soient des écrits au sens de l'article 1347, mais pas au sens de l'article 1341.

Jusqu'ici, il est possible de penser que M. Benabadji est en bonne posture pour prouver son contrat de prêt. Cependant, c'est oublier que le commencement de preuve par écrit est composé de trois éléments constitutifs et cumulatifs, c'est-à-dire que les trois conditions doivent être réunies ensemble et au même moment.

B. - L'origine de l'écrit :

En plus d'être un écrit, ce dernier doit émaner de celui à qui on l'oppose (1). Or, il semblerait qu'en l'espèce cette condition fasse défaut, selon la Cour de cassation (2).

1°) Le principe : « ... un écrit qui émane de celui à qui on l'oppose... » :

L'article 1347 du Code civil exige que l'écrit émane de celui à qui on l'oppose, c'est-à-dire que cet écrit soit bien l'œuvre de celui contre qui on veut prouver. En l'espèce, si M. Benabadji voulait apporter la preuve du contrat de prêt dont Mme Rahou serait la débitrice, il aurait fallu qu'il présente un écrit qui ait été l'œuvre de cette dernière.

La jurisprudence est assez libérale là encore puisqu'elle admet que le simple endossement d'un chèque peut suffire à remplir cette condition (Civ. 1, 10 mai 1995 et 18 juillet 1995). À défaut d'endossement, on considère qu'il n'émane pas de celui à qui on l'oppose (Civ. 1, 11 avril 1995). Bien que ces arrêts du 10 mai et du 18 juillet 1995 aient été critiqués, notamment par M. Stéphane PIEDELIÈVRE, ils marquent une tendance de la Cour de cassation à être plus souple dans certaines hypothèses, allant même jusqu'à admettre que l'écrit peut ne pas avoir été l'œuvre matérielle de celui à qui on l'oppose, dès lors qu'il a été son œuvre intellectuelle (Civ. 1, 7 juillet 1955).

Qu'en est-il, alors, en l'espèce ?

2°) L'application : l'ordre de virement n'émanait pas de celui à qui on l'opposait :

Il s'agissait, en l'espèce, d'un ordre de virement. Cet ordre de virement émanait du banquier de M. Benabadji. Quand bien même, ce banquier serait considéré comme le représentant de M. Benabadji, il n'est pas celui de Mme Rahou, à qui M. Benabadji tente d'opposer l'écrit. En effet, il aurait au moins fallu un chèque de M. Benabadji que Mme Rahou aurait endossé. Cependant, ce n'est pas le cas en l'espèce.

La Cour d'appel se contente, elle, de constater la réunion d'un « faisceau d'indices », sans s'intéresser au problème de savoir si cet acte émanait ou non de Mme Rahou. La Cour de cassation ne traite pas du problème en particulier, mais de façon générale, rejette l'existence d'un commencement de preuve par écrit, du moins elle considère que la Cour d'appel n'en a pas apporté les éléments de preuve.

C'est d'ailleurs, probablement, parce que le défaut de cette condition est évident, que la Cour de cassation ne reprend pas plus précisément ce point.

À ce stade de la réflexion, il est clair que la position de la Cour de cassation est justifiée. M. Benabadji ne peut se prévaloir d'un commencement de preuve par écrit. Cependant, c'est sur un autre fondement que la Cour de cassation va casser l'arrêt de la Cour d'appel, c'est le défaut de la troisième condition. Autrement dit, l'écrit, l'ordre de virement, ne rendait pas vraisemblable les faits allégués.

■ II. Le commencement de preuve par écrit : « un écrit rendant vraisemblable les faits allégués... » :

L'article 1347 du Code civil comprend un troisième élément constitutif, particulièrement intéressant lorsqu'il s'agit d'un contrat de prêt. C'est la condition selon laquelle l'écrit doit rendre vraisemblable (A) les faits allégués (B).

A. - La pertinence de l'écrit : « ... rendant vraisemblable... » :

L'écrit rendant vraisemblable les faits allégués doit être distingué, non seulement du complément du commencement de preuve par écrit (1), mais aussi, il doit être différencié du simple « faisceau d'indices » (2).

1°) L'écrit rendant vraisemblable les faits allégués est distinct du complément du commencement de preuve par écrit :

Le commencement de preuve par écrit ne vaut pas à lui seul preuve parfaite. Cela signifie qu'un commencement de preuve par écrit, réunissant toutes les conditions de l'article 1347 du Code civil, doit en plus être complété par une autre preuve qui cette fois est libre (témoignages, présomptions, une autre lettre...), mais doit impérativement être extérieure à l'écrit qui a servi de base au commencement de preuve (Civ. 1, 16 janvier 1985 : il doit s'agir d'un élément extrinsèque).

Or, en l'espèce, la Cour d'appel fait référence à l'ordre de virement, à une lettre et à une attestation. Si la lettre et l'attestation, peuvent servir de complément au commencement de preuve par écrit, ils ne peuvent en eux-mêmes, et cela même pour l'ordre de virement, valoir comme commencement de preuve par écrit, car, on le verra, ils ne rendent pas vraisemblables les faits allégués.

La Cour d'appel ne fait finalement référence qu'à de simples faisceaux d'indices.

2°) L'écrit rendant vraisemblable les faits allégués est distinct du simple « faisceau d'indices » :

C'est à cet ensemble que l'arrêt de la Cour d'appel semble faire référence. En effet, elle manque, honteusement, à son devoir de clarté dans la mesure où, à défaut de pouvoir clairement tirer des éléments de la cause un véritable commencement de preuve par écrit, elle se contente de constater la réunion de plusieurs éléments. Certes, ces éléments se corroborent les uns les autres, mais ils sont insuffisants. Il est étonnant que la Cour d'appel ne se soit pas contentée d'appliquer à la lettre l'article 1347 du Code civil, ce qui lui aurait au moine value de faire son travail et de voir de façon évidente que les conditions n'étaient pas remplies. Un indice n'est pas une preuve !

La Cour d'appel ne s'est pas contentée de violer l'article 1347, en admettant un simple faisceau d'indices comme faisant preuve de l'existence d'un contrat de prêt, elle a en plus négligé la règle classique en matière de prêt d'argent selon laquelle, la remise des fonds ne rend pas vraisemblable l'obligation de restituer. Par conséquent, l'écrit ne rendait pas vraisemblable les faits allégués.

B. - La consistance de l'écrit : « ... les faits allégués... » :

En matière de contrat de prêt, la Cour de cassation est généralement exigeante lorsqu'il s'agit d'apprécier si l'écrit rend vraisemblable les faits allégués (1). L'arrêt illustre d'ailleurs assez clairement (2).

1°) Une position constante : l'interprétation restrictive de la jurisprudence :

Selon la formule d'un arrêt de la première Chambre civile de la Cour de cassation du 1er décembre 1965, les juges du fond apprécient souverainement si un écrit rend vraisemblable le fait allégué. Cette appréciation échappe au contrôle de la Cour de cassation. En l'espèce, la Cour de cassation se contente de dire que la preuve de la remise des fonds est insuffisante pour prouver l'obligation de restituer, faisant ainsi référence à une jurisprudence constante en matière de prêt (Civ. 1, 4 décembre 1984).

La vraisemblance « n'est pas l'apparence de la vérité, mais ce qui est probable et il ne suffit pas que le fait soit possible » (Colmar, 12 novembre 1948). La jurisprudence semble donc en la matière particulièrement exigeante et il n'est donc pas étonnant que cela ait été refusé en l'espèce.

2°) Une solution classique : l'application restrictive par l'arrêt susvisé :

En l'espèce, l'ordre de virement prouve bien que des sommes ont été versées à Mme Rahou, mais il ne prouve pas la cause de ce prêt, c'est-à-dire si Mme Rahou avait l'obligation de restituer. En effet, il aurait pu s'agir d'une donation, voire du remboursement d'une dette de jeu, etc.

La solution est classique et ne peut pas être contestée, celui qui prétend être titulaire d'un droit doit en rapporter la preuve (article 1315 du Code civil), cela n'a pas été fait par M. Benabadji. Selon M. le professeur Jérôme Huet, la preuve de la remise des fonds devrait entraîner un renversement de la charge de la preuve et il appartiendrait à celui qui a reçu cette somme de prouver qui l'a reçu pour un autre motif que le prêt. Cependant, la jurisprudence s'y refuse (Civ. 1, 7 février 1961 et 7 mai 1971).

Il est clair dans cet arrêt que la preuve d'un acte est parfois très difficile. C'est pourquoi mieux vaut être prudent lorsque vous prêtez de l'argent et mieux vaut se préconstituer un écrit, même si vous avez confiance. La confiance n'exclut pas la prudence !

Acte juridique

Manifestation de volonté destinée à produire des effets de droit.

Administrateur judiciaire

Mandataire désigné par un tribunal pour assurer la gestion d'un patrimoine.

Administration légale

Administration d'un patrimoine ou d'un ensemble de biens dévolue par la loi à une personne déterminée.

Les biens des enfants mineurs sont, en principe, administrés par leurs parents.

Auxiliaires de Justice

Hommes de loi, dont la mission est destinée à faciliter la marche de l'instance et la bonne administration de la justice.

Aveu

Déclaration par laquelle une personne tient pour vrai un fait qui peut produire contre elle des conséquences juridiques.

L'aveu est judiciaire lorsque la déclaration est faite en justice : il lie le juge. Le tribunal conserve son libre pouvoir d'appréciation en présence d'un aveu extrajudiciaire.

Contrat

Convention faisant naître une ou plusieurs obligations ou bien créant ou transférant un droit réel.

Coutume

Règle qui n'est pas édictée en forme de commandement par les pouvoirs publics, mais qui est issue d'un usage général et prolongé (*répétition*) et de la croyance en l'existence d'une sanction à l'observation de cet usage (*opinion necessitatis*). Elle constitue une source de droit, à condition de ne pas aller à l'encontre d'une loi.

Détention

Emprise matérielle sur un bien, indépendamment du titre qui pourrait la justifier.

De façon plus restrictive, la détention est le fait d'avoir une emprise sur un bien en vertu d'un titre attribuant à autrui la propriété du bien. On oppose « détention » et « possession ».

Doctrine

Pensée des auteurs. Par extension, l'ensemble des auteurs.

Droit

Droit objectif : ensemble des règles régissant la vie en société et sanctionnées par la puissance publique.

Droit subjectif : Prérogative attribuée à un individu dans son intérêt lui permettant de jouir d'une chose, d'une valeur ou d'exiger d'autrui une prestation.

Faits juridiques

Tout événement susceptible de produire des effets de droit (naissance, décès, accident).

Immeuble

Fonds de terre et ce qui y est incorporé ainsi que les biens mobiliers qui en permettent l'exploitation (immeubles par destination).

Sont également immeubles les droits portant sur les immeubles ci-dessus définis.

Jurisprudence

Solution suggérée par un ensemble de décisions suffisamment concordantes rendues par les juridictions sur une question de droit.

Loi

Règle écrite, générale et permanente, élaborée par le Parlement.

Loi impérative : loi qui ne peut être éludée par celui auquel elle s'applique.

Loi supplétive (ou interprétative) : loi qui ne s'impose à un individu qu'à défaut de manifestation de volonté contraire de sa part.

Meuble

Le terme désigne deux catégories de biens :

– Les *biens corporels,* « qui peuvent se transporter d'un lieu à un autre, soit qu'ils se meuvent par eux-mêmes comme les animaux, soit qu'ils ne puissent changer de place que par l'effet d'une force étrangère, comme les choses inanimées » (art. 528 C. civ.). Ce sont les meubles par nature.

– Les *biens incorporels,* qui sont des droits portant sur une chose mobilière par nature, (droit réel, droit personnel, action en justice) ou des droits détachés de tout support matériel mais que la loi considère arbitrairement comme des meubles (parts sociales, droits intellectuels...). Ce sont les meubles par détermination de la loi.

Patrimoine

Ensemble des biens et des obligations d'une personne, envisagé comme une universalité de droit, c'est-à-dire comme une masse mouvante dont l'actif et le passif ne peuvent être dissociés.

Possession

Maîtrise de fait exercée sur une chose corporelle et correspondant, dans l'intention du possesseur, à l'exercice d'un droit réel. S'oppose à la détention, laquelle implique la reconnaissance du droit d'autrui, bien qu'elle soit identique à la possession dans sa manifestation extérieure.

Prescription

Consolidation d'une situation juridique par l'écoulement d'un délai. La prescription est acquisitive lorsque l'écoulement du délai a pour effet de faire acquérir un droit réel à celui qui en fait l'exerce. Elle est extinctive lorsqu'elle fait perdre un droit réel ou un droit personnel du fait de l'inaction prolongée du titulaire du droit.

Propriété

(Droit de) Droit réel conférant toutes les prérogatives que l'on peut avoir sur un bien ; traditionnellement on distingue trois prérogatives : l'*usus*, l'*abusus,* et le *fructus*.

Serment

Procédure d'instruction par laquelle une partie demande à l'autre d'affirmer, en prêtant serment à la barre du tribunal, la véracité de ses affirmations. Le serment est indivisible. On distingue : le serment *décisoire* déferré par une partie à l'autre et dont la prestation ou le refus termine la contestation ; le serment *supplétoire*, laissé à la discrétion du juge, n'a pas pour effet de lier celui-ci lorsqu'il a été déferré ou refusé.

Témoignage

Acte par lequel une personne atteste l'existence d'un fait dont elle a eu personnellement connaissance.

Tutelle

Institution permettant de protéger par voie de représentation certains mineurs ainsi que les majeurs dont les facultés mentales sont gravement altérées.

Usufruit

Droit réel principal, démembrement du droit de propriété, qui confère à son titulaire le droit d'utiliser la chose, et d'en percevoir les fruits, mais non celui d'en disposer, lequel appartient au nu-propriétaire.

Voies de recours

Moyens mis à la disposition des plaideurs pour leur permettre d'obtenir un nouvel examen du procès (ou d'une partie de celui-ci) ou de faire valoir les irrégularités observées dans le déroulement de la procédure. On distingue voies de recours ordinaires (opposition et appel) et extraordinaires (tierce opposition, recours en révision, pourvoi en cassation), voies de rétractation (opposition, recours en révision) et de réformation (appel).

INDEX

TABLE DES MATIÈRES

Composition et mise en page
par Laser Graphie
42000 Saint-Étienne

Impression et façonnage
Imprimerie France Quercy
46001 Cahors

N° d'impression : 02108
Dépôt légal : septembre 2000
N° d'éditeur : 1565